Holger Strube-Schurtz
Die Neumanns

Holger Strube-Schurtz

Die Neumanns

Rediroma-Verlag

Bibliografische Information der Deutschen Nationalbibliothek:
Die Deutsche Nationalbibliothek verzeichnet diese Publikation in der Deutschen Nationalbibliografie; detaillierte bibliografische Daten sind im Internet über http://portal.dnb.de abrufbar.

ISBN 978-3-98527-142-9

www.rediroma-verlag.de
10,95 Euro (D)

Kann man ganz normale Menschen dazu bringen,
verwerfliche, sogar verbrecherische Dinge zu tun?
Falls ja, muss alle Welt davon erfahren,
denn es könnte dazu beitragen,
dass sich so etwas wie der Holocaust nie mehr wiederholt.
Sechs Millionen Ermordete sind eine Verpflichtung,
überall nach der Wahrheit zu suchen,
anstatt nach Rache zu streben.

Stanley Milgram

Inhalt

Personenregister..7

Stammbaum der Familie Neumann 10

Vorbemerkungen..11

Kindheit, Jugend und Lehrzeit..15

Kriegs- und Nachkriegszeit (1914 - 1925) 22

Eine glückliche Zeit (1923 - 1933).....................................27

Die ersten Ehejahre (1933 – 1938) 35

Wortlaut des Testaments: 48

Jahre der Prüfung (1938 - 1941).......................................52

Die letzten Monate (1941 -1943)......................................81

Von Anstand und Kameradschaft......................................95

Von Handlangern und Helfershelfern 101

Das Ende (1943) 105

Die Zeit danach (1943 - 1945)..122

Jahre des Ringens um Gerechtigkeit (1945 - 1960)........129

Nachbemerkungen 143

Anhang...146

Personenregister

Martin Neumann, geb. 05.02.1884 in Anklam, 5.5.1943 Deportation,**gest. 07.06.1943** in Auschwitz

Else Emma Frieda Neumann, geborene Stahlberg, Ehefrau von Martin Neumann, **geb. 20.09.1894** in Anklam, gest. 28.04.1978 in Stuttgart

Eduard Neumann, Vater von Martin Neumann, gest. 02.02.1907 in Anklam

Hedwig Neumann, geborene Goldfeder, Mutter von Martin Neumann, gest. 01.01.1936 in Anklam

Clara Posner, geborene Neumann, Schwester von Martin Neumann, **geb. 20.07.1878** in Anklam, 15.08.1942 Deportation, **gest: 18.08.1942** in Riga/ Lettland

Else Unger, geborene Neumann, verwitwete Meyer, Schwester von Martin Neumann, **geb. 01.09.1879** in Anklam, 03.03.1943 Deportation, **gest. 1943** vermutlich in Auschwitz

Arnold Neumann, Bruder von Martin Neumann, **geb. 09.07.1881** in Anklam, 26.10.1942 Deportation, **gest. 29.10.1942** in Riga Lettland

Hertha Bertha Neumann, geborene Lövin, Ehefrau von Arnold Neumann
geb. 29.10.1893 in Berlin, 26.10.1942 Deportation, **gest. 29.10.1942** in Riga/ Lettland

Eduard Heinz Neumann, Sohn von Arnold und Herta Neumann, **geb. 28.02.1919** in Berlin, 05.09.1942 Deportation nach Riga, **verschollen**, letzte Häftlingsregistrierung am 10.08.1944 im Konzentrationslager Stutthof

Arthur Neumann, Bruder von Martin Neumann, **geb. 16.12.1882** in Anklam, 1938 in die USA emigriert

Selma Neumann, geb. Markus, Ehefrau von Arthur Neumann, **geb. 03.12.1886,** 1938 in die USA emigriert

Ilse Neumann, Tochter von Arthur und Selma Neumann, **geb. 23.2.1910,** 1938 in die USA emigriert

Ernst Neumann, Sohn von Arthur und Selma Neumann, **geb. 27.08.1917,** 1938 in die USA emigriert

Hans Neumann, Bruder von Martin Neumann, **geb. 22.08.1889** in Anklam, 15.08.1942 Deportation, **gest. 18.08.1942** in Riga/ Lettland

Charlotte Neumann, geborene Steinecke, Ehefrau von Hans Neumann**,** **geb. 20.03.1899** in Falkenberg, 15.08.1942 Deportation, **gest. 18.08.1942** in Riga/ Lettland

Rosemarie Neumann, Tochter von Hans und Charlotte Neumann, **geb. 31.12.1922** in Berlin, 15.08.1942 Deportation, **gest. 18.08.1942** in Riga/ Lettland

Heinz Herbert Neumann, Sohn von Hans und Charlotte Neumann, **geb. 27.03.1926** in Berlin, 15.08.1942 Deportation, **gest. 18.08.1942** in Riga/ Lettland

Karl Johann Christoph Stahlberg, Vater von Else Neumann, der Frau von Martin Neumanns, **geb. 22.07.1863** in Quilow, gest. 22.07.1956 in Anklam, verheiratet mit

Anna Friederike Karoline Stahlberg, geborene Dietrich, **geb. 1865** in Ziethen, gest. 15.01.1942 in Anklam

Margarete Gertrud Käthe Junge, geborene Stahlberg, Schwester von Else Neumann, Mutter von Renate Freuer, **geb. 26.11.1900** in Anklam, gest.29.08.1992 in Anklam

Elisabeth Lucie Elfriede Stahlberg, Schwester von Else Neumann, genannt „Lissi“, **geb. 02.07.1903** in Anklam, gest. 09.11.1994 in Anklam

Renate Wilhelmine Freuer, geborene Junge, Nichte von Martin Neumann, geb. 07.10.1939 in Grevesmühlen

Jerome Rice Newman, Cousin von Martin Neumann, Cincinnati, Ohio USA

Stammbaum der Familie Neumann

Eduard Neumann	Hedwig Neumann geb. Goldfeder	Karl Johann Christoph Stahlberg	Anna Frederike Karoline Stahlberg geb, Dietrich
Clara Posner geb. Neumann		Margarete Gertrud Käthe Junge, geb. Stahlberg	
Elsa Unger geb. Neumann		Elisabeth Lucie Elfriede Stahlberg	
Arnold Neumann	Hertha Bertha Neumann geb. Lövin		
	Eduard Heinz Neumann		
Arthur Neumann	Selma Neumann geb. Markus		
	Ilse Neumann		
	Ernst Neumann		
Martin Neumann	Else Neumann geb. Stahlberg		
Hans Neumann	Charlotte Neumann geb.Steinecke		
	Rosemarie Neumann		
	Heinz-Herbert Neumann		

Vorbemerkungen

Neumann ist ein typischer deutscher Familienname. In der Liste der häufigsten Familiennamen in Deutschland taucht der Name an 18. Stelle auf. *Neumann* leitet sich ab aus *niuwe-man,* also Neu-Mann, verwendet für Neubürger, Hinzugezogene, die Neuen. Der Name Neumann ist heute vor allem im mittel- und norddeutschen Raum weit verbreitet.

Die Neumanns in meiner Geschichte sind das Ehepaar Martin Neumann und seine Frau Else, geborene Stahlberg. Es ist die Geschichte einer Ehe im gutbürgerlichen Milieu der ersten Hälfte des 20. Jahrhunderts. Es ist die Geschichte der Liebe zwischen *Tiding* und *Elsing,* wie sie sich gegenseitig nannten, und es ist die Geschichte einer jüdischen Tragödie, weil Martin Neumann jüdischer Abstammung war.

Wie ich dazu gekommen bin, diese Geschichte aufzuschreiben, ist einfach erzählt. 2013 wollte unsere Tochter in der Schule einen Vortrag zum Thema Stolpersteine halten.

Ihre Oma hat davon erfahren und brachte beim nächsten Besuch drei große dicke Briefumschläge mit. Es handelte sich um den Nachlass ihres Onkels Martin. Wir erfuhren dass dieser Onkel, von dem wir bis dahin noch nie etwas gehört hatten, im Konzentrationslager Auschwitz ermordet worden war. Während wir uns die Papiere ansahen, hat Oma uns mehrere Stunden von diesem Onkel Martin erzählt.

In den folgenden Wochen haben wir diese Unterlagen sortiert und die handschriftlichen Briefe mühsam entziffert.

Vor allem die Briefe des Onkels an seine Frau haben uns sehr berührt.

Das mit dem Vortrag unserer Tochter hat dann gut geklappt und damit hätte es eigentlich genug sein können … aber die Beschäftigung mit dem Leben von Martin Neumann und seiner Frau Else hat mich seitdem nie wieder losgelassen. Ich meine, dass die Dokumente aus diesem Nachlass so exemplarisch sind, dass sie jedem zugänglich sein sollten.

Das ist auch der Grund, weshalb ich weiter recherchiert und diese biografischen Fakten aufgeschrieben habe. Daraus ist diese Schilderung des Schicksals von Martin Neumann und seiner Frau Else entstanden.

Oma Renate hatte den Anstoß für unser Interesse an diesem Thema gegeben. Darüber hinaus aber hat sie durch ihre Erinnerungen vom Hörensagen geholfen, einige Lücken in der Biografie von Martin und Else Neumann zu schließen.

Oma Renates Mutter Margarete war eine Schwester von Else Neumann, der Ehefrau von Martin Neumann. Die drei *Stahlberg*schwestern waren Else, die Frau von Martin Neumann, Elisabeth, *„Lissi“,* gerufen und Margarete.

Es waren die zwei Schwestern und deren Vater Karl, die Else Neumann zur Seite gestanden und praktisch geholfen haben. Sie haben Lebensmittel beschafft, Briefe in die Haftanstalten geschmuggelt und Else Neumann nach dem Krieg geholfen, ins Leben zurückzufinden.

Die drei „Stahlberg"schwestern

Nachdem Else Neumann 1978 in Stuttgart verstorben war, fand ihre Nichte eine alte lederne Aktentasche mit den Dokumenten, die uns heute zur Verfügung stehen.

Diese Dokumente wurden in der Familie von Else Neumann über Jahrzehnte hinweg aufbewahrt.

Oma Renate wurde 1939 geboren. Sie war in der Zeit der Ereignisse ein kleines Kind und in den Jahren nach dem Krieg ein junges Mädchen. Sie hat keine persönlichen Erinnerungen an ihren Onkel Martin. Ihr Wissen zu den Ereignissen und Zusammenhängen stammen vom Hörensagen aus dem Mund ihrer Tante Else.

Das Schicksal von Elses Mann Martin und die Ereignisse in Elses Leben waren ständiges Thema in der Familie. Die Dokumente wurden dabei immer wieder angeschaut und gezeigt. So erfuhr Oma Renate von klein auf die Geschichte ihres Onkels Martin. Ihre Erinnerungen vervollständigen das Bild, welches sich aus den Dokumenten des Nachlasses ergibt.

Die nachfolgende Geschichte basiert ausschließlich auf diesen Dokumenten, Schilderungen sowie weiteren Nachforschungen.

Das Leben von Martin Neumann ist ein typisches Beispiel für das Schicksal eines Juden im Deutschland der ersten Hälfte des 20. Jahrhunderts. Seine Ehe mit Else Stahlberg ist ein typisches Beispiel für eine sogenannte *Mischehe* zwischen Ehepartnern jüdischer und nicht jüdischer Abstammung im Deutschland dieser Zeit.

Und so geht die Geschichte von Martin und Else Neumann:

Kindheit, Jugend und Lehrzeit

Am 05. Februar 1884 wird Martin in Anklam (in Vorpommern) geboren. Die Entbindung findet, wie zur dieser Zeit üblich, in der elterlichen Wohnung statt.

Die Hansestadt Anklam liegt an der Peene, nur wenige Kilometer vom Stettiner Haff entfernt, und wird als Tor zur Insel Usedom bezeichnet. Bis spät ins 19. Jahrhundert hinein ist die Wirtschaft von Anklam durch die Textilindustrie und die Landwirtschaft geprägt. Anklam verfügt über einen Hafen und über einen Anschluss an die Eisenbahnlinie von Berlin nach Stettin. Anklam hat etwa 10.000 Einwohner.

Martins Vater, Eduard Neumann, ist Kaufmann und betreibt in Anklam seit vielen Jahren einen Großhandel für Getreide, Sämereien, Futter- und Düngemittel.

Visitenkarte/ Firmenstempel des Geschäfts von Eduard Neumann.

Sowohl sein Vater als auch seine Mutter Hedwig Neumann (geb. Goldfeder) sind jüdischer Abstammung. Der Familie Neumann gehören in Anklam mehrere Grundstücke und Gebäude. So unter anderem die Grundstücke in der Steinstraße 28, in der Baustraße 59 und in der Peenstraße 9. Die

Eltern von Martin Neumann sind in Anklam alteingesessene Bürger und Geschäftsleute. Die Familie Neumann ist wohlsituiert und angesehen in ihrer Heimatstadt.

Das Haus und der Firmensitz (Parterre links) der Familie Neumann in der Peenstraße 9 in Anklam.

Wie für diese Zeit üblich, hat die Familie Neumann mehrere Kinder. Wir wissen von sechs Geschwistern. Martin ist das zweitjüngste Kind. Seine Schwestern Clara und Elsa sind die ältesten Kinder der Familie.

Seine Brüder Arnold und Arthur sind vor Martin zur Welt gekommen. Das jüngste der Geschwisterkinder ist Hans.

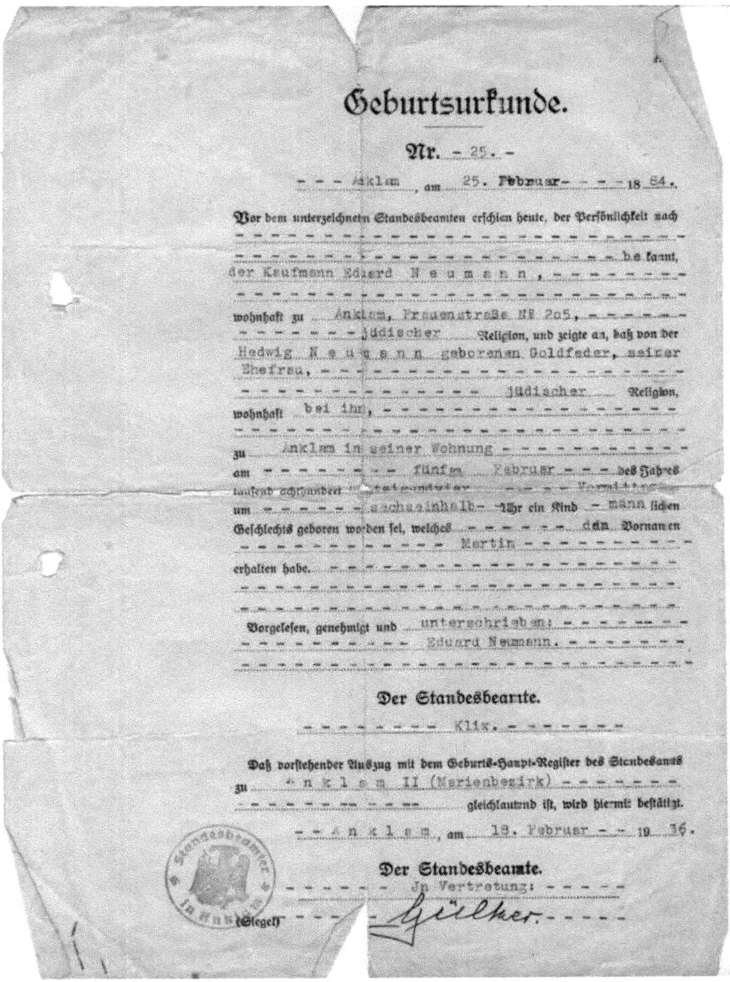

Geburtsurkunde.

Nr. 25.

Anklam, am 25. Februar 1884.

Vor dem unterzeichneten Standesbeamten erschien heute, der Persönlichkeit nach bekannt,

der Kaufmann Eduard Neumann,

wohnhaft zu Anklam, Frauenstraße Nr. 205,

jüdischer Religion, und zeigte an, daß von der Hedwig Neumann geborenen Goldfeder, seiner Ehefrau,

jüdischer Religion,

wohnhaft bei ihm,

zu Anklam in seiner Wohnung

am fünften Februar des Jahres tausend achthundert [illegible] Vormittags

um sechseinhalb Uhr ein Kind männlichen Geschlechts geboren worden sei, welches den Vornamen

Martin

erhalten habe.

Vorgelesen, genehmigt und unterschrieben:

Eduard Neumann.

Der Standesbeamte.

Klix.

Daß vorstehender Auszug mit dem Geburts-Haupt-Register des Standesamts zu Anklam II (Marienbezirk) gleichlautend ist, wird hiermit bestätigt.

Anklam, am 18. Februar 1936.

Der Standesbeamte.

In Vertretung:

(Siegel) Gülker.

Geburtsurkunde von Martin Neumann, Abschrift aus dem Jahre 1936

Es ist nicht bekannt, ob die Eltern Eduard und Hedwig Neumann ihre Kinder in der Tradition ihrer jüdischen Abstammung und des jüdischen Glaubens erziehen. Es gibt aber in Anklam zu dieser Zeit eine kleine jüdische Gemeinde und eine Synagoge. Die Tatsache, dass die Familie das christliche Weihnachtsfest begeht, lässt aber darauf schließen, dass in der Familie Neumann zumindest keine streng religiöse Erziehung zum jüdischen Glauben praktiziert wird.

Die Kindheit der Geschwister ist wohl weitgehend unbeschwert und sorgenfrei. Häufig passen die älteren Schwestern Clara und Else auf die jüngeren Geschwister auf. Besonders zu ihnen und zu seinem jüngeren Bruder Hans hat Martin eine sehr enge Beziehung. Hans als Nachkömmling der Familie ist fünf Jahre jünger als Martin und sein Bruder ist für Hans der kindliche Held.

Umgedreht sieht Martin zu seinen zwei älteren Brüdern Arnold und Arthur auf. Bei Ärger mit Altersgefährten stehen die beiden ihm bei.

Auf Drängen seiner Mutter muss Martin den Klavierunterricht besuchen. Anfänglich hat er dazu keine rechte Lust, hält es ihn doch davon ab, mit seinen Brüdern und Altersgefährten draußen zu spielen. Ziemlich schnell macht sein Spiel aber Fortschritte und er kann erste Stücke spielen. Bald hat er Spaß am Klavierspiel.

Der wichtigste Spielplatz der Kinder ist aber die Natur, insbesondere die Ufer der Peene. Auch Ausflüge zum nahen Haff, von denen die Eltern nicht immer erfahren, sind für die Kinder von besonderem Reiz.

Oft überqueren sie die Peenebrücke in Anklam und beobachten vom gegenüberliegenden Ufer das spannende Treiben im Hafen von Anklam.

Die Geschwister spielen mit ihren Altersgefährten in den Peenewiesen, angeln und baden oft. Auch der Stadtpark in Anklam ist ein häufiger Spielort für die Neumann-Kinder. Wie alle Kinder laufen sie in kalten Wintern Schlittschuh auf der zugefrorenen Peene oder den Peenewiesen.

Als Martin die Schule beendet, beginnt er 1901 eine kaufmännische Lehre in der *Getreidehandlung Abramowski* im nahe gelegenen Pasewalk. Diese Lehre schließt er 1904 ab. Wie sein ältester Bruder Arnold soll er nach dem Willen seines Vaters auf eine künftige Tätigkeit im Familienunternehmen vorbereitet werden.

Peenstraße um 1900 (Quelle: Archiv des Stadtmuseums Anklam)

Nach der dreijährigen Ausbildung sammelt Martin zwischen 1904 und 1908 Berufserfahrung als Getreidekaufmann in Hamburg und Stettin. Er arbeitet in dieser Zeit als kaufmännischer Angestellter in Großhandlungen für Getreide und Saatgut. Als Vater Eduard Neumann am 02. Februar 1907 stirbt, übernimmt der älteste der Söhne, Martins Bruder Arnold, als Inhaber die Leitung des väterlichen Betriebes in Anklam. Die Firma befindet sich, wie zu den Zeiten des Vaters, im Souterrain des Hauses der Familie Neumann in der Peenstraße 9 in Anklam.
Nach seiner Zeit als kaufmännischer Angestellter in Hamburg und Stettin tritt Martin seinen einjährigen Militärdienst an. Seine Garnison befindet sich in Altdamm, einer Kleinstadt östlich von Stettin am südlichen Ausläufer des Stettiner Haffs. In der Garnison Altdamm ist die *zweite Pommersche Train-Abteilung* des Kaiserlichen Heeres stationiert. Sein Regiment ist zuständig für alle rückwärtigen Aufgaben, wie Verpflegung, die Unterhaltung von Pferde-Depots, Verwaltung, Finanzen und auch die Feldpost des II. Armeekorps.

Durch die Nähe zu seiner Heimatstadt kann Martin regelmäßig seine Familie in Anklam besuchen.

Nach seinem Militärdienst beginnt Martin 1909 als kaufmännischer Angestellter und Minderheitsteilhaber in der ehemaligen Firma seines Vaters und arbeitet gemeinsam mit seinem Bruder im Geschäft. Zu diesem Zeitpunkt ist Martin 25 Jahre alt.

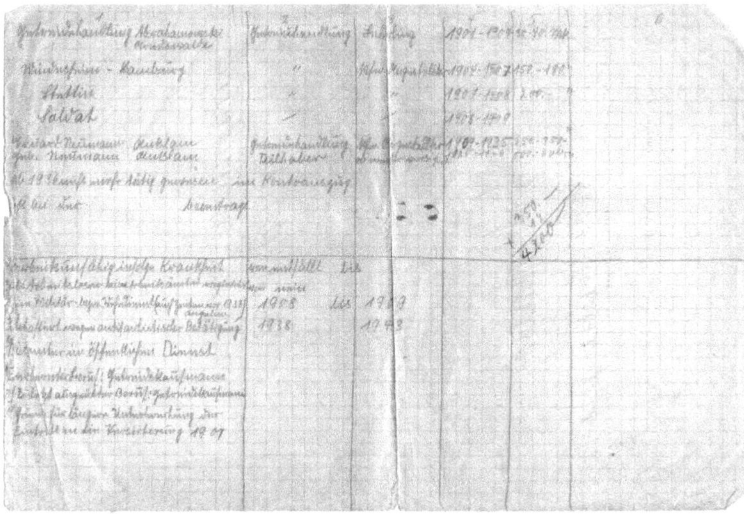

Handschriftliche Aufstellung biografischer Daten zu Martin Neumann – erstellt von Else Neumann nach dem Krieg.

Kriegs- und Nachkriegszeit (1914 - 1925)

1914 kommt der Krieg. Martin Neumann ist vom Beginn des Krieges an als Frontsoldat Teilnehmer am Ersten Weltkrieg.

1914 - Frontverabschiedung von Soldaten auf dem Marktplatz von Anklam (Quelle: Archiv des Stadtmuseums Anklam)

Martin beginnt diesen Krieg im Rang eines einfachen Soldaten und kehrt als Unteroffizier 1918 gesund und körperlich unversehrt aus dem Krieg zurück. Für seine Leistungen während dieses Krieges wird ihm im Krieg das „Eiserne Kreuz“ verliehen.

Martin erzählt nach seiner Rückkehr aus dem Krieg nie über seine Kriegserlebnisse. Bekannt ist nur, dass er die gesamt Zeit in der gleichen Einheit, dem 2. Pommerschen Ulanenregiment Nr. 9, gedient hat.

Ein Foto von 1919 in Demmin bestätigt diesen Sachverhalt auch, da dieser Einheit nach dem Krieg Ende 1918 die Garnison in Demmin als Quartier zugewiesen wird. Auf dem Foto trägt Martin die Uniform eines Unteroffiziers der Kavallerie.

Martin Neumann 1919 nach der Rückkehr aus dem Ersten Weltkrieg als Unteroffizier in der Kaserne in Demmin.

Der Kriegsweg des 2. Pommerschen Ulanenregiments Nr. 9 lässt sich lückenlos nachvollziehen und damit auch, an welchen Kriegshandlungen Martin teilnimmt. Nach der Mobilmachung im August 1914 nimmt die Einheit am Vormarsch durch Belgien und Nordfrankreich teil. Im November 1914 werden sie nach Ostpreußen zur Grenzsicherung verlegt. Die Soldaten durchleben die Winterschlacht in den Masuren, die Kämpfe um Riga und den Szurduk-Pass und den Vormarsch auf Bukarest . Die Einheit befindet sich fast ununterbrochen im Kampf.

Ende Februar 1917 wird die Einheit zurück nach Belgien verlegt und durchleidet dort den Stellungskrieg bei Montreux und bei Bréménil.

Von April bis Ende Juni 1918 absolviert das Regiment eine Ausbildung zum *„Groß-Kampf"* im Ober-Elsaß. Nach dieser Ausbildung werden sie von Juli bis September 1917 im Stellungskrieg von Ypern eingesetzt. Danach folgen noch Schlachten und Rückzugsgefechte bei Chambrai und in Flandern, bevor auch für sie endlich am 5. November der Krieg aus ist und der Rückmarsch beginnt. Mit einem Bahntransport kommen sie am 18. Dezember 1918 in Demmin an.

Martin Neumann befindet sich 52 Monate fast ununterbrochen im Krieg und nimmt an unzähligen blutigen Gefechten und vernichtenden Schlachten teil. Die Bedrohung seines Lebens ist alltäglich. Er sieht viel Leid und verliert Kameraden. Nach Martins Verständnis erfüllt er in diesen Jahren als Soldat seine Pflicht gegenüber seinem Vaterland. Auch wenn er nie über seine Erlebnisse aus dieser Zeit erzählt, haben ihn diese doch geprägt.

Am 15. November 1934 wird Martin für seine Teilnahme am Weltkrieg 1914/1918 „im Namen des Führers und Reichskanzlers" durch den Landrat des Kreises Anklam mit dem „Ehrenkreuz für Frontkämpfer" nochmals nachträglich geehrt.

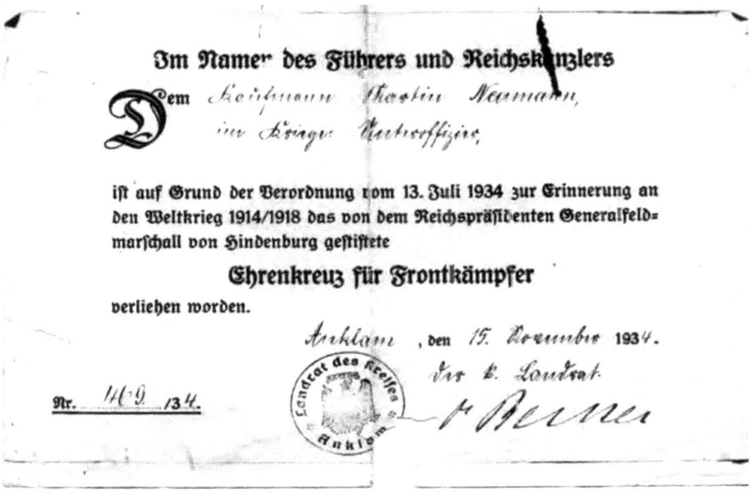

Im Namen des Führers und Reichskanzlers

Dem Kaufmann Martin Neumann, im Kriege Unteroffizier

ist auf Grund der Verordnung vom 13. Juli 1934 zur Erinnerung an den Weltkrieg 1914/1918 das von dem Reichspräsidenten Generalfeldmarschall von Hindenburg gestiftete

Ehrenkreuz für Frontkämpfer

verliehen worden.

Anklam, den 15. November 1934.

Der Landrat.

Nr. 1409/34.

Verleihungsurkunde zum „Ehrenkreuz für Frontkämpfer" für Unteroffizier Martin Neumann, 15.November 1934

Nach seiner Entlassung aus dem Militärdienst kehrt er 1919 in die gemeinsam mit seinem Bruder Arnold betriebene Firma nach Anklam zurück.

Die wirtschaftliche und politische Situation in Deutschland ist in der Folge des Krieges, der Novemberrevolution und des Kapp-Putsches instabil. Die Inflationszeit ist für die Firma Neumann ein schwieriges wirtschaftliches Umfeld. Nur mit Mühe und Geschick gelingt es Arnold und Martin, die Firma zu erhalten und über diese Zeit zu retten.

In der Zeit der sogenannten *„Goldenen Zwanziger"* schaffen es die Brüder, die wirtschaftliche Situation der Firma zu stabilisieren. Die Umsätze steigen und es gelingt ihnen, das Einzugsgebiet ihres Geschäftes über den Landkreis hinaus auszuweiten. Diese gesunde wirtschaftliche

Situation des Unternehmens ist auch die Grundlage dafür, dass sie die Auswirkungen der Weltwirtschaftskrise auf ihr Unternehmen gut überstehen. Ihre geschickte kaufmännische Tätigkeit, die Seriosität ihrer Arbeit und die langjährige vertrauensvolle Zusammenarbeit mit den Kunden und Lieferanten hilft ihnen, alle diese Krisensituation gut zu überstehen.

Ab 1930 nehmen die Geschäfte wieder eine gute Entwicklung. Die Firma Neumann und ihre Inhaber, die Brüder Arnold und Martin, haben in der Stadt Anklam, im Landkreis Randow und darüber hinaus einen guten Ruf.

Eine glückliche Zeit (1923 - 1933)

Seit wann Martin Neumann und Else Stahlberg ein Paar sind, ist nicht genau bekannt. Als Martin 1918 aus dem Krieg heimkehrt, ist Else Stahlberg vierundzwanzig Jahre und Martin Neumann vierunddreißig Jahre alt. Familie Stahlberg wohnt schon viele Jahre in Anklam in der unmittelbaren Nachbarschaft der Neumanns.

Den einzigen Hinweis, wann die beiden sich genau kennenlernen, gibt ein Brief, den Martin im Frühjahr 1943 an seine Frau Else schrieb: *„Liebe Elsing! Denkst Du an den 10./12.April vor ca. 22 Jahren, wo wir uns kennenlernten?“ (Brief 2 unbekannten Datums vom Frühjahr 1943, Seite 4)*

Daraus lässt sich schlussfolgern, dass das Kennenlernen der beiden im Frühjahr 1921 stattfand. Auch der Altersunterschied von zehn Jahren zwischen Martin und Else legt nahe, dass sie erst nach Martins Rückkehr aus dem Krieg, also ab Mitte der zwanziger Jahre, ein Paar sind.

Else ist am 20.09.1894 in Anklam geboren. Ihr Vater Karl Stahlberg und ihre Mutter Anna, geborene Dietrich, sind deutscher Abstammung. Beide sind keine gebürtigen Anklamer, leben aber schon viele Jahre in Anklam und pflegen eine gute Nachbarschaft zur alteingesessenen Familie Neumann.

Else beginnt nach ihrem Schulabschluss als Hausmädchen in den Hotels der Insel Usedom zu arbeiten. Sie kann gut mit den weltstädtischen Gästen umgehen und erklimmt ein paar Stufen der Karriereleiter. Sie arbeitet als Empfangsdame in den guten Häusern der sogenannten *Kaiser-*

bäder. Ahlbeck, Heringsdorf und Bansin sind beliebte Ausflugs- und Ferienziele für betuchte Berliner.

Aufmerksam beobachtet sie die „feinen" Damen aus Berlin, insbesondere deren modischen Kleidungsstil. Sie nimmt sich diesen zum Vorbild und ist bemüht, sich ähnlich zu kleiden. Die Kleider kauft sie sich in Berlin und Stettin. Sie kleidet sich dem Geschmack der Zeit entsprechend modisch und fällt Martin wohl auch deshalb ins Auge.

Else Stahlberg und Martin Neumann auf einer Geburtstagsfeier im Oktober 1929.

Als sie und Martin Anfang der zwanziger Jahre ein Paar werden, ist sie eine wirtschaftlich eigenständige und selbstbewusste junge Frau in den besten Jahren. Das junge Paar ist lebensfroh und unternehmungslustig. Sie unternehmen viele gemeinsame Reisen und Ausflüge. Sie gehen gern und häufig tanzen und treffen sich mit Freunden und den Familien ihrer Geschwister.

Aus dieser Zeit gibt es viele Fotografien, die das Paar an verschiedenen Urlaubs- und Ausflugsorten zeigen.

Martin und Else (2. Reihe 1. und 2. v.l.) mit anderen Familienangehörigen am 14.08.1929 am Strand in Binz auf Rügen.

Vorder- und Rückseite eines Fotos des Paares:
Winter 1928, Berlin im Januar

Else und Martin Neumann im Sommer 1933
bei einem Aufenthalt in Bad Harzburg

„Onkel" Martin mit seinen Neffen und einer Nichte/ v.l. n.r. Martin, Heinz Herbert, Ernst und Rosemarie

Berlin mit seinen Attraktionen und seinem vielfältigen Unterhaltungsangebot gehört zu den beliebtesten Ausflugszielen von Martin und Else.

Martins Brüder Arthur und Hans wohnen inzwischen mit ihren Familien in Berlin. Oft verbinden Martin und Else bei ihren Aufenthalten in Berlin den Einkaufsbummel mit Besuchen von Martins Geschwistern.

Beide Familien haben je einen Sohn und eine Tochter. Arthurs Kinder sind zu dieser Zeit bereits junge Heranwachsende. Die Kinder von Hans sind etwa zehn Jahre jünger. Die Nichten und Neffen lieben ihren großzügigen Onkel Martin und die schicke und unternehmungslustige Tante Else.

Spannend und lustig ist es für die Nichten und Neffen auch, wenn sich ihr „Onkel“ Martin abends in lustiger Runde ans Klavier setzt und bekannte Schlager spielt und so die Gesellschaft unterhält. Er erfüllt praktisch jeden Musikwunsch der Kinder. Am liebsten hören sie dann den „Flohwalzer“ und „Berliner Gassenhauer“.

Insbesondere bei letzteren können sie schon bald alle den Text mit „Tante“ Else mitsingen.

Etwa 1934 – Martin zu Hause am Klavier

Im Sommer unternehmen Martin und Else viele Badeausflüge. Natürlich ist dabei die Insel Usedom, wegen ihrer Nähe, ihr Favorit. Badeurlaube machen sie aber auch auf Rügen und Norderney. Häufig auch mit den Geschwistern und deren Familien.

Der Kontakt von Martin zu Elses Familie, insbesondere zu deren Vater Karl und Elses Schwestern Elisabeth und Margarete, ist immer eng und herzlich. Das geht aus vielen Briefen Martin Neumanns aus späterer Zeit hervor, in denen er sich nach dem Befinden dieser Personen mehrfach erkundigt.

Martin und Else 1932 am Ostseestrand

Die ersten Ehejahre (1933 – 1938)

Am 10. November 1933 schließen Martin Neumann und Else Emma Frieda Stahlberg vor dem Standesamt in Neubrandenburg die Ehe.

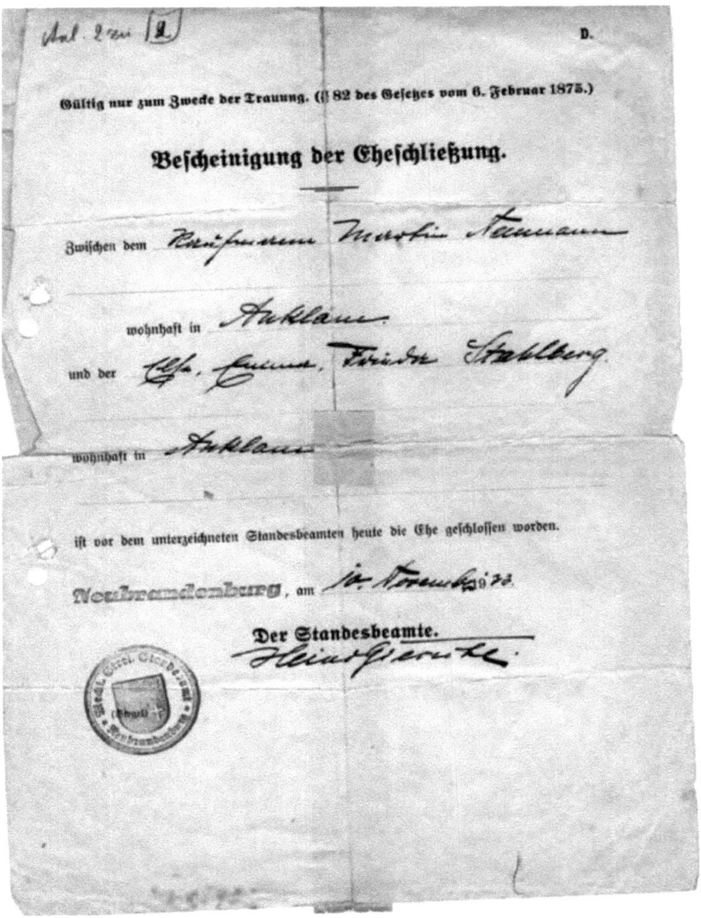

D.

Gültig nur zum Zwecke der Trauung. (§ 82 des Gesetzes vom 6. Februar 1875.)

Bescheinigung der Eheschließung.

Zwischen dem Kaufmann Martin Neumann

wohnhaft in Anklam

und der Else Emma Frieda Stahlberg

wohnhaft in Anklam

ist vor dem unterzeichneten Standesbeamten heute die Ehe geschlossen worden.

Neubrandenburg, am 10. November 1933

Der Standesbeamte.

Bescheinigung über die Eheschließung vom 10.11.1933.

Dass Else und Martin nicht in ihrer Heimatstadt Anklam sondern im fünfzig Kilometer entfernten Neubrandenburg heiraten, ist der Entwicklung in ihrer Heimatstadt Anklam geschuldet.

Wie überall in Deutschland hat die Propaganda der Nationalsozialisten auch in Anklam die politischen Ansichten und öffentliche Meinung grundlegend verändert. Die jüdische Abstammung der Familie Neumann und damit auch Martins, ist in ihrer Heimatstadt bekannt.

Unter dem Einfluss der antijüdischen Hetze ziehen sich Anfang der dreißiger Jahre viele Bekannte und Freunde zurück und meiden Martin und Else. Diese antijüdische öffentliche Meinung nimmt seit 1931 stetig zu und die beiden bekommen das auch im Alltag immer häufiger zu spüren. Dass Else Stahlberg nicht jüdischer Abstammung ist, spielt dabei keine Rolle. Eher ist das Gegenteil der Fall. Weil sie in den Augen ihrer Mitbürger die Wahl hätte, sich von ihrem jüdischen Partner zu trennen, sind die Anfeindungen gegen sie nicht weniger aggressiv als gegen Martin, sondern eher heftiger.

Diese Entwicklung der politischen Atmosphäre wird auch in den Wahlergebnissen vom März 1933 deutlich. Bei den Wahlen zum Land- und Kreistag sowie zur Stadtvertretung wählen 52,5 % der Anklamer Bürger die NSDAP. Die SPD, die 1919 bei den Wahlen zur Nationalversammlung noch 55,2 % der Stimmen erhalten hatte, erreicht 1933 nur noch 15,7 %. Diese Stimmung spiegelt sich im Alltagsleben auch in der Stadt wider.

Else Stahlberg entschließt sich trotz dieser feindlichen Atmosphäre und der persönlichen Anfeindungen, den Juden Martin Neumann zu heiraten.

Zum Zeitpunkt der Eheschließung sind Martin Neumann 49 und seine Frau Else 39 Jahre alt. Aus ihrer Ehe gehen keine Kinder hervor. Ob diese Kinderlosigkeit medizinisch bedingt ist oder aus Altersgründen resultiert, ist nicht bekannt.

Dafür, dass es aber keine generelle Entscheidung gegen eigene Kinder war, spricht, dass Martin 1937 in seinem Testament zumindest nicht ausgeschlossen hat, eigene Kinder zu haben. Er trifft dort auch Festlegungen für den Fall, dass Kinder aus seiner Ehe hervorgegangen sein sollten.

Nach der „Machtergreifung" der Nationalsozialisten 1933 werden die Übergriffe gegen die Juden in Anklam noch häufiger und aggressiver. Else wird bei ihren Gängen in der Stadt mehrfach als *Judenflittchen* und *Volksschädling* beschimpft. Sie ist als Frau von Martin Neumann so bekannt wie ihr Mann. Sie ist zutiefst betroffen, als sie über die Beschimpfung hinaus auch noch bespuckt wird. Sie ist erschüttert, dass das teilweise durch Leute geschieht, mit denen sie und Martin in der Vergangenheit schon lange Zeit verkehrt haben. Selbst ehemalige Freunde gehören zu den Anklamern, die sie nun nicht nur meiden, sondern sogar aggressiv angreifen.

Sie erlebt, dass sie und ihr Mann Martin gezielt angerempelt und vom Bürgersteig auf die Straße gedrängt werden, weil es ihnen wegen Martins jüdischer Abstammung nicht zustehe, wie Deutsche den Gehsteig zu nutzen.

All das ist für Else unverständlich und nicht nachvollziehbar. Martins jüdische Abstammung ist in ihren Augen kein Grund, sie und Martin so zu behandeln.

Else wird in dieser Zeit mehrfach durch Bekannte und vermeintliche Freunde geraten, sich von Martin zu trennen. Sie wird sogar durch Behörden direkt aufgefordert und gedrängt, sich von ihrem Mann scheiden zu lassen. Sie gibt diesem Drängen nicht nach.

Gegen das Geschäft der Neumanns in Anklam wird ab 1931 durch die örtlichen Nationalsozialisten ein Boykott organisiert. Geschäftspartner, die ihre Geschäftsbeziehungen mit der Firma Neumanns aufrechterhalten, werden drangsaliert und öffentlich angeprangert. Die Fassade des Geschäftes wird mehrfach beschmiert. Getreidehändler in der Umgebung und im Landkreis werden aufgefordert, die Geschäftsbeziehungen zur Firma Neumann in Anklam abzubrechen. Betreiber von Mühlen sollen bei Neumanns keine Getreide mehr beziehen und die Landwirte sollten ihre Ernte nicht an Neumanns verkaufen.

Nach der *Machtübernahme* der Nationalsozialisten 1933 werden diese Boykottmaßnahmen noch weiter forciert.

Der Boykott hat einen deutlichen Rückgang der Geschäfte und Umsätze der Firma Neumann zur Folge. Trotzdem versuchen Arnold und Martin das Geschäft weiterzuführen. Sie wollen nicht aufgeben und hoffen, dass sich alles wieder *normalisieren* wird.

1935 gründen die Nationalsozialisten den „Reichsnährstand“, eine von den Nationalsozialisten geschaffene zentrale Organisation. Ihre Aufgabe ist es, die Lebensmittelproduktion und deren Verteilung in Deutschland zu kontrollieren. Alle Betriebe, die sich mit der Erzeugung, der Verarbeitung und dem Vertrieb landwirtschaftlicher Produkte beschäftigen, werden durch die Nationalsozialisten gezwungen sich im „Reichsnährstand“ registrieren zu lassen. Jüdische Betriebe dürfen nicht Mitglied dieser Organisation werden.

Damit ist der Firma Neumann die Geschäftsgrundlage entzogen. Die Brüder müssen nun den väterlichen Betrieb aufgeben.

In dem nachfolgend abgebildeten Schreiben vom 10.07.1952 beschreibt der ehemalige Steuerberater der Firma Neumann die Entwicklung und die Umstände, die von 1931 bis 1935 zur Schließung des Unternehmens geführt hatten.

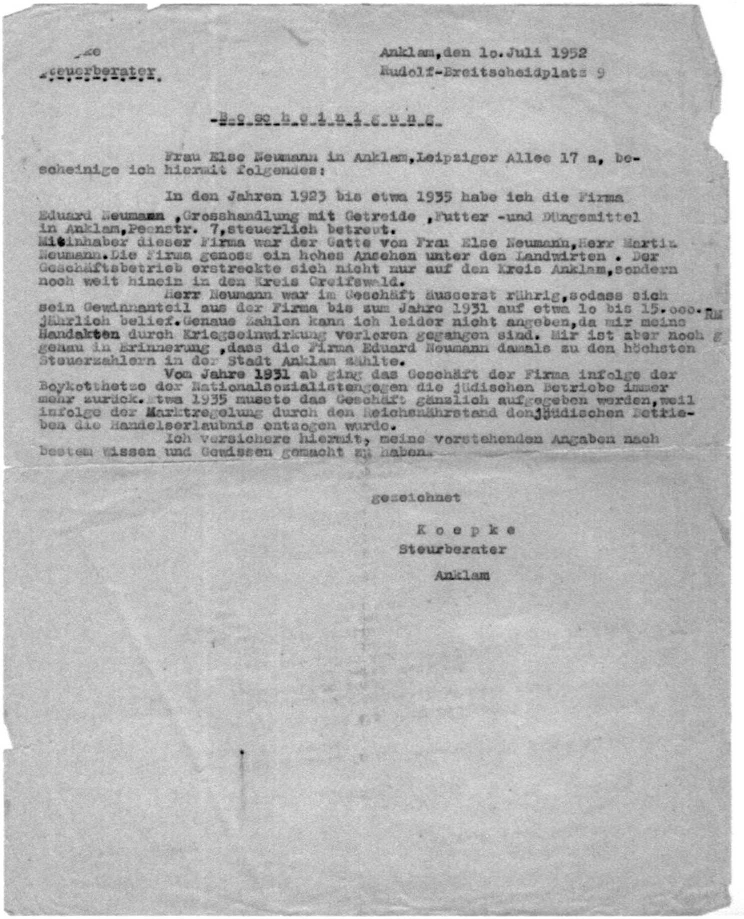

...ke
...teuerberater

Anklam,den 1o.Juli 1952
Rudolf-Breitscheidplatz 9

-B e s c h e i n i g u n g-

Frau Else Neumann in Anklam,Leipziger Allee 17 a, bescheinige ich hiermit folgendes:

In den Jahren 1923 bis etwa 1935 habe ich die Firma Eduard Neumann ,Grosshandlung mit Getreide ,Futter -und Düngemittel in Anklam,Peenstr. 7,steuerlich betreut.
Mitinhaber dieser Firma war der Gatte von Frau Else Neumann,Herr Martin Neumann.Die Firma genoss ein hohes Ansehen unter den Landwirten . Der Geschäftsbetrieb erstreckte sich nicht nur auf den Kreis Anklam,sondern noch weit hinein in den Kreis Greifswald.

Herr Neumann war im Geschäft äusserst rührig,sodass sich sein Gewinnanteil aus der Firma bis zum Jahre 1931 auf etwa 1o bis 15.ooo.-RM jährlich belief.Genaue Zahlen kann ich leider nicht angeben,da mir meine Handakten durch Kriegseinwirkung verloren gegangen sind. Mir ist aber noch genau in Erinnerung ,dass die Firma Eduard Neumann damals zu den höchsten Steuerzahlern in der Stadt Anklam zählte.

Vom Jahre 1931 ab ging das Geschäft der Firma infolge der Boykotthetze der Nationalsozialistengegen die jüdischen Betriebe immer mehr zurück.Etwa 1935 musste das Geschäft gänzlich aufgegeben werden,weil infolge der Marktregelung durch den Reichsnährstand den jüdischen Betrieben die Handelserlaubnis entzogen wurde.

Ich versichere hiermit, meine vorstehenden Angaben nach bestem Wissen und Gewissen gemacht zu haben.

gezeichnet

K o e p k e
Steuerberater
Anklam

Kopie des Schreibens des ehemaligen Steuerberaters der Firma Neumann , verfasst am 10.07.1952

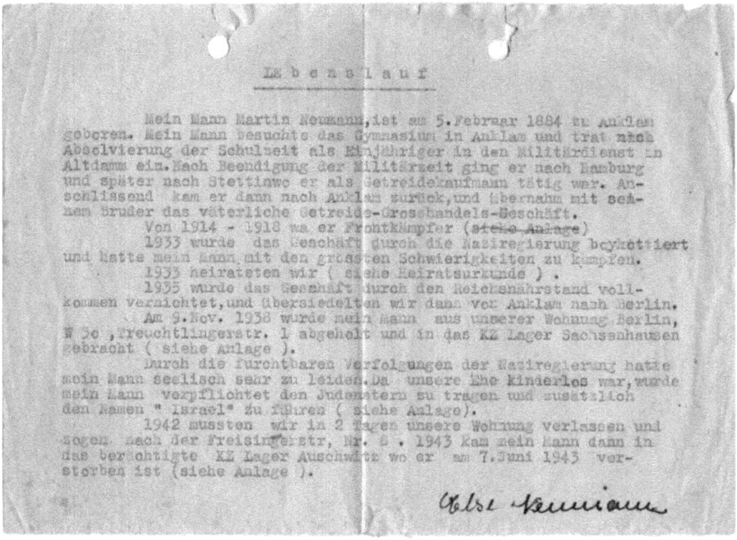

Lebenslauf

Mein Mann Martin Neumann, ist am 5. Februar 1884 zu Anklam geboren. Mein Mann besuchte das Gymnasium in Anklam und trat nach Absolvierung der Schulzeit als Einjähriger in den Militärdienst in Altdamm ein. Nach Beendigung der Militärzeit ging er nach Hamburg und später nach Stettin wo er als Getreidekaufmann tätig war. Anschliessend kam er dann nach Anklam zurück, und übernahm mit seinem Bruder das väterliche Getreide-Grosshandels-Geschäft.

Von 1914 - 1918 wa er Frontkämpfer (~~siehe Anlage~~)

1933 wurde das Geschäft durch die Naziregierung boykottiert und hatte mein Mann mit den grössten Schwierigkeiten zu kämpfen.

1933 heirateten wir (siehe Heiratsurkunde) .

1935 wurde das Geschäft durch den Reichsnährstand vollkommen vernichtet, und übersiedelten wir dann von Anklam nach Berlin.

Am 9. Nov. 1938 wurde mein Mann aus unserer Wohnung Berlin, W 30, Treuchtlingerstr. 1 abgeholt und in das KZ Lager Sachsenhausen gebracht (siehe Anlage).

Durch die furchtbaren Verfolgungen der Naziregierung hatte mein Mann seelisch sehr zu leiden. Da unsere Ehe kinderlos war, wurde mein Mann verpflichtet den Judenstern zu tragen und zusätzlich den Namen " Israel" zu führen (siehe Anlage).

1942 mussten wir in 2 Tagen unsere Wohnung verlassen und zogen nach der Freisingerstr, Nr. 8 . 1943 kam mein Mann dann in das berüchtigte KZ Lager Auschwitz wo er am 7. Juni 1943 verstorben ist (siehe Anlage).

Else Neumann

Eine von Else Neumann nach dem Krieg verfasste Schilderung der Ereignisse, beschreibt die gleichen Sachverhalte.

Die Firma Neumann ist bis dahin wirtschaftlich erfolgreich und zählt zu den wichtigsten Steuerzahlern in Anklam. Die antijüdische Wirtschaftspolitik der Nationalsozialisten führt aber zur Schließung der Firma.

1934 wird in Anklam eine Sportschule der SA gegründet sowie ein Fliegerhorst stationiert. Eine Kreisschule der Nationalsozialisten nimmt ihre Arbeit auf. Uniformen prägen das Stadtbild immer stärker. Diese sichtbare Militarisierung des öffentlichen Lebens hat auch spürbare Auswirkungen auf die antijüdische Stimmung in der Stadt. 1934 kommt es zu einem ersten *Judenpogrom* in Anklam. Jüdische Geschäfte werden verwüstet und jüdische Bürger offen gewaltsam attackiert. Die Neumanns sind davon zum Glück nicht direkt betroffen.

Aufmarsch des Fliegerhorst am 01.09.1936 in der Peenstraße in Anklam (Quelle: Archiv des Stadtmuseums Anklam)

Ende 1935/Anfang 1936 entschließen sich Martin und Else, angesichts der wirtschaftlichen Entwicklung und aufgrund der persönlichen Anfeindungen, in die Anonymität der Großstadt Berlin umzuziehen. Martins Bruder Arnold trifft für sich und seine Familie die gleiche Entscheidung. In Berlin wohnen bereits ihre Geschwister Clara, Elsa, Arthur und Hans.

Martins Mutter Hedwig verstirbt am 01.01.1936 in Anklam. Das macht den Brüdern den Umzug nach Berlin leichter, weil sie so die Mutter nicht allein in der feindseligen Atmosphäre Anklams zurücklassen müssen. Die Bindungen nach Anklam bestehen für Martin und Else ab diesem Zeitpunkt vor allem aus Kontakten zur Familie von Else und dabei vor allem zu deren Vater und ihren Schwestern.

Martin und seine Frau Else mieten eine Wohnung in Berlin-Schöneberg in der Treuchtlingerstraße 1, in der Nähe seiner Geschwister. Die gutbürgerliche Wohnung hat Wohn- und Schlafzimmer sowie Küche und Bad.

Das Gebäude wird später bei Bombenangriffen auf Berlin zerstört werden. Die Stelle ist heute mit einem neuen Wohnhaus bebaut.

In den Monaten nach dem Umzug nach Berlin sind Martin und sein Bruder Arnold vor allem damit beschäftigt, den Alltag ihrer Familien neu zu organisieren. Dazu gehört auch, dass sie die finanziellen und behördlichen Angelegenheiten regeln, die im Zusammenhang mit der Schließung ihrer Firma sowie mit dem Tod ihrer Mutter stehen.

Es ist für Martin als Juden nicht möglich, in Berlin Arbeit als Kaufmann zu finden. Deutsche Firmen stellen keine Juden ein. Jüdische Firmen gibt es in seiner Branche nicht mehr. Es gibt keine Anstellungen mehr für Juden.

Martin und Else müssen von ihren Ersparnissen leben. Das sind keine Reichtümer und der größte Teil des Geldes ist in Aktien angelegt. Ihr Barvermögen ist überschaubar. Der Kontostand ihres gemeinsamen ehelichen Kontos bei der Commerzbank ist kleiner als 5.000 Reichsmark. Zum Teil stammten die Ersparnisse aus dem Pflichtteil des Erbes, das Martin nach dem Tod seiner Eltern erhalten hat.

Martin ist bis dahin zudem Minderheitenteilhaber der Firma Neumann in Anklam gewesen, sodass ihm auch Erträge aus diesem Unternehmen in Höhe seiner Firmenanteile zustehen. Natürlich hat er vorher auch für seine Arbeit in der Firma einen monatlichen Lohn erhalten.

Martin hat seine kaufmännischen Fähigkeiten schon früh genutzt, um seine Ersparnisse in Aktien anzulegen. So erwirbt er unter anderem Aktien der „Pommerschen Zuckerfabrik Anklam“, Vorzugsaktien der „Reichsbahn“ und Anleihen der AEG von 1905, 1908, 1911 und 1913. Der Erwerb der Anleihen der AEG macht auch deutlich, dass er bereits sehr früh begonnen hatte, seine Einkünfte vorsorglich und vorausschauend zu verwenden.

Martin und Else Neumann sind nicht reich. Sie leben aber so, dass es ihnen möglich ist, eine Zeitlang ohne regelmäßiges Einkommen auszukommen. Dass das so ist, ist allein ihr Verdienst.

Am 05.01.1936 erlässt die Hitler-Regierung ein „Gesetz über die Änderung von Familiennamen und Vornamen von Juden“. Mit diesem Gesetz werden jüdische Bürger verpflichtet zusätzlich die Vornamen Israel bzw. Sara zu führen, damit sie im behördlichen und im geschäftlichen Verkehr sofort und eindeutig am Namen als Juden zu erkennen sind. Ab diesem Zeitpunkt muss Martin Neumann zusätzlich den Vornamen Israel führen und heißt offiziell Martin Israel Neumann.

Unbesehen der Veränderungen im Land und den sich daraus ergebenden Auswirkungen auf ihr Leben versuchen Martin und Else auch in der neuen Umgebung in Berlin ihr gewohntes Leben weiterzuführen. Die Anonymität der Großstadt hilft ihnen dabei, ebenso wie die Nähe zu Martins Geschwistern. Sie können dank ihrer soliden finanziellen Situation einen relativ normalen Alltag leben. Es ist ihnen auch in dieser Zeit möglich, Ausflüge und Urlaubsreisen zu unternehmen.

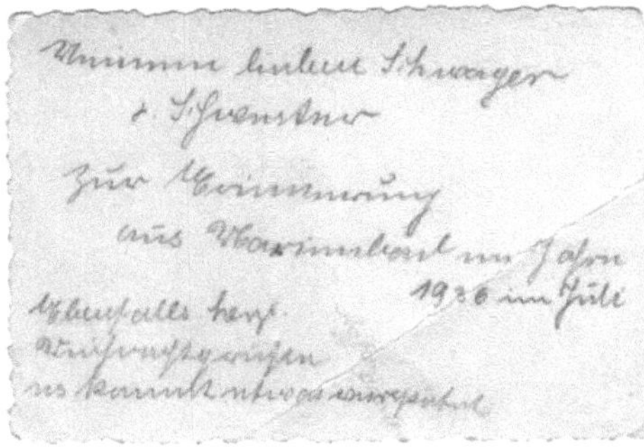

Martin und Else während eines Urlaubs im Juli 1936 in Marienbad

Im Zusammenhang mit der Durchführung der Olympischen Spiele in Deutschland und der damit verbundenen internationalen Aufmerksamkeit werden 1936 und 1937 durch die Nationalsozialisten keine weiteren Gesetze gegen die Juden erlassen. Die Alltagsschikanen gegen die Juden werden weniger offensichtlich praktiziert.

Trotz dieser zeitweisen Beruhigung der Situation befürchtet Martin Neumann offensichtlich, dass durch die antijüdischen Politik der Nationalsozialisten in Zukunft weitere Gefahren für ihn und seine Angehörigen entstehen werden.

Die Tatsache, dass er am 15. März 1937 im Alter von 53 Jahren bei bester Gesundheit sein Testament abfasst, deutet zumindest darauf hin. In diesem Testament regelt er die Versorgung seiner Ehefrau und anderer Angehöriger für den Fall seines Todes. Das Testament ist ein Zeugnis der Fürsorge und Verantwortung, die er für seine Familie und insbesondere seiner Ehefrau empfindet.

Der Umstand, dass er das Testament handschriftlich auf dem Geschäftspapier des ehemaligen väterlichen Betriebes erstellt, legt die Vermutung nahe, dass Martin diese Erklärung zu seinem letzten Willen in großer Eile angefertigt hat.

Auf dem weißen Rand der Kopie sind handschriftliche Notizen und Bemerkungen sichtbar, die offensichtlich nach dem Datum der Anfertigung des Testaments getätigt wurden.

Oben rechts: *„12.IV.845.43“*
Oben links: *„VI 557/43 Akten wahrscheinlich verbrannt“*

Die Zahl 43 in beiden Ziffernfolgen ist identisch mit dem Todesjahr von Martin Neumann. Auf dem Testament selbst ist oben rechts das Eröffnungsdatum *„eröffnet am 9.Juli 1943“* vermerkt.

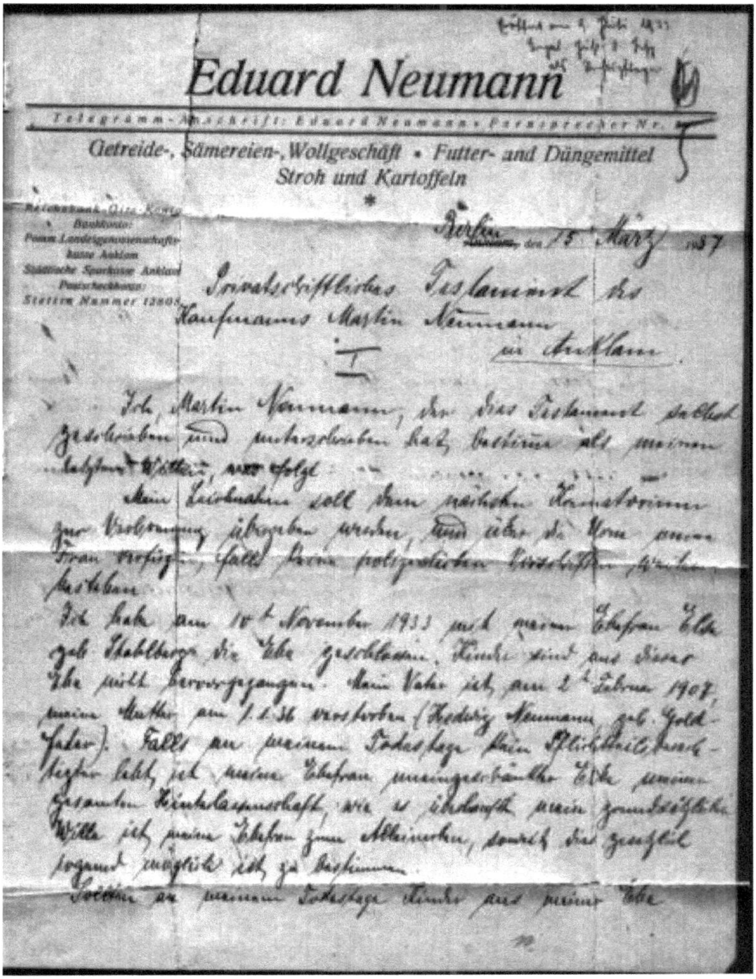

Eduard Neumann

Telegramm-Anschrift: Eduard Neumann • Fernsprecher Nr.

Getreide-, Sämereien-, Wollgeschäft • Futter- und Düngemittel
Stroh und Kartoffeln

Berlin, den 15. März 1937

Privatschriftliches Testament des Kaufmanns Martin Neumann in Anklam

I

Ich, Martin Neumann, der das Testament selbst geschrieben und unterschrieben hat, bestimme als meinen letzten Willen, wie folgt:

Mein Leichnam soll dem nächsten Krematorium zur Verbrennung übergeben werden, und über die Urne meine Frau verfügen, falls keine polizeilichen Vorschriften entgegenstehen.

Ich habe am 10. November 1933 mit meiner Ehefrau Else geb. Stahlberg die Ehe geschlossen. Kinder sind aus dieser Ehe nicht hervorgegangen. Mein Vater ist am 2. Februar 1907, meine Mutter am 1.1.36 verstorben (Hedwig Neumann geb. Goldfeder). Falls an meinem Todestage kein Pflichtteilsberechtigter lebt, ist meine Ehefrau uneingeschränkte Erbin meiner gesamten Hinterlassenschaft, wie es überhaupt mein grundsätzlicher Wille ist, meine Ehefrau zum Alleinerben, soweit dies gesetzlich irgend möglich ist, zu bestimmen.

Sollten an meinem Todestage Kinder aus meiner Ehe

Kopie Seite 1 des Testaments von Martin Neumann

Wortlaut des Testaments:

„Berlin, den 15.März 1937

Privatschriftliches Testament des
Kaufmanns Martin Neumann

<u>in Anklam</u>

I.

Ich, Martin Neumann, der dies Testament selbst geschrieben und unterschrieben hat, bestimme als meinen letzten Willen, was folgt:

Mein Leichnahm soll dem nächsten Krematorium zur Verbrennung übergeben werden, und über die Urne meine Frau verfügen, falls keine polizeilichen Vorschriften weiteres bestehen.

Ich habe am 10 ´ten November 1933 mit meiner Ehefrau Else geb. Stahlberg, die Ehe geschlossen. Kinder sind aus dieser Ehe nicht hervorgegangen. Mein Vater ist am 2´ten Februar 1907, meine Mutter am 1.1.1936 verstorben (Hedwig Neumann, geb. Gold-feder). Falls an meinem Todestage kein Pflichtberechtigter lebt, ist meine Ehefrau uneingeschränkter Erbe meiner Hinterlassenschaft, wie es überhaupt mein grundsätzlicher Wille ist, meine Ehefrau zum Alleinerben, soweit diese gesetzlich irgend möglich ist, zu bestimmen.

Sollten an meinem Todestage Kinder aus meiner Ehe ...

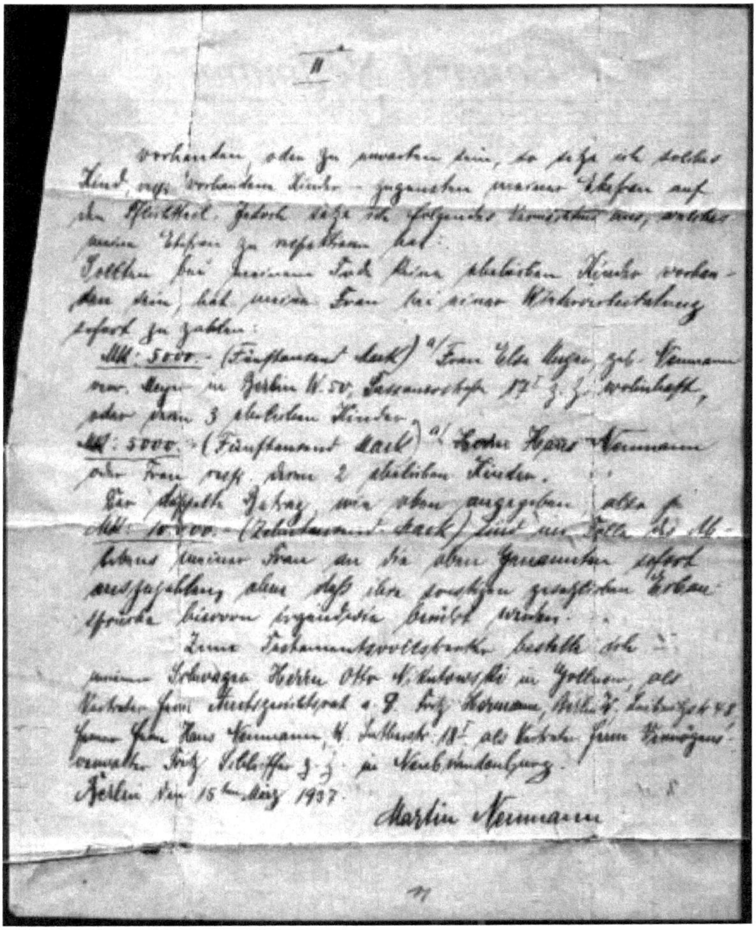

II

vorhanden oder zu erwarten sein, so setze ich solches Kind resp. vorhandene Kinder – zugunsten meiner Ehefrau auf den Pflichtteil. Jedoch setze ich folgendes Vermächtnis aus, welches meine Ehefrau zu entrichten hat:
Sollten bei meinem Tode keine ehelichen Kinder vorhanden sein, hat meine Frau bei einer Wiederverheiratung sofort zu zahlen:
Mk. 5000.- (Fünftausend Mark) a/ Frau Else Meyer geb. Neumann verw. Meyer in Berlin W. 50, Passauerstr. 17 I z.Z. wohnhaft, oder deren 3 ehelichen Kinder.
Mk. 5000.- (Fünftausend Mark) a/ Herrn Hans Neumann oder Frau resp. deren 2 ehelichen Kinder.
Der doppelte Betrag wie oben angegeben also je Mk. 10000.- (Zehntausend Mark) sind im Falle des Ablebens meiner Frau an die oben Genannten sofort auszuzahlen, ohne daß ihre sonstigen gesetzlichen Erbansprüche hiervon irgendwie berührt werden.
Zum Testamentsvollstrecker bestelle ich meinen Schwager Herrn Otto [illegible] in Gotthun, als Vertreter [illegible] Herrmann, [illegible] Hans Neumann, [illegible] als [illegible] Vermögensverwalter Fritz Schleiffer z.Z. in Neubrandenburg.
Berlin den 15ten März 1937.
Martin Neumann

Kopie Seite 2 des Testaments

... vorhanden, oder zu erwarten sein, so setze ich solches Kind oder vorhandenen Kinder – zugunsten meiner Ehefrau auf den Pflichtteil. Jedoch setze ich folgendes Vermächtnis aus, welches meine Ehefrau zu respektieren hat: Sollten bei meinem Tode keine ehelichen Kinder vorhanden sein, hat meine Frau bei einer Wiederverheiratung sofort zu zahlen:
Mark: 5000,- (Fünftausend Mark) an Frau Else Unger, geb. Neumann verw. Meyer in Berlin W.50, Lassanerstraße 17, z.Z wohnhaft oder ihren 3 ehelichen Kindern.
Mark: 5000,- /Fünftausend Mark) an Herrn Hans Neumann oder Frau oder ihren 2 ehelichen Kindern.
Der doppelte Betrag, wie oben angegeben, also je Mark:10.000,- (Zehntausend Mark) sind im Falle des Ablebens meiner Frau an die oben Genannten sofort auszuzahlen, ohne daß ihre sonstigen gesetzlichen Erbansprüche hiervon irgendwie berührt werden.
Zum Testamentsvollstrecker bestelle ich meinen Schwager Herrn Otto Nikulowski in Gollnow, als Vertreter Herrn Amtsgerichtsrat a.D. Fritz Hermann, Berlin W. Leibnitzstraße 48, sowie Herrn Hans Neumann, Lutherstr. 18 als Vertreter. Zum Vermögensverwalter Fritz Schleiffner z.Z. Neubrandenburg.

Berlin, den 15. März 1937: Martin Neumann"

In einem Brief an vor dem Krieg in den USA ausgewanderte Angehörige der Familie Neumann schreibt Else Neumann, dass 1937 oder 1938 die in der Peenstraße und in der Steinstraße in Anklam gelegenen Häuser und Grundstücke der Neumanns verkauft wurden. Wörtlich schreibt sie: „... zu einem erzwungenen Wert verkauft wurden."

Weiter heißt es in diesem Brief: „Onkel Arnold durfte die Gebäude nicht mehr verwalten und die Behörden ernannten einen Herrn Koch zum Verwalter der Gebäude."

Offensichtlich ist es für die Nationalsozialisten nicht ausreichend, der Familie Neumann die berufliche Existenzgrundlage genommen zu haben. Es werden weitere Schritte unternommen, um ihnen zumindest weitere Teile ihres Besitzes zu entziehen.

Die Schilderung von Else nach dem Krieg, dass die Gebäude und Grundstücke zu einem *erzwungenen Wert* verkauft wurden und schon vorher sozusagen ein Zwangsverwalter eingesetzt wurde, legt zumindest eine solche Deutung nahe.

Welche Firmen oder Personen konkret diese Gebäude und Grundstücke in Anklam zu einem vorteilhaften Preis unter Wert erwerben konnten und warum, kann leider nicht nachvollzogen werden.

Mit dem Verkauf der Familiengrundstücke verbindet die Neumann-Geschwister nun nichts mehr mit ihrer Heimatstadt Anklam, außer Erinnerungen.

Jahre der Prüfung (1938 - 1941)

Mit Beginn des Jahres 1938 werden die Maßnahmen gegen die Juden wieder verschärft. Die Nationalsozialisten erlassen weitere Gesetze, um die Juden in Deutschland möglichst aus allen gesellschaftlichen Bereichen auszuschließen.

Ab Februar 1938 erhalten jüdische Betriebe und Haushalte geringere Zuteilungen an Rohstoffen und Devisen. Deutsche Frauen dürfen ab diesem Zeitpunkt nicht mehr in jüdischen Betrieben und Haushalten arbeiten. Ab März 1938 werden jüdische Betriebe von öffentlichen Aufträgen ausgeschlossen und ab September 1938 wird einer Vielzahl von jüdischen Medizinern, Anwälten und technischen Spezialisten die Berufszulassung entzogen. Außerdem werden jüdische Großmärkte und Börsen geschlossen.

Am 26.04.1938 werden Juden per Gesetz verpflichtet, dem Staat ihr gesamtes Vermögen offenzulegen. Wie sich später erweisen wird, dient diese Verpflichtung vor allem dazu, die Enteignung der Juden vorzubereiten. Auch Martin Neumann muss diese Vermögenserklärung abgeben.

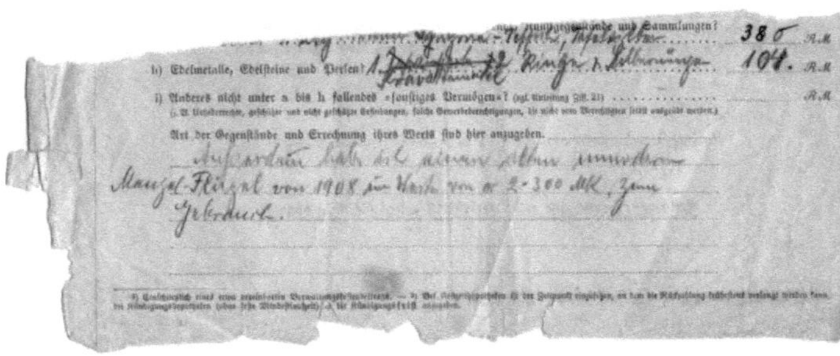

[illegible] Kunstgegenstände und Sammlungen? [illegible] 380 RM

h) Edelmetalle, Edelsteine und Perlen? [illegible] 104. RM

i) Anderes nicht unter a bis h fallendes »sonstiges Vermögen«? (vgl. Anleitung Ziff. 21) .... RM

[illegible]

Art der Gegenstände und Errechnung ihres Werts sind hier anzugeben.

[illegible] Mangel-Flügel von 1908 [illegible] 2-300 Mk, zum Gebrauch.

Fragment des Formulars zur Vermögenserklärung von Martin Neumann von 1938, Vorderseite

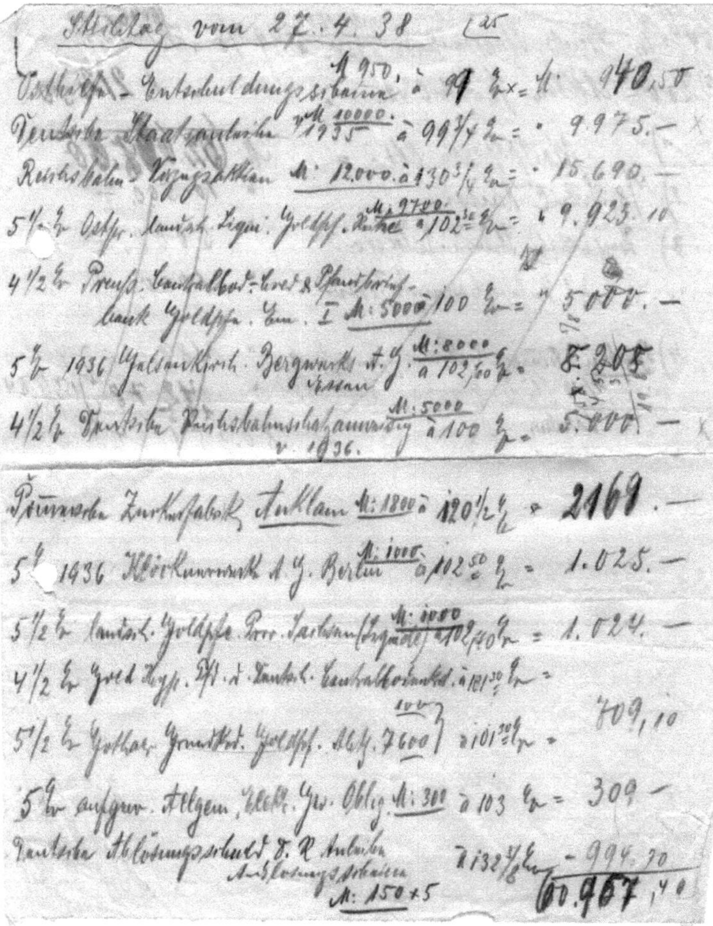

Stichtag vom 27.4.38

Ostpreuß. Entschuldungsscheine M 950,– à 99 % = M 940,50

Deutsche Staatsanleihe v. 1935 M 10000.– à 99 3/4 % = 9975.–

Reichsbahn-Vorzugsaktien M 12.000 à 130 3/4 % = 15.690.–

5 1/2 % Ostpr. landsch. Liqu. Goldpf. Reihe M 9700.– à 102 30 % = 9.923.10

4 1/2 % Preuß. Centralbod.-Cred. & Pfandbrief-bank Goldpfa. Em. I M 5000 à 100 % = 5000.–

5 % 1936 Gelsenkirch. Bergwerks A.G. Essen M 8000 à 102,60 % = 8.208

4 1/2 % Deutsche Reichsbahnschatzanweisung v. 1936 M 5000 à 100 % = 5.000.–

Pommersche Zuckerfabrik Anklam M 1800 à 120 1/2 % = 2169.–

5 % 1936 Klöcknerwerke A.G. Berlin M 1000 à 102 50 % = 1.025.–

5 1/2 % landsch. Goldpfa. Prov. Sachsen (Girozentrale) M 1000 à 102,40 % = 1.024.–

4 1/2 % Gold Hyp. Pf. d. Landsch. Centralbank à 101 30 % =

5 1/2 % Gothaer Grundkred. Goldpf. Abt. 7 600/100 à 101 30 % = 709,10

5 % aufgew. Allgem. Elektr. Ges. Oblig. M 300 à 103 % = 309.–

Deutsche Ablösungsschuld d. R. Anleihe Auslosungsscheine M 150×5 à 132 5/8 % = 994.70

60.967,40

handschriftliche Vermögensaufstellung vom 27.4.1938, Vorderseite, erstellt von Martin Neumann zur Vorbereitung der behördlichen Vermögenserklärung

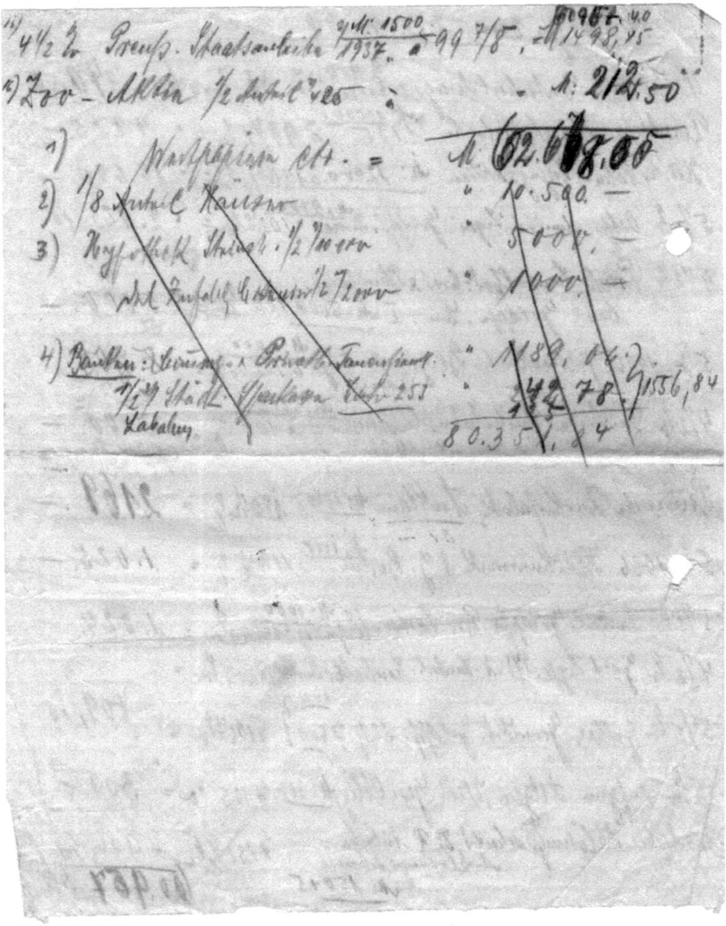

handschriftliche Vermögensaufstellung vom 27.4.1938, Rückseite, erstellt von Martin Neumann zur Vorbereitung der behördlichen Vermögenserklärung

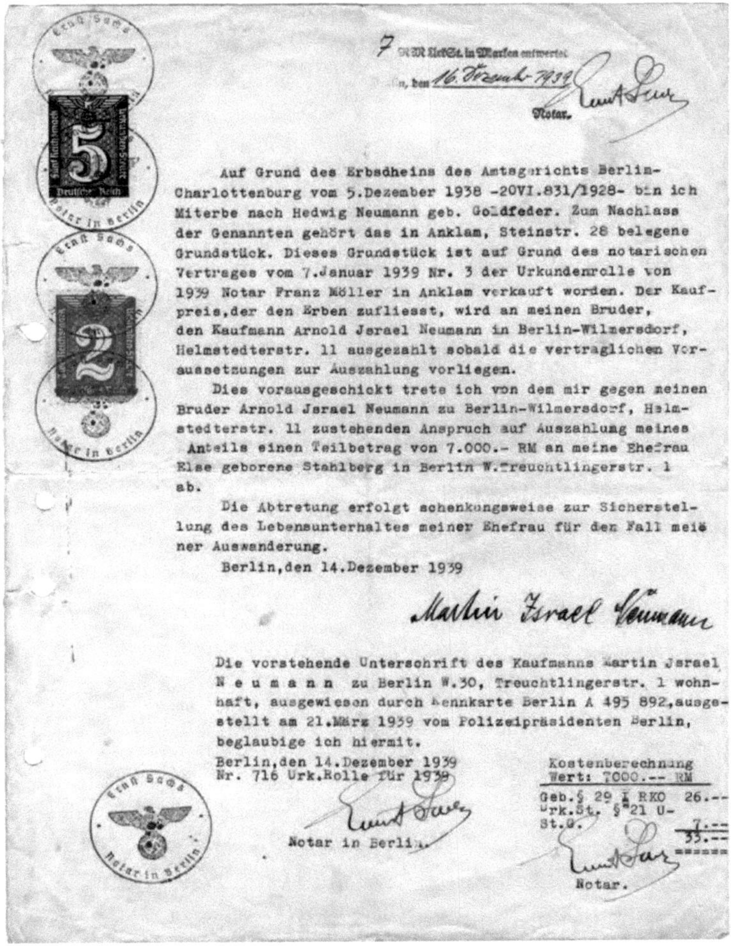

7 RM NotSt. in Marken entwertet

Berlin, den 16. Dezember 1939

Notar.

Auf Grund des Erbscheins des Amtsgerichts Berlin-Charlottenburg vom 5.Dezember 1938 -20VI.831/1928- bin ich Miterbe nach Hedwig Neumann geb. Goldfeder. Zum Nachlass der Genannten gehört das in Anklam, Steinstr. 28 belegene Grundstück. Dieses Grundstück ist auf Grund des notarischen Vertrages vom 7.Januar 1939 Nr. 3 der Urkundenrolle von 1939 Notar Franz Möller in Anklam verkauft worden. Der Kaufpreis,der den Erben zufliesst, wird an meinen Bruder, den Kaufmann Arnold Jsrael Neumann in Berlin-Wilmersdorf, Helmstedterstr. 11 ausgezahlt sobald die vertraglichen Voraussetzungen zur Auszahlung vorliegen.

Dies vorausgeschickt trete ich von dem mir gegen meinen Bruder Arnold Jsrael Neumann zu Berlin-Wilmersdorf, Helmstedterstr. 11 zustehenden Anspruch auf Auszahlung meines Anteils einen Teilbetrag von 7.000.- RM an meine Ehefrau Else geborene Stahlberg in Berlin W.Treuchtlingerstr. 1 ab.

Die Abtretung erfolgt schenkungsweise zur Sicherstellung des Lebensunterhaltes meiner Ehefrau für den Fall meiner Auswanderung.

Berlin,den 14.Dezember 1939

Martin Israel Neumann

Die vorstehende Unterschrift des Kaufmanns Martin Jsrael Neumann zu Berlin W.30, Treuchtlingerstr. 1 wohnhaft, ausgewiesen durch Kennkarte Berlin A 495 892,ausgestellt am 21.März 1939 vom Polizeipräsidenten Berlin, beglaubige ich hiermit.

Berlin,den 14.Dezember 1939
Nr. 716 Urk.Rolle für 1939

Notar in Berlin.

Kostenberechnung
Wert: 7000.-- RM
Geb.§ 29 I RKO 26.--
Urk.St. § 21 U-St.G. 7.--
33.--

Notar.

notarielle Urkunde über die Abtretung von Teilen seines Vermögens durch Martin Neumann an seine Ehefrau Else.

Martin befürchtet wohl, dass dem weitere Maßnahmen folgen werden, und versucht zumindest teilweise, dem vorzubeugen.

Er trifft unter anderem Vorsorge, indem er seinen Anteil aus dem Erlös des Verkaufs des elterlichen Grundstücks in der Steinstraße 28 in Anklam am 14. Dezember 1939 notariell an seine Frau Else abtritt.

Da seine Frau Else nicht jüdischer Abstammung ist und somit nicht direkt von den antijüdischen Maßnahmen der Nationalsozialisten betroffen ist, hofft er, sie dadurch zumindest finanziell absichern zu können.

Die Judenverfolgung und die erneute Verschärfung der antijüdischen Hetze in Deutschland führt Ende 1938 zu einer Eskalation der Situation. Die antisemitische Propaganda gipfelt in vielen Städten überall in Deutschland in der Nacht vom 09. auf den 10. November 1938 in organisierten Judenpogromen. Diese Gewaltexzesse werden später in den nationalsozialistischen Medien als „spontane Entladung des Volkszorns" gegen die Juden dargestellt. In dieser Nacht finden in Berlin und in anderen Städten massenhaft gewaltsame Aktionen gegen jüdische Geschäfte und Einrichtungen und gegen jüdische Bürger statt. Auch in Anklam brennt in dieser Nacht die jüdische Synagoge.

Martin Neumann und seine Frau werden in dieser Nacht in ihrer Wohnung in der Treuchtlinger Straße 1 in Berlin überfallen. Da Else später in diesem Zusammenhang von „Gestapo" spricht, haben sich die Täter wohl als solche ausgewiesen oder ausgegeben. Martin wird von den Eindringlingen brutal misshandelt. Er wird mit Fäusten und Gegenständen ins Gesicht, gegen den Kopf und gegen den

Körper geschlagen und getreten. Er blutet aus Mund, Nase und mehreren offenen Wunden.

Als er aus der Wohnung gezerrt wird, krümmt er sich vor Schmerzen. Auf ihre Frage, wohin man Martin bringt, erhält Else keine Antwort. Vor dem Haus wird Martin brutal auf einen wartenden LKW gestoßen. Else bleibt in Panik allein zurück. Die Wohnung ist verwüstet, überall ist Martins Blut, viele Wertgegenstände sind entwendet.

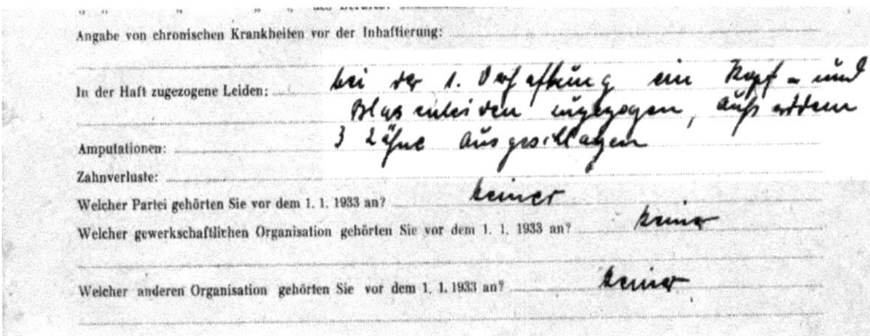

Angabe von chronischen Krankheiten vor der Inhaftierung:

In der Haft zugezogene Leiden: bei der 1. Verhaftung ein Kopf- und Blasenleiden zugezogen, außerdem 3 Zähne ausgeschlagen

Amputationen:

Zahnverluste:

Welcher Partei gehörten Sie vor dem 1. 1. 1933 an? keiner

Welcher gewerkschaftlichen Organisation gehörten Sie vor dem 1. 1. 1933 an? keiner

Welcher anderen Organisation gehörten Sie vor dem 1. 1. 1933 an? keiner

erste Seite eines vierseitigen statistischen Fragebogens für Opfer des Nationalsozialismus, ausgefüllt von Else Neumann am 31.05.1947.

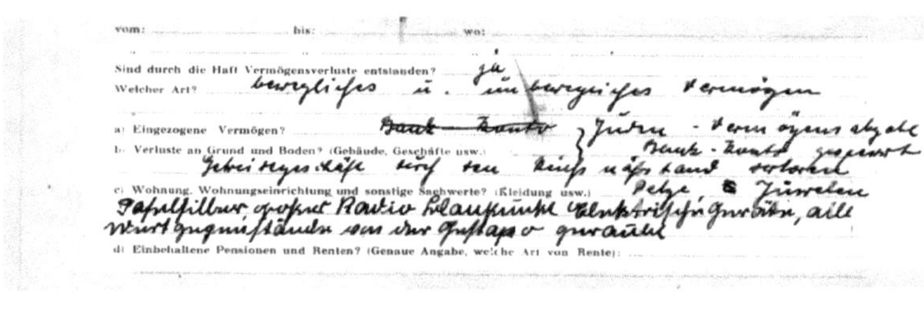

vom: bis: wo:

Sind durch die Haft Vermögensverluste entstanden? ja

Welcher Art? bewegliches u. unbewegliches Vermögen

a) Eingezogene Vermögen? ~~Bank-Konto~~ Juden-Vermögensabgabe, Bank-Konto gesperrt

b) Verluste an Grund und Boden? (Gebäude, Geschäfte usw.) [illegible] verloren

c) Wohnung, Wohnungseinrichtung und sonstige Sachwerte? (Kleidung usw.) Pelze & Juwelen, Tafelsilber, [illegible] Radio, [illegible] Elektrische Geräte, alle Wertgegenstände von der Gestapo geraubt

d) Einbehaltene Pensionen und Renten? (Genaue Angabe, welche Art von Rente):

vierte Seite eines vierseitigen statistischen Fragebogens für Opfer des Nationalsozialismus, ausgefüllt von Else Neumann am 31.05 1947.

Martin Neumann wird in dieser Nacht zusammen mit weiteren verhafteten Juden ins Konzentrationslager Sachsenhausen bei Oranienburg gebracht und dort inhaftiert. Im

Register der Gedenkstätte des Konzentrationslagers Sachsenhausen ist Martin Neumann als Häftling mit der Nummer 9491 für die Zeit vom 09.11.1938 bis Anfang 1939 geführt.

Allein schon die Erlebnisse von Martin und seiner Ehefrau in dieser Nacht zeigen, dass es sich keineswegs um eine *spontane Entladung des Volkszorns* gegen die Juden gehandelt haben kann, sondern dass es eine von den Nationalsozialisten organisierte gewaltsame Aktion gegen die Juden ist. Der *spontane Volkszorn* kann nicht erklären, dass in dieser Nacht gleichzeitig tausende deutsche Juden in vielen Städten Deutschlands in einer gut organisierten Aktion in Konzentrationslagern interniert werden.

Die ersten Dokumente aus der Zeit der ersten Inhaftierung Martin Neumanns in einem Konzentrationslager stammen vom November und Dezember 1938.

Es handelt sich um drei von Martin beschriebene Postkartenvordrucke des Konzentrationslagers Sachsenhausen bei Oranienburg, abgesendet am 25.11.1938, 09.12.1938 und am 22.12.1938.

Meine genaue Anschrift:
Martin Neumann
Nr. 9491
Block 39
Konz.-L. Sachsenhausen
Oranienburg bei Berlin

Konzentrationslager
Sachsenhausen
Oranienburg bei Berlin
Auszug aus der Lagerordnung:
Jeder Häftling darf im Monat 2 Briefe oder 2 Postkarten empfangen und auch absenden. Ein Brief darf nicht mehr als 4 Seiten à 15 Zeilen enthalten und muß übersichtlich und gut lesbar sein. Postsendungen, die diesen Anforderungen nicht entsprechen, werden nicht zugestellt bezw. befördert. Pakete jeglichen Inhalts dürfen nicht empfangen werden. Briefsendungen ohne Absender werden nicht ausgehändigt. Geldsendungen sind zulässig, es kann im Lager alles gekauft werden. Nationalsozialistische Zeitungen sind zugelassen, doch müssen dieselben über die Kommandantur des Lagers bestellt werden.
Der Lagerkommandant.

Postzensurstelle
K.L. Postkarte
geprüft:

Frau
Elsa Neumann
25.11.38
Berlin W. 30
Treuchtlingerstr. 1

Vorderseite der Postkarte vom 09.12.1939
von Martin Neumann an seine Frau

Aus diesen Postkarten geht Martins Häftlingsnummer und seine Unterbringung im Block 39 hervor. Dass es sich bei der Unterbringung von Häftlingen in Konzentrationslagern um keine spontane, sondern eine gut vorbereitete Aktion handelt, wird auch darin deutlich, dass für die Häftlinge Postkartenvordrucke zur Verfügung stehen.

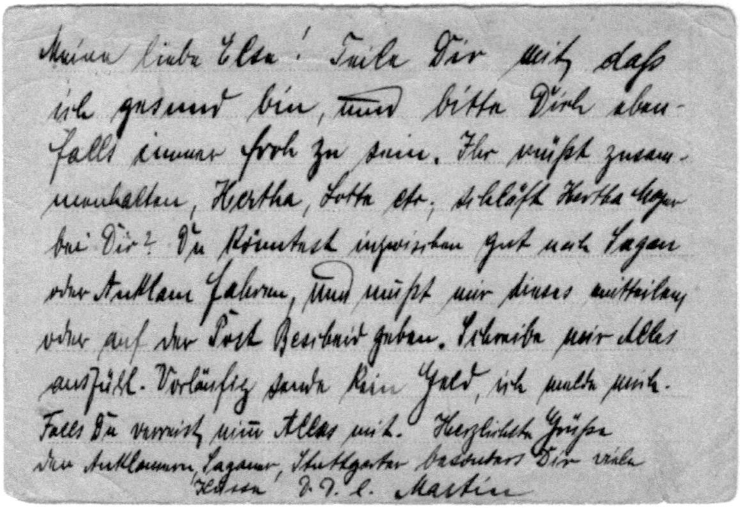

Meine liebe Else! Teile Dir mit, daß ich gesund bin, und bitte Dich eben-falls immer froh zu sein. Ihr müßt zusam-menhalten, Hertha, Lotte etc. Schläft Hertha immer bei Dir? Du könntest inzwischen gut nach Sagan oder Anklam fahren, und mußt mir dieses mitteilen oder auf der Post Bescheid geben. Schreibe mir Alles ausführl. Vorläufig sende kein Geld, ich melde mich. Falls Du verreist, nimm Alles mit. Herzlichste Grüße den Anklamern, Saganer, Stuttgarter besonders Dir vielen Küssen D.D.l. Martin

Rückseite der Postkarte vom 09.12.1939
von Martin Neumann an seine Frau.

In dieser Karte vom 09.12.1938 bittet Martin Neumann seine Frau die Angelegenheiten der Bank und der Steuer zu regeln. Es ist überraschend, dass Martin Neumann selbst während der Zeit seiner Inhaftierung bemüht ist, die Alltagsangelegenheiten seiner Familie und seines Vermögens zu regeln. Er schreibt wörtlich: *„Du mußt zur Bank ... gehen, die Schlüssel mitnehmen, da Anfang Dez. das Schließfach aufgelöst und alles ins Depot geht. Falls es mit der 1. Abgabe des Vermögens nicht Zeit hat, musst du es regeln. Herzlichst D.D.l. Martin"*

Die Bereitstellung von Postkartenvordrucken für die Post der Häftlinge an ihre Angehörigen ist eine subtile Methode der Kontrolle der Post der Inhaftierten. Zum einen kann man nur Post versenden, wenn man einen solchen Vordruck erhält. Die Daten von Martins Postkarten zeigen, dass es nur alle 14 Tage gestattet ist, an die Angehörigen zu schreiben. Zum anderen beschränkt das kleine Format der Postkarte zusätzlich auch, wie viel man schreiben kann.

Allen Inhaftierten ist auch klar, dass es kein Postgeheimnis gibt. Damit ist auch ausgeschlossen, dass man den Angehörigen Kritisches über die Bedingungen der Haft mitteilt.

Martin war sich dieser Umstände sehr wohl bewusst, hat aber auf diesen Karten ganz offen auch über Vermögensangelegenheiten und anderes geschrieben. Aus seiner Sicht hatte er nichts zu verbergen.

Diese Zeitdokumente widerlegen auch Behauptungen, wonach es Inhaftierungen von Staatsgegnern und Juden in Konzentrationslagern erst *nach* Beginn des Krieges gegeben haben soll und das auch nur wegen sogenannter *sicherheitspolitischer* Gründe.

Der Umgang des deutschen Staates mit Martin Neumann im Jahr 1938 belegt, dass diese Inhaftierungen bereits vor Beginn des Krieges stattfinden und es zur Inhaftierung auch keines Verbrechens oder rechtsstaatlichen Urteils bedarf.

Martin Neumanns Inhaftierung im Konzentrationslager Sachsenhausen erfolgt in der Pogromnacht im November 1938 und ist Bestandteil einer bis ins Detail geplanten antijüdischen Politik der Nationalsozialisten.

Auch Behauptungen, dass es sich um eine „Schutzhaft“ handeln würde, sind falsch. Aus dem rot aufgedruckten behördliche Auszug auf Martins Postkarten geht hervor, dass es sich um eine Inhaftierung unter strengen Auflagen handelt.

„Konzentrationslagern Sachsenhausen Oranienburg bei Berlin

Auszug aus der Lagerordnung:
Jeder Häftling darf im Monat 2 Briefe oder Postkarten empfangen und auch absenden. Ein Brief darf nicht mehr als 4 Seiten á 15 Zeilen enthalten und muß übersichtlich und gut lesbar sein. Postsendungen, die diesen Anforderungen nicht entsprechen, werden nicht zugestellt bzw. befördert. Pakete jeglichen Inhalts dürfen nicht empfangen werden. Briefsendungen ohne Absender werden nicht ausgehändigt. Geldsendungen sind zulässig, es kann im Lager alles gekauft werden. Nationalsozialistische Zeitungen sind zugelassen, doch müssen dieselben über die Kommandantur des Lagers bestellt werden.

Der Lagerkommandant"

Aus der Postkarte aus dem Konzentrationslager Sachsenhausen vom 22.12.1938 geht hervor, dass Martin hofft, das Weihnachtsfest 1938 bei seiner Frau zu Hause in Berlin verbringen zu können. Martin schreibt dort an Else: *„Die Einkäufe zum Fest werden wir gemeinsam erledigen ...“*, und etwas später *„Halte das Badezimmer etc. warm und bleibe von mittags an zu Hause.“*

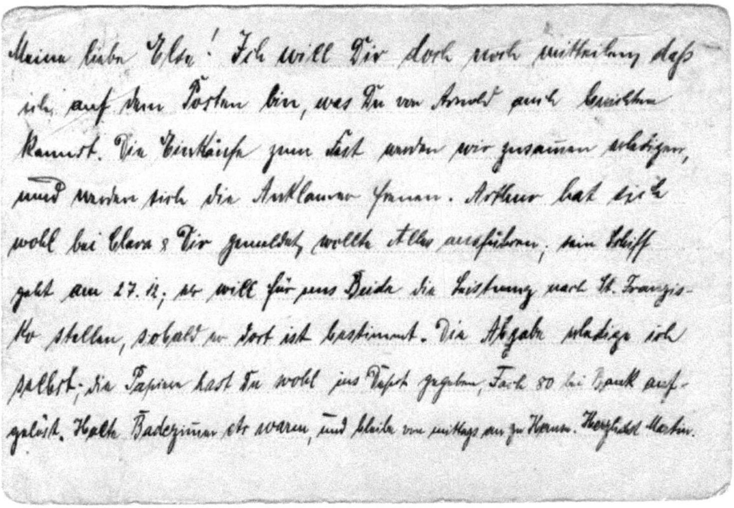

Meine liebe Else! Ich will Dir doch noch mitteilen daß ich auf dem Posten bin, was Du von Arnold auch erfahren kannst. Die Einkäufe zum Fest werden wir zusammen erledigen, und werden sich die Anklamer freuen. Arthur hat sich wohl bei Clara & Dir gemeldet, wollte Alles ausführen; ein Schiff geht am 27.12.; er will für uns Beide die Leistung nach St. Franzisko stellen, sobald er dort ist bestimmt. Die Abgabe erledige ich selbst; die Papiere hast Du wohl ins Depot gegeben, Fach 80 bei Bank aufgelöst. Halte Badezimmer etc warm, und bleibe von mittags an zu Hause. Herzlichst Martin.

Rückseite der Postkarte vom 22.12.1938 von Martin Neumann an seine Frau Else

Ob Martin Neumann Weihnachten 1938 wirklich zu Hause verbracht hat, ist nicht überliefert. Er ist für die Zeit von November 1938 bis Anfang 1939 als Häftling in den Registern des Konzentrationslagers Sachsenhausen geführt. Tatsache aber ist, dass Häftlinge jüdischer Abstammung, die mit einer deutschen Frau verheiratet sind, zum Teil Hafturlaub erhalten; vielleicht um unangenehme Nachfragen der deutschen Angehörigen von jüdischen Häftlingen zu vermeiden.

Vielleicht wird Martin auch eine Sonderbehandlung zuteil, die sich auf eine Begebenheit zurückführen lässt, von der Else später berichtet.

Von Mitte 1938 bis September 1939 ist SS-Oberführer Hermann Baranowski, *Vierkant* genannt, im KZ Sachsenhausen Lagerkommandant.

Das Konzentrationslager Sachsenhausen spielt unter den Konzentrationslagern in Deutschland eine Sonderrolle. Es fungiert als Ausbildungslager für die SS-Wachmannschaften, die später in anderen Konzentrationslagern eingesetzt werden sollen.

Der Lagerkommandant veranstaltet für seine SS-Leute regelmäßig Kulturabende, um diesen nach dem Dienst Abwechslung zu bieten. Dazu nutzt er die künstlerischen Fähigkeiten der Häftlinge. Da Martin und ein weiterer Mithäftling russischer Herkunft Klavier spielen können, müssen diese mehrfach bei diesen Abenden vor den SS-Leuten als Attraktion auftreten. Sie spielen vierhändig auf einem Klavier alles, was von ihnen verlangt wird. Im Gegenzug werden sie bevorzugt behandelt und dürfen tagsüber üben.

Der Text dieser Karte vom 22.12.1938 enthält aber zwei weitere wichtige Informationen. Zum einen schreibt Martin:

„Ich will Dir doch noch mitteilen, daß ich auf dem Posten bin, was Du von Arnold auch berichten kannst."

Dieser Aussage ist zu entnehmen, dass auch Martins ältester Bruder Arnold zur selben Zeit wie Martin im KZ Sachsenhausen inhaftiert ist. Das ist die einzig logische Erklärung, warum Martin Neumann Informationen über den Gesundheitszustand seines Bruders Arnold hat und diese Information auf dem Weg über seine Frau an Arnolds Familie weiterleitet.

Die zweite wichtige Information in dieser Karte ist folgenden Zeilen zu entnehmen:
„Arthur hat sich wohl bei Clara & Dir gemeldet wollte Alles ausführen. Sein Schiff geht am 27.12.; er will für uns Beide die Leistung nach St. Franzisko stellen, sobald er dort ist bestimmt."

Bis Ende 1939 ist es das Ziel der Nationalsozialisten, die Juden aus allen gesellschaftlichen Bereichen auszuschließen und diese zur Auswanderung zu drängen. Bis Ende 1938 sind so mehr als 250.000 jüdische Bürger aus Deutschland ausgewandert. Bei der Organisation der Ausreise vieler tausend Juden leistet die Reichsvereinigung der Juden in Deutschland umfangreiche Unterstützung. Das geschieht mit Billigung der nationalsozialistischen Regierung, mit deren Zielen das bis zu diesem Zeitpunkt übereinstimmt. 1939 steigt die Anzahl der jüdischen Auswanderer im Vergleich zum Vorjahr noch einmal sprunghaft auf etwa 68.000 an. Martins Zeilen in der Postkarte vom 22.12.1938 weisen darauf hin, dass auch Martins Bruder Arthur zu diesem Zeitpunkt im Begriff war, Deutschland zu verlassen. Damit war er einer von diesen vielen tausend deutschen Juden.

In der Folge der Massenverhaftungen von Juden im Jahr 1938 in ganz Deutschland und deren Inhaftierung kam es zu einer Fluchtwelle Deutscher jüdischer Abstammung ins Ausland, vor allem in die Schweiz.

Um diese massenhafte Einreise von deutschen Juden zu unterbinden, führt die Schweiz daraufhin eine allgemeine Visumspflicht ein und hebt den bis dahin bestehenden visafreien Grenzverkehr mit Deutschland auf. Als Reaktion darauf erlassen die deutschen Behörden am 5. Oktober 1938 eine „Verordnung über Reisepässe von Juden". Durch diese Verordnung wird die Geltung der Reisepässe von deutschen Juden eingeschränkt. Es ist ihnen nun nur noch mit Zustimmung der Behörden möglich, das Land zu verlassen. Mit dieser Verordnung reagieren die Nationalsozialisten auf die zunehmende internationale Kritik, die aus der massenhaften Auswanderung resultiert.

Martins Bruder Arthur Neumann sowie seiner Ehefrau Selma und seinen beiden Kindern gelingt es so noch noch rechtzeitig Deutschland zu verlassen.

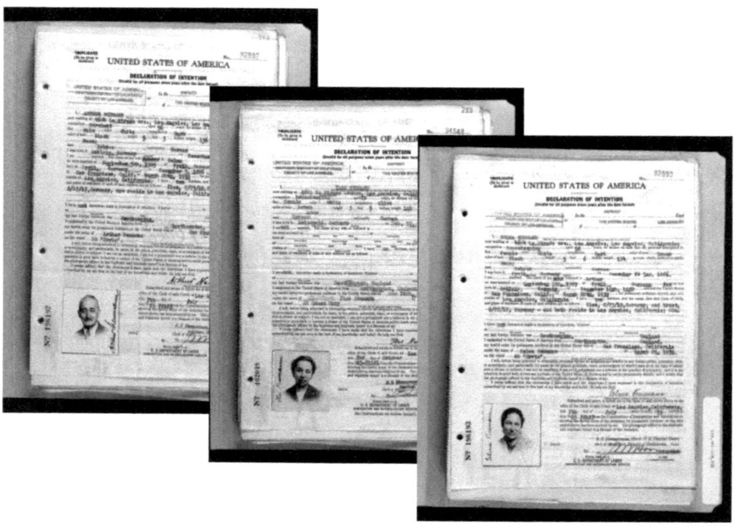

Einreiseunterlagen in die USA von Arthur, Ilse und Selma Neumann.

Arthur Neumann und seine Familie emigrieren Ende 1938 von Bremerhaven über Southhampton in Großbritannien mit dem Schiff in die USA.

Aus diesen Einreiseunterlagen geht hervor, dass Arthur Neumanns Familie getrennt mit zwei unterschiedlichen Schiffen die Überfahrt in die USA gemacht hat. Arthur und Selma sind am 20.03.1939 in San Francisco angekommen. Ihre Tochter Ilse und vermutlich auch ihr Sohn Ernst haben die Überfahrt mit einem anderen Schiff nach New York gemacht. Sie sind dort am 23.02.1939, zufällig an Ilses 29. Geburtstag, angekommen. Offensichtlich ist es Arthurs Familie nicht gelungen, für alle Familienmitglieder eine Überfahrt auf dem gleichen Schiff zu bekommen.

Die drei vorliegenden „Declaration of Intention“ der Einreisebehörden der USA für Arthur, Selma und ihre Tochter Ilse sind alle in Los Angeles ausgestellt. Die für Selma und Arthur am 07.07.1939 und die für Ilse am 03.10.1939. Ilse hat ihre Eltern im Herbst 1939 in Los Angeles wieder getroffen. Über das weitere Schicksal der Familie von Martins Bruder Arthur konnten wir leider nichts in Erfahrung bringen.

Die Verordnung der nationalsozialistischen Regierung „über Reisepässe von Juden“ vom 05. Oktober 1938 leitet einen grundsätzlichen Paradigmenwechsel der Nationalsozialisten im Umgang mit den deutschen Juden ein. Bis dahin ist die Vertreibung der Juden und deren Nötigung zur Ausreise erklärtes Ziel der antijüdischen Politik. Ab Ende 1939 ist die physische Vernichtung der Juden in Deutschland und ganz Europa das erklärte Hauptziel der nationalsozialistischen Politik im Umgang mit den Juden.

Auch Martin Neumann und seine Ehefrau Else haben 1938 konkrete Pläne in die USA auszuwandern. Das wird in seiner Postkarte aus Sachsenhausen vom 22.12.1938 deutlich. Der Wortlaut lässt darauf schließen, dass Martin mit seinem Bruder Arthur konkrete Absprachen dazu getroffen hat. Die Formulierung „bestimmt" lässt ahnen, dass er diesbezüglich große Hoffnungen in seinen Bruder Arthur setzt und ihm vertraut.

Bei den Unterlagen des Nachlasses von Martin Neumann befinden sich auch diverse Papiere, mit denen ein in den USA lebender Verwandter der Neumann-Familie ein Einreise-Visum für Martin und Else Neumann in die USA beantragt.

Den Visumsantrag für die beiden stellt 1939 Martins Cousin Jerome Rice Newman. Vermutlich bittet Arthur seinen schon länger in den USA lebenden Cousin um Unterstützung, um die Erfolgschancen für einen solchen Antrag zu erhöhen.

Arthur Neumann löst sein Versprechen gegenüber seinem Bruder Martin ein und bemüht sich, für diesen und seine Frau Else ein Einreisevisum in die USA zu erwirken.

Aus den Unterlagen, die Jerome Rice Newman zum Visumsantrag eingereicht hat, geht hervor, dass dieser als erfolgreicher Geschäftsmann in Cincinnati in Ohio lebt. Als Cousin von Martin Neumann übernimmt er bereitwillig die für die Erteilung eines Visums erforderliche finanzielle Bürgschaft für Martin und seine Frau.

Auch für den in den USA lebenden Verwandten ist es nicht einfach, für Martin Neumann und seine Frau eine Einreiseerlaubnis in die USA zu erreichen. Er muss umfangreiche Dokumente an die zuständigen Stellen der US-

Regierung einreichen, um nachzuweisen, dass die Einreisenden finanziell gesichert sind und keine Belastung für den amerikanischen Staat darstellen.

Da sich Kopien dieser Unterlagen im Nachlass von Else Neumann befinden, wurden diese offensichtlich durch den Cousin oder Arthur an Martin nach Deutschland geschickt. *Diese Bemühungen, für Martin Neumann und seiner Frau Else die Ausreise zu erreichen, sind leider nicht mehr erfolgreich.*

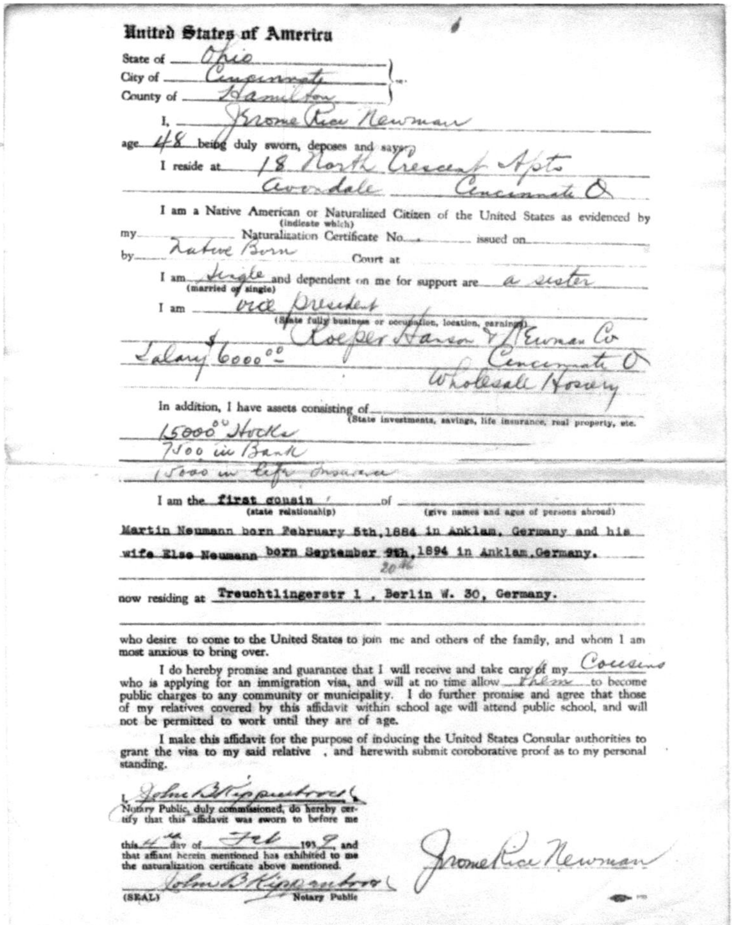

United States of America

State of Ohio
City of Cincinnati
County of Hamilton

I, Jerome Rice Newman

age 48 being duly sworn, deposes and says:

I reside at 18 North Crescent Apts
Avondale Cincinnati O.

I am a Native American or Naturalized Citizen of the United States as evidenced by (indicate which)
my ... Naturalization Certificate No. ... issued on ...
by Native Born Court at

I am single (married or single) and dependent on me for support are a sister

I am vice president (State fully business or occupation, location, earnings)
Roeper Hanson & Newman Co
Salary $6000.00 Cincinnati O
Wholesale Hosiery

In addition, I have assets consisting of (State investments, savings, life insurance, real property, etc.
15000.00 Stocks
7500 in Bank
15000 in life Insurance

I am the first cousin (state relationship) of (give names and ages of persons abroad)
Martin Neumann born February 5th, 1884 in Anklam, Germany and his wife Else Neumann born September 9th 20th, 1894 in Anklam, Germany.

now residing at Treuchtlingerstr 1, Berlin W. 30, Germany.

who desire to come to the United States to join me and others of the family, and whom I am most anxious to bring over.

I do hereby promise and guarantee that I will receive and take care of my Cousins who is applying for an immigration visa, and will at no time allow them to become public charges to any community or municipality. I do further promise and agree that those of my relatives covered by this affidavit within school age will attend public school, and will not be permitted to work until they are of age.

I make this affidavit for the purpose of inducing the United States Consular authorities to grant the visa to my said relative, and herewith submit coroborative proof as to my personal standing.

I, John B Kippenbrock Notary Public, duly commissioned, do hereby certify that this affidavit was sworn to before me this 4th day of Feb 1939, and that affiant herein mentioned has exhibited to me the naturalization certificate above mentioned.

John B Kippenbrock
(SEAL) Notary Public

Jerome Rice Newman

Kopie des Visumsantrages von Jerome Rice Newman für seinen Cousin Martin Neumann und seine Ehefrau Else.

Martin Neumann wird offiziell Anfang 1939 aus dem Konzentrationslager Sachsenhausen entlassen. Natürlich erfolgt die Entlassung mit der Auflage, dass er sich regelmäßig auf dem für ihn zuständigen Polizeirevier in Berlin Schöneberg zu melden hat. Es wird ihm ebenso wenig ein Grund für seine Inhaftierung wie für seine Entlassung mitgeteilt.

Während der von den Nationalsozialisten in der Nacht vom 09. zum 10. November 1938 organisierten antijüdischen Gewaltaktionen werden Synagogen, jüdische Geschäfte, Wohnungen und Betriebe angesteckt, geplündert und zerstört. Dabei werden etwa 400 Juden ermordet bzw. in den Selbstmord getrieben. 1600 Berliner Juden werden in Konzentrationslagern interniert. Unter diesen Inhaftierten sind auch Martin Neumann und sein Bruder Arnold.

Die Nationalsozialisten nennen diese Ausschreitungen später „Reichskristallnacht", in höhnischer Bezugnahme auf die Scherben zersplitterter Fensterscheiben. Der Terror der *Pogromnacht* wird fortgesetzt durch die Verordnung, dass die Juden eine *Sühneleistung* für die in jener Nacht entstandenen Schäden in Höhe von einer Milliarde Reichsmark an das Deutsche Reich zu zahlen haben. Zusätzlich werden die Juden verpflichtet, alle Schäden sofort selbst zu beseitigen, die Kosten dafür zu tragen und eventuell von Versicherungen gezahlte Entschädigungen an das Deutsche Reich abzuführen.

Mit der gesetzlichen Auflage von Anfang 1938, dass alle Juden ihre Vermögenslage den Finanzbehörden melden mussten, haben die Nationalsozialisten bereits die Grundlage für die Durchsetzung der *Sühneleistung* geschaffen, um so die deutschen Juden zumindest teilweise zu enteignen. Durch die zuvor erzwungene Offenlegung des Vermögens aller jüdischer Bürger ist es möglich, jedem einzelnen je nach Vermögenslage konkret einen Anteil an dieser Schadensersatzforderung, der sogenannten „Sühneleistung“, zuzuweisen.

Auch Martin erhält im Zusammenhang mit der Entrichtung des ihm zugewiesenen Anteils an dieser *Sühneleistung* eine Information seiner kontoführenden Bank. Die Commerzbank teilt ihm mit, dass sie entsprechend eines solchen Bescheides vom Finanzamt Teile seines Wertpapierdepots an die Preußische Staatsbank abgeführt hat. Diese Abführung erfolgt in Raten. Die erste Rate davon im Dezember 1938. Die weiteren Raten werden dann im Februar, Mai und November 1939 seinem Wertpapierdepot entzogen. Eine Widerspruchsmöglichkeit gegen dieses Vorgehen gibt es nicht.

Die Summe der an die Preußische Staatsbank abgeführten Aktienwerte von Martin Neumanns Aktiendepot betrug 17.100,00 Reichsmark. Das entspricht einem Anteil von etwa einem Viertel des Vermögens an Barguthaben und Wertpapieren von Martin und Else Neumann.

Später wird Else Neumann auf ihre Nachfrage hin in einem Schreiben vom 13.05.1952 durch die Commerzbank ausdrücklich bestätigt, dass im Zuge von Schadensersatzzahlungen der Juden an das Deutsche Reich Teile der Depotwerte an das Deutsche Reich abgeführt wurden.

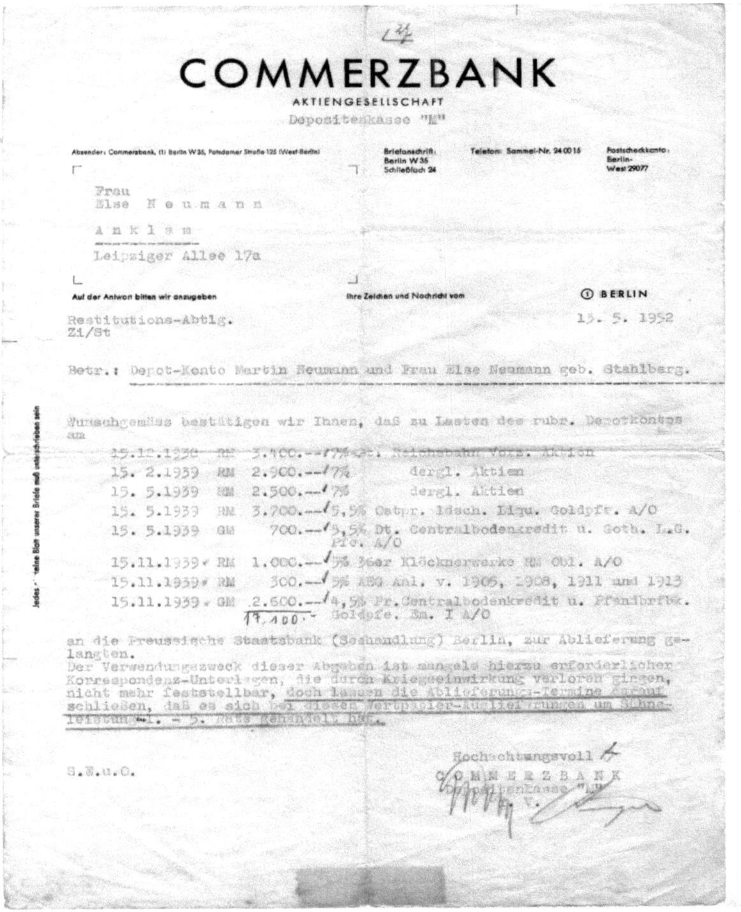

COMMERZBANK
AKTIENGESELLSCHAFT
Depositenkasse "M"

Absender: Commerzbank, (1) Berlin W 35, Potsdamer Straße 125 (West-Berlin)

Briefanschrift: Berlin W 35 Schließfach 24 — Telefon: Sammel-Nr. 24 00 15 — Postscheckkonto: Berlin-West 29077

Frau
Else Neumann

Anklam

Leipziger Allee 17a

Auf der Antwort bitten wir anzugeben: Restitutions-Abtlg. Zi/St

Ihre Zeichen und Nachricht vom

(1) BERLIN 13. 5. 1952

Betr.: Depot-Konto Martin Neumann und Frau Else Neumann geb. Stahlberg.

Wunschgemäss bestätigen wir Ihnen, daß zu Lasten des rubr. Depotkontos am

~~15.12.1938 RM 3.400.-- 7% Dt. Reichsbahn Vorz. Aktien~~
15. 2.1939 RM 2.900.-- 7% dergl. Aktien
15. 5.1939 RM 2.500.-- 7% dergl. Aktien
15. 5.1939 RM 3.700.-- 5,5% Ostpr. ldsch. Liqu. Goldpfr. A/O
15. 5.1939 GM 700.-- 5,5% Dt. Centralbodenkredit u. Goth. L.G. Pfe. A/O
15.11.1939 RM 1.000.-- 5% 36er Klöcknerwerke RM Obl. A/O
15.11.1939 RM 300.-- 5% AEG Anl. v. 1906, 1908, 1911 und 1913
15.11.1939 GM 2.600.-- 4,5% Pr.Centralbodenkredit u. Pfandbrfbk. Goldpfe. Em. I A/O
17.400.-

an die Preussische Staatsbank (Seehandlung) Berlin, zur Ablieferung gelangten.
Der Verwendungszweck dieser Abgaben ist mangels hierzu erforderlicher Korrespondenz-Unterlagen, die durch Kriegseinwirkung verloren gingen, nicht mehr feststellbar, doch lassen die Ablieferungs-Termine darauf schließen, daß es sich bei diesen Wertpapier-Auslieferungen um Sühneleistung 1. - 5. Rate gehandelt hat.

S.E.u.O.

Hochachtungsvoll
COMMERZBANK
Depositenkasse "M"
i. V.

Schreiben der Commerzbank/ Restitutions-Abteilung vom 13.5.1952 an Else Neumann, in der ihr auf Nachfrage der Vorgang bestätigt wird

Der Mitgliedsausweis von Martin Neumann für den Jüdischen Kulturbund in Deutschland e. V..

Martin Neumann wird 1939 Mitglied des Jüdischen Kulturbundes in Deutschland e.V..

Vor 1933 hat es in Deutschland keine zentrale jüdische Organisation gegeben. Erst 1933 entsteht ein solcher Zusammenschluss. Durch Gesetze und Verordnungen der Nationalsozialisten wird jüdischen Vereinen und Organisationen die Gemeinnützigkeit aberkannt, rückwirkend die Steuerpflicht eingeführt und Zug um Zug alle jüdischen

Organisationen verboten. So geht auch der *Jüdische Kulturbund in Deutschland e.V.* später in der *Reichsvereinigung der Juden in Deutschland* auf. Es ist die einzige von den Nationalsozialisten geduldete jüdische Organisation in Deutschland, in der alle Juden sogar zwangsweise Mitglied werden müssen.

Zusätzlich zu den *Sühneleistungen* ergreift der Deutsche Staat weitere Maßnahmen, um die Verfügungsgewalt der deutschen Juden über ihr Vermögen einzuschränken.

So wird am 28.08.1940 auch gegen das Konto und das Aktiendepot von Martin und Else eine *Sicherungsanordnung* durch den Oberfinanzpräsidenten von Berlin erlassen. Diese *Sicherungsanordnung* hat zur Folge, dass Martin Neumann und zwangsläufig auch seine deutsche Frau, nicht mehr uneingeschränkt über ihr Vermögen verfügen können. Von dieser Anordnung ist neben den Aktiendepots auch ihr Bankguthaben bei der Commerzbank betroffen.

Sinn dieser Maßnahme ist, dass sich der deutsche Staat den Zugriff auf das gesamte Vermögen der in Deutschland lebenden Juden sichern will.

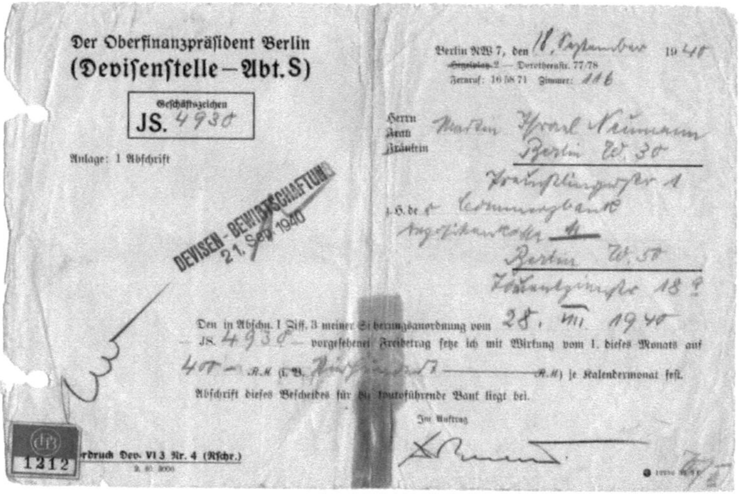
Der Oberfinanzpräsident Berlin
(Devisenstelle – Abt. S)

Geschäftszeichen
JS. 4930

Anlage: 1 Abschrift

DEVISEN-BEWIRTSCHAFTUNG
21. Sep. 1940

Berlin NW 7, den 18. September 1940
Dorotheenstr. 77/78
Fernruf: 16 58 71 Zimmer: 116

Herrn Martin Israel Neumann
Berlin W. 30

Den in Abschn. I Ziff. 3 meiner Sicherungsanordnung vom 28. VIII. 1940 – JS. 4930 – vorgesehenen Freibetrag setze ich mit Wirkung vom 1. dieses Monats auf 400,– RM je Kalendermonat fest.

Abschrift dieses Bescheides für die kontoführende Bank liegt bei.

Im Auftrag

Den Juden und so auch Martin und seiner Frau werden monatliche Teilbeträge von ihrem Konto freigegeben, über die sie verfügen können, um ihren Lebensunterhalt zu bestreiten. Mit diesem Bescheid des Oberfinanzpräsidenten Berlin vom 18. September 1940 wird festgelegt, dass der mit der Sicherungsanordnung vom 28. VIII. 1940 festgelegte Freibetrag mit Wirkung „vom 1. dieses Monats auf 400 Reichsmark je Kalendermonat“ geändert wird. *“Abschrift dieses Bescheides für die kontoführende Bank liegt bei.“* Die letzte Bemerkung zeigt auch, dass das System der schrittweisen Enteignung und Entrechtung der Juden bürokratisch perfektioniert ist.

Ob der genannte Betrag von 400 Reichsmark ausreichend ist, damit Martin und Else ihren Lebensunterhalt bestreiten können, ist nur schwer einzuschätzen. Sie müssen damit auskommen. (Auf der Basis eines Kaufkraftvergleichs zu 1937 entspräche diese Summe heute etwa 1.600 €.)

Darüber nachzudenken, ob das viel oder wenig ist für Miete, Strom, Essen und andere Dinge des täglichen Bedarfs, ist nicht wichtig. Für Martin und Else stellt sich die Sache anders dar. Sie wurden erst über die *Sühneleistungen* durch den Staat beraubt und nun mit der *Sicherungsanordnung* auch noch finanziell entmündigt. Das ist für die beiden frustrierend.

Für die Zeit von Mitte 1939 bis Ende 1942 sind außer den Dokumenten über die finanziellen Einschränkungen keine Belege aus dem Leben von Martin und Else Neumann erhalten geblieben.

Martin hat lange Zeit an den Nachwirkungen der Verletzungen von der Verhaftung im November 1938 zu kämpfen. Seine dabei zugezogene Blasenverletzung hat dauerhafte schmerzhafte Folgen. Ebenso wie die brutalen Attacken gegen den Kopf, die Ursache für häufige und äußerst heftige Kopfschmerzattacken sind.

Beide leben auch in ständiger Unruhe und Angst, dass sich eine solche Nacht jederzeit wiederholen kann.

Aus mündlichen Überlieferungen in der Familie wissen wir, dass Martin in dieser Zeit mehrmals in verschiedenen Lagern zur Zwangsarbeit ist. In einem seiner Briefe aus der Haft an seine Frau aus dem Jahr 1943 erwähnt Martin Neumann auch, dass er den Aufforderungen zur Zwangsarbeit immer Folge geleistet hat und ihm diesbezüglich nichts vorgeworfen werden könne. Wahrscheinlich bemühen sich Martin und seine Frau in dieser Zeit, möglichst unauffällig zu bleiben, um den Behörden keinen Vorwand oder Anlass für weitere Strafmaßnahmen zu liefern. Sie hoffen und denken beide, dass das der einzig mögliche Weg für sie ist.

Grundlage für die angeordnete Zwangsarbeit für Juden ist eine Verordnung vom 04.03.1939, die festlegt, dass unbeschäftigte Juden zu harter körperlicher Arbeit herangezogen werden.

Wir wissen aus mündlichen Berichten von Else und ihrer Schwester Elisabeth, dass beide zum Beispiel mehrfach nach Theresienstadt gefahren sind, um Martin dort zu besuchen und ihm lebensnotwendige Dinge zu bringen. Martin Neumann ist nicht als Inhaftierter im Häftlingsverzeichnis des Konzentrationslagers Theresienstadt erfasst. Deshalb ist es naheliegend, dass er dort zur Zwangsarbeit eingesetzt war. Dass er zur Zwangsarbeit eingesetzt wurde, ist unzweifelhaft und geht auch aus seinen später geschriebenen Briefen hervor.

„Im Falle Wulheide oder Großbeeren als Arbeitslager in Frage kommt, kannst du alle 8 Tage einen Karton Lebensmittel zum Zimmer 162 Polizei- Präsidium mit genauer Anschrift für mich abgeben. F_ Ich werde ja hören & erfahren, wann Dr. Gärtner etc. fortgeht & wohin sie kommen, danach kann ich mich auch richten."

(Auszug aus Brief Nr. 2 unbekannten Datums, Seite 2)

Offensichtlich kennen die Berliner Juden typische Einsatzorte für die Zwangsarbeit. Wichtig ist aber aus heutiger Kenntnis anzumerken, dass auch die Deportation von Juden in Konzentrations- und Vernichtungslager von den Behörden im Regelfall als Verschickung zur Zwangsarbeit *getarnt* wurde. So nimmt Martin Neumann zum Beispiel später auch an, dass seine Mithäftlinge Dr. Gärtner und

Gutzmann zur Zwangsarbeit verschickt wurden. Das wirkliche Ziel der Verschickung der beiden Mithäftlinge ist aber das Vernichtungslager Auschwitz. Das hat Martin aber erst später durch seine Frau erfahren, die weiter in Kontakt zur Ehefrau von Dr. Gärtner stand. Diese Sachverhalte gehen aus den Briefen hervor, die Martin später an seine Frau Else geschrieben hat.

Zwischen den Zwangsarbeitsmaßnahmen ist Martin immer wieder in Berlin bei seiner Frau. In diesen Zeiten fahren sie auch mehrfach nach Anklam und Umgebung, um Elses Vater und Schwestern zu besuchen.

Auch die im Zusammenhang mit der *Sicherungsanordnung* von 1940 stehenden Angelegenheiten kommen nicht zur Ruhe.

Aus einem Schreiben des Finanzamtes Schöneberg vom 25.09.1942 an die Depositenkasse der Commerzbank geht hervor, dass von der Vermögenspfändung weitere Aktien und Wertpapiere in Höhe von 11.500 Reichsmark betroffen sind.

Davon werden mit diesem Schreiben Reichsschatzanweisungen im Wert von 2.500,00 Reichsmark freigegeben, weil diese durch Martin Neumann oder seine Frau ausgelöst worden sind. Sie haben sich also ihr Eigentum zurückgekauft.

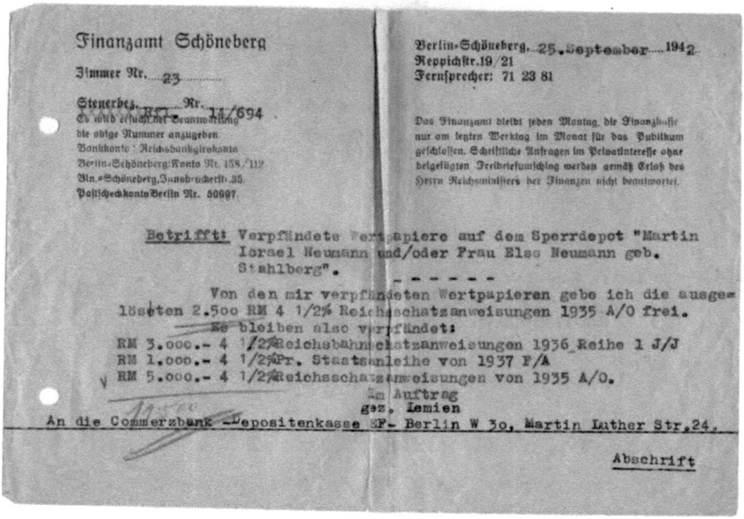

Finanzamt Schöneberg

Zimmer Nr. 23

Steuerbez. Nr. 14/694

Es wird ersucht, bei Beantwortung die obige Nummer anzugeben.

Bankkonto: Reichsbankgirokonto Berlin-Schöneberg: Konto Nr. 158/112

Bln.-Schöneberg, Innsbrucker Str. 35.

Postscheckkonto Berlin Nr. 50997.

Berlin-Schöneberg, 25. September 1942

Reppichstr. 19/21

Fernsprecher: 71 23 81

Das Finanzamt bleibt jeden Montag, die Finanzkasse nur am letzten Werktag im Monat für das Publikum geschlossen. Schriftliche Anfragen im Privatinteresse ohne beigefügten Freibriefumschlag werden gemäß Erlaß des Herrn Reichsministers der Finanzen nicht beantwortet.

Betrifft: Verpfändete Wertpapiere auf dem Sperrdepot "Martin Israel Neumann und/oder Frau Else Neumann geb. Stahlberg".

\- - - - - -

Von den mir verpfändeten Wertpapieren gebe ich die ausgelösten 2.500 RM 4 1/2% Reichsschatzanweisungen 1935 A/O frei.

Es bleiben also verpfändet:

RM 3.000.- 4 1/2% Reichsbahnschatzanweisungen 1936 Reihe 1 J/J

RM 1.000.- 4 1/2% Pr. Staatsanleihe von 1937 F/A

RM 5.000.- 4 1/2% Reichsschatzanweisungen von 1935 A/O.

Im Auftrag

gez. Lemien

An die Commerzbank -Depositenkasse EF- Berlin W 30, Martin Luther Str. 24.

Abschrift

Else und Martin versuchen in dieser Zeit, wann immer es ihnen möglich ist, eine normalen Alltag zu leben.

Am 1.September 1939 überfällt Deutschland Polen. Damit beginnt der Zweite Weltkrieg, von dessen Ausmaß und Folgen die Bevölkerung zu diesem Zeitpunkt noch nichts ahnen kann.

Die schnellen Erfolge und geringen Verluste der deutschen Truppen führen zu einer euphorischen Stimmung in der Bevölkerung. Der Krieg hat zu dieser Zeit noch keine Auswirkungen auf das Leben in Deutschland oder bringt zumindest keine spürbaren Einschränkungen für die Bevölkerung mit sich.

Auch Martin und seine Frau Else können sich ungehindert und unerkannt in Berlin und auch sonst im Land bewegen. In der Anonymität der Großstadt können die Juden bis Mitte 1941 gut in der Öffentlichkeit untertauchen.

Die letzten Monate (1941 -1943)

Am 22. Juni 1941 überfällt Deutschland die Sowjetunion. Das ist auch der Auftakt zur organisierten Massenvernichtung von Juden in Deutschland und ganz Europa. Am 31. Juli 1941 beauftragt Hermann Göring den SS-General Reinhardt Heydrich, einen Gesamtentwurf für die Kosten, Organisation und Durchführung der „Endlösung der Judenfrage“ auszuarbeiten.

Am 09. September 1941 ordnet die Polizei an, dass alle Juden einen „Judenstern“ gut sichtbar an der äußeren Kleidung zu tragen haben. Mit dieser Anordnung sind die Juden in ganz Deutschland der zumindest noch teilweise vorhandenen Anonymität in der Öffentlichkeit beraubt. Sie werden zum *Freiwild* und ihre Unsicherheit nimmt weiter zu.

Ein solcher „Judenstern“ aus dem Nachlass von Martin Neumann ist bis heute im Besitz seiner Familie.

„Judenstern-Aufnäher“ aus dem Nachlass von Martin Neumann.

Am 17. September 1941 entscheidet Hitler, mit der bis dahin für die Nachkriegszeit vorgesehenen Deportation deutscher Juden noch während des Krieges zu beginnen. Im Oktober 1941 verbietet der SS-Chef Himmler offiziell die Ausreise für alle Juden und weist an, dass alle Juden systematisch zu erfassen seien.

Im Auftrag Hitlers lädt Himmler Vertreter mehrerer Ministerien und Instanzen für den 20.01.1942 nach Berlin-Wannsee ein. In der Einladung ist angegeben, dass es um die Klärung der „mit der Endlösung der Judenfrage zusammenhängende Fragen“ gehen soll.

Aus dem einzigen verbliebenen Protokoll dieser Konferenz lässt sich entnehmen, dass die Zuständigkeiten für Deportations- und Vernichtungsaktionen festgelegt werden. Auch die Arten der Vernichtung, z.B. durch Zwangsarbeit,

Unterernährung, Infektionskrankheiten in den gewaltigen Ghettos und Konzentrationslagern werden bestimmt. Es wird definiert, welche Gruppen von Juden zur Deportation und Vernichtung vorgesehen sind. Darüber hinaus werden weitere Festlegungen getroffen, die im Zusammenhang mit der Deportation und Vernichtung der Juden stehen.

In Umsetzung dieser Beschlüsse kommt es zur Deportation tausender Berliner Juden mit den sogenannten „Alterstransporten" in die Konzentrations- und Vernichtungslager. Unter anderem werden während der Wannsee-Konferenz auch Festlegungen zur Berücksichtigung von Besonderheiten bei der Behandlung von Juden getroffen, die in „Mischehen", also mit deutschen Ehepartnern leben.

Diese sollen nicht direkt deportiert, sondern in einem Zwischenschritt nach Theresienstadt *evakuiert* werden, um möglichen Widerstand durch deutsche Angehörige zu vermeiden.

Festgelegt wird auch, dass diese Regelungen auch für Juden im Alter über 65 Jahren, Kriegsversehrte und Träger des „Eisernen Kreuzes" gelten sollen.

Es ist zu vermuten, dass die Verschickung von Martin Neumann zur Zwangsarbeit nach Theresienstadt eventuell im Zuge der Umsetzung der Beschlüsse der Wannsee-Konferenz erfolgt. Möglich ist, dass er nur nach Berlin zurückkehren darf, weil seine Frau Else intensiv bei den Behörden interveniert. Mündlichen Überlieferungen nach schreibt sie mehrere Eingaben, weil ihr Mann wegen seiner angegriffenen Gesundheit die Zwangsarbeit nicht leisten kann.

Martin und seine Frau müssen miterleben, wie alle Geschwister Martins und deren Familien Ende 1942 und Anfang 1943 verhaftet und deportiert werden. Seine Geschwister und deren Familien leben in unmittelbarer Wohnnähe zu ihnen. Alle Ehefrauen seiner Geschwister sind jüdischer Abstammung, wie er selbst und seine Brüder auch.

Sein jüngster Bruder Hans Neumann wird mit seiner Ehefrau Charlotte, geborene Steinecke, und ihren Kindern Rosemarie und Heinz Herbert am 15.08.1942 in ihrer Wohnung in der Fuggerstraße 18 in Berlin-Schöneberg verhaftet. Sie werden in der gleichen Nacht nach Riga in Lettland deportiert. Dort treffen sie am 18. August 1942 ein und werden alle zusammen am 18. August 1942 umgebracht. Martins Nichte Rosemarie war zum Zeitpunkt ihrer Ermordung neunzehn Jahre alt und ihr Bruder Heinz Herbert sechzehn Jahre.

Gemeinsam mit der Familie von Hans Neumann wird am selben Tag Martins Schwester Clara Posner, geborene Neumann, in Berlin verhaftet und mit dem gleichen Transport wie die Familie ihres Bruders nach Riga in Lettland deportiertund dort ebenfalls, am 18.08.1942 ermordet.

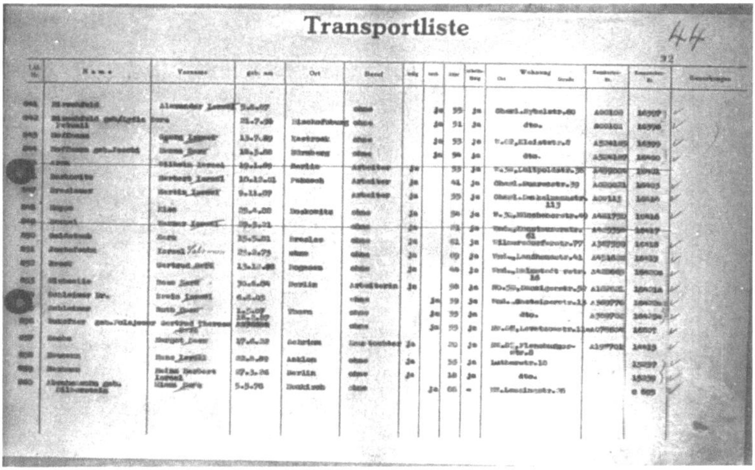
Transportliste
44
92

In den Listen dieses sogenannten Ost-Transportes sind Charlotte Neumann und ihre Tochter Rosemarie auf Seite 57 in Zeile 157 und 158 aufgeführt.

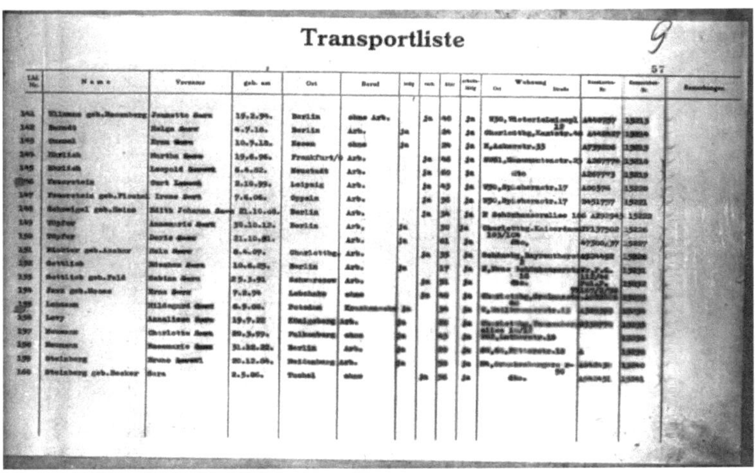
Transportliste
9
57

Hans Neumann und sein Sohn Heinz Herbert sind in dieser Liste auf Blatt 92 in Zeile 858 und 859 erfasst.

Die in der letzten Zeile vermerkten „Kennzeichennummern“ sind für die Familie fortlaufend 15236 für Charlotte, 15237 für Hans, 15238 für Rosemarie und 15239 für Heinz-Herbert.

Dieser Umstand spricht dafür, dass es sich bei den Deportationen um gut organisierte und langfristig vorbereitete Maßnahmen handelt.

Eduard Heinz Neumann, der Sohn seines ältesten Bruders Arnold, wird am 05. September 1942 in Berlin verhaftet und nach Riga in Lettland deportiert. Zum Zeitpunkt seiner Verhaftung ist Eduard dreiundzwanzig Jahre alt. Eduard Heinz Neumann gilt als verschollen. Er ist zuletzt am 10.08.1944 als Häftling im Konzentrationslager Stutthof registriert worden. Das ist das letzte Lebenszeichen von ihm.

Martins Bruder Arnold sowie dessen Frau Hertha Bertha, geborene Lövin, die Eltern von Eduard Heinz, werden etwa sechs Wochen nach ihrem Sohn, am 26. Oktober 1942, in ihrer Wohnung in Berlin verhaftet und nach Riga in Lettland deportiert. Dort werden beide am 29.10.1942 ermordet. Der Tag ihrer Ermordung war zufällig und tragischerweise der 49. Geburtstag von Hertha Bertha Neumann.

Martins Schwester Else Unger, geborene Neumann, wird am 03. März 1943 in ihrer Wohnung in der Passauer Straße 17 in Berlin – Schöneberg verhaftet und in das Konzentrationslager Auschwitz deportiert. Dort findet sie vermutlich 1943 den Tod. Einen Nachweis ihres Todesdatums gibt es nicht.

Auffällig an diesen Deportationen ist, dass im Falle der Familien von Arnold und Hans Neumann sowie deren

Schwester Clara nur drei Tage zwischen Deportations- und Todesdatum liegen. Offensichtlich genau der Zeitraum, der notwendig ist, um das Ziel der Deportation, Riga, zu erreichen.

Daraus lässt sich nur die Schlussfolgerung ziehen, dass Hans Neumann, dessen Frau Charlotte und ihre Kinder Rosemarie und Heinz Herbert, Martins Schwester Clara Posner, sein Bruder Arnold und dessen Frau Hertha ausschließlich mit dem Ziel ihrer Vernichtung deportiert wurden.

Ihre Deportation und Vernichtung war Bestandteil der Umsetzung der Beschlüsse der Wannsee-Konferenz.

Es ist nicht anzunehmen, dass Martin und seine Frau Kenntnis davon hatten, was mit Martins Geschwistern, deren Frauen, seinen Nichten und Neffen nach ihrer Verhaftung geschehen ist. Ihre in unmittelbarer Nähe erlebte Verhaftung und Deportation ist die letzte Information, die Martin über seine Verwandten hat. Welche Vorstellungen die beiden hatten, was mit Martins Geschwistern und deren Familien geschehen ist, wissen wir nicht.

Zu den Beschlüssen der Wannsee-Konferenz gehört auch, dass im Zuge der antijüdischen Maßnahmen Wohnraum für die deutsche Bevölkerung freigemacht werden soll. Dazu wird im März 1942 eine Polizeiverordnung erlassen, die alle Juden verpflichtete, ihre Wohnungen mit einem Judenstern zu kennzeichnen.

Auch Martin und Else erhalten den Bescheid, dass sie ihre Wohnung in der Treuchtlinger Straße 1 innerhalb von zwei Tagen räumen müssen, wenn sie dazu aufgefordert werden. Sie müssen sich eine andere Wohnung suchen, die sie in der Freisinger Straße 8, ebenfalls in Berlin Schöneberg, finden.

Das Mobiliar geben sie zum Teil bei einer Spedition auf Lager, weil in dieser Ein-Raum-Wohnung nicht ausreichend Platz für alle Möbel ist. Sie bereiten alles vor, damit sie bei Aufforderung schnell reagieren können.

Es ist zu vermuten, dass Martin und Else in dieser Zeit täglich die Verhaftung und Deportation von Martin befürchten. Wochenlang prägt Angst und Unsicherheit ihren Alltag. Die beiden fragen sich oft, warum alle Geschwister und deren Familien verhaftet und deportiert worden sind, aber Martin als einziger nicht.

Ihre Hoffnung, dass seine Situation eine andere als die der Geschwister von Martin ist, begründete sich darauf, dass Martin ein *besonderer* Jude ist. Er war Teilnehmer des 1. Weltkrieges, er ist Träger des *Eisernen Kreuzes* und des *Ehrenkreuzes für die Teilnahme am Ersten Weltkrieg* und er ist mit einer Frau nicht-jüdischer Abstammung verheiratet. Immer wieder hat Martin später in seinen Briefen aus der Haft seiner Frau mit eben diesen Argumenten Mut gemacht.

„Ich bin doch s.Z. in der Rosenstraße gewesen beim Jüd.Arbeitsamt & wegen Krank- heit zurückgestellt. Es wurde mir gesagt, daß ich später von dort eine Aufforderung durch das Arbeitsamt in der Fontane-Promenade erhalten würde. Hierauf habe ich vergeblich gewartet & kann doch Arbeitssabotage für mich nicht in Frage kommen, auch bin ich unbestrafter Frontkämpfer, EKII, den Weltkrieg von Anfang bis zu Ende mitgemacht. Mich auch niemals Politisch irgendwie betätigt.“

(Auszug aus Brief vom 8.4. 1943 aus der Polizeihaft)

Am 23. Januar 1943 wird aber auch Martin in der Freisinger Straße 8 verhaftet und ins Gefängnis des Berliner Polizeipräsidiums am Alexanderplatz gebracht. Wie ihm geschieht das auch anderen Juden. Wie bereits 1938 wird ihnen diese Inhaftierung als *„Schutzhaft"* begründet. Unter den Inhaftierten selbst kursieren Gerüchte, dass es sich nur um eine zwischenzeitliche Haft handelt, der eine Verlegung an andere Orte folgen wird. In ihrer Annahme handelt es sich um eine Verlegung zur Zwangsarbeit. Unter den Häftlingen ist *Schubgefängnis* ein für ihre Situation gängiges Vokabular. Ein Begriff, der sich wohl anlehnt an den Gedanken, dass man weiter *verschoben* wird.

Martin wird später für einen längeren Zeitraum in das Zellengefängnis in der Lehrter Straße in Berlin-Moabit verlegt. Zu welchem Zeitpunkt er in welchem Gefängnis inhaftiert ist, lässt sich nicht genau nachvollziehen, da die Mehrzahl seiner Briefe aus dieser Zeit an seine Frau nicht datiert sind.

Dass Martin Anfang 1943 zumindest schon ahnt, dass die verhafteten und deportierten Geschwister und deren Angehörige nicht mehr leben, wird in folgenden Zeilen aus einem seiner Briefe deutlich:

„Wenn Du verzagst ist für mich nach unserer Rückkehr Alles vorbei, und ich habe keine Angehörigen mehr von meiner Seite, höchstens die Gollnower."

(Brief Nr. 4, unbekannten Datums, Rückseite, vermutlich 1943 aus der Polizeihaft)

In den Briefen, die Martin Neumann an seine Frau schreibt, zeigt sich, dass die von der Wannsee-Konferenz getroffenen Festlegungen in der Bevölkerung, zumindest zum Teil, bekannt sind und in der Praxis auch tatsächlich umgesetzt werden.

Martin und Else verbinden damit einerseits neue Hoffnung und andererseits bleiben sie skeptisch. In einem der Briefe an seine Frau, vermutlich aus dem Jahre 1943, schreibt Martin an seine Frau:

„... Hoffentl. ist etwas Wahres daran, liebe Elsing, was du sagtest von den Mischehen & Frontkämpfern und sollte dies nach deiner Rede wohl in den nächsten Tagen herauskommen. Aber man ist schon so oft enttäuscht worden, dass einem etwas unwahrscheinlich vorkommt. Das Traurige bei der ganzen Geschichte ist, dass sich die Gestapo lange Zeit lässt und die Haft hier im „Schubgefängnis“ , wie das genannt wird, überhaupt nicht gearbeitet wird.... “

(Auszug aus Brief Nr. 2 unbekannten Datums, Vorder- und Rückseite, vermutlich 1943 aus der Polizeihaft)

Martin hat zu diesem Zeitpunkt noch immer die Hoffnung, dass seine Inhaftierung nicht von Dauer ist, weil sie nicht rechtens sei. Diese Denkhaltung und Hoffnung bringt er im Briefwechsel mit seiner Frau immer wieder zum Ausdruck.

So zu Beispiel in einem Brief unbekannten Datums, vermutlich 1943 in der Haft im Polizeigewahrsam am Alexanderplatz geschrieben:

„Wie lange kann es überhaupt noch dauern, und müssen wir die Zeit aushalten; die anderen Verwandten tec. sind ja noch viel schlechter dran. Bei mir besteht doch die Aus-

sicht & der feste Glaube, daß wir bald wieder zusammen sind,...“

(Auszug aus dem Brief Nr.3, Seite 2, vermutlich 1943 aus der Polizeihaft)

Martins Formulierung „falls Du den Antrag wieder einreichst“ im zitierten Brief 6, deutet darauf hin, dass seine Frau Else bereits vorher Anträge auf die Haftentlassung ihres Mannes an die Behörden gestellt hat.

„Hätte gern eine Abschrift von Deiner Eingabe für mich. Hast Du oben angeführt: Betr: Haftentlassung d. Häftlings M.I.Neumann geb. 5.2.84? Du hast jedenfalls an- geführt, daß ich in Anklam fleißig gearbeitet habe,mich niemals Politisch betätigt, ohne jede Strafe bin & den Weltkrieg als Frontkämpfer mit dem E.K.II ... (unleserl.) von Anfang bis z. Ende mitgemacht habe.“

(Auszug aus dem Brief vom 03.04.43 Rückseite, aus der Polizeihaft)

Else hatte wohl tatsächlich, der Bitte ihres Mannes entsprechend, eine solche Eingabe zur Haftentlassung ihres Mannes eingereicht.

Offensichtlich vertrauen beide unverändert auf das Funktionieren der deutschen Behörden, aber zweifeln zugleich, ob sie etwas bewirken können.

In diesen Briefen vom Frühjahr 1943 schreibt Martin auch häufig über die sogenannten *Schutzhaftbefehle.* Er beklagt, dass für ihn und die anderen jüdischen Häftlinge nicht erkennbar ist, was der Sinn dieser *„Schutzhaftbefehle“* ist, welche Fristen damit verbunden sind und nach welchen Kriterien diese ausgesprochen werden. Diese Ungewissheit stellt sich ihnen als Willkür dar und belastet die Häftlinge zusätzlich psychisch.

„Leider scheinen Alle, die nicht gearbeitet haben, den Schutzhaftbefehl zu erhalten. Heute Nachmittag 2 davon auch H. Dr. Gärtner. Jedenfalls auch irgendwo hin ins Arbeitslager, wie lange weiß man ja auch nicht. Es ist uns unverständlich (~~kann doch gar nicht sein~~), da man nach ca. 12 Wochen Haft die Bedeutung des Schutzhaftbefehl nicht kennt & verstehen kann. Sollte es mich auch treffen, muß man es natürl. ruhig hinnehmen, und kann es nicht von Dauer sein, ...“

(Auszug aus dem Brief vom 08.04.1943 aus der Polizeihaft in Berlin)

In seinen Briefen schildert Martin auch, wie es um die Bedingungen für die Ernährung, Hygiene und Gesundheit in der Haft bestellt ist. Die Gefangenen sind auf die Hilfe ihrer Angehörigen angewiesen, um das Notwendige zum Leben zur Verfügung zu haben. In einem der undatierten Briefe, die Martin wahrscheinlich 1943 im Polizeigewahrsam am Alexanderplatz an seine Frau Else geschrieben hat, heißt es dazu (Auszug aus dem Brief Nr. 3 unbekannten Datums, Seite 2, 1943 aus der Polizeihaft):

„...- es ist Donnerstag Mittag, wo leider wieder die Pakete am Tor abgegeben werden konnten, und wir uns nicht sehen konnten. Abends wurden die Pakete verteilt und hat der Ober-Inspektor nur beigesessen, während wir dieselben aufmachten und oberflächlich nachgesehen resp. von uns hochgenommen wurde. Er hat Alles an Lebensmitteln durchgelassen, Kuchen, ganz dick & stark belegte Stullen, Semmeln, wo die Frauen den Inhalt rausgenommen, um

darin mit Butter & Margarine stark auszufüllen, auch ein ½ Brot extra hat er durchgelassen, kannst ruhig Salz, Kümmel, Paprika, ½ Brot, 3 ganz dicke & stark belegte Stullen, 2 Semmel, wie angegeben, etwas Stückenzucker in die Wäsche oben hineinlegen, nicht verstecken, ganz offen, auch etwas Butter & Schmalz & wenn Du Kuchen hast. Ich war ganz niedergeschlagen, daß Du wohl wieder mit Deinem Päckchen abgezogen, und es leicht in die Wäsche oben hättest legen können. Mit der Wäsche kannst Du stets was Beilegen, mehr als evtl. herausnehmen kann er nicht, was ausgeschlossen Ist.

Schade, daß Du die ganze Wäsche am Donnerstag gebracht hast, je öfter verteilt, kannst Du Lebensmittel bringen. Der Karton war gut & groß genug, aber die Entäuschung für mich auch;...“

Es wird klar, dass es den Angehörigen offiziell nicht erlaubt ist, den Gefangenen Lebensmittel zu bringen. Gestattet ist nur, dass die Familien die Inhaftierten regelmäßig mit frischer Wäsche versorgen. Diese Gelegenheiten werden genutzt, um in der Wäsche versteckt zusätzliche Lebensmittel ins Gefängnis zu schmuggeln. Der Erfolg ist abhängig vom Diensteifer oder der Nachsicht des jeweils kontrollierenden Wachpersonals. In anderen Briefen bittet Martin seine Frau, ihm auf diesem Wege auch Pflaster, Tabletten und Nähzeug zu beschaffen.

Zwei kurze Auszüge aus anderen undatierten Briefen von Martin, vermutlich im Frühjahr 1943 im Polizeigefängnis am Alexanderplatz geschrieben, zeichnen ein deutliches Bild der gesundheitlichen und hygienischen Situation der Häftlinge:

„Leider haben wir noch immer Sperre, da ein fall von Typhus vorgekommen ist. „ (Auszug Brief 3 unbekannten Datums, Frühjahr 1943 aus der Polizeihaft)

„...und nach der Vergasung der Zellen keine Wanzen & Läuse mehr, was vorher kaum zu ertragen war, dann sind wir alle auf dem Alex entlaust worden, geduscht, & die Sachen im Heizraum vorgenommen.“

(Auszug Brief 4 unbekannten Datums, Frühjahr 1943 aus der Polizeihaft)

Von Anstand und Kameradschaft

In seinen Briefen aus der Haft an seine Frau schildert Martin Neumann häufig Situationen, in denen er und seine Mitgefangenen in ihrer schwierigen Lage Hilfe und Unterstützung erhalten. Es ist überraschend, in welchem Umfang auch das Wachpersonal daran beteiligt ist und wie vielfältig die Formen der Unterstützung sind.

Es ist schon hilfreich für die Gefangenen, wenn Wärter ihre Pflichten nur nachlässig erfüllen und so Raum für Selbsthilfe lassen. Eine solche Situation beschreibt Martin in einem seiner Briefe wie folgt:

„Ich war deshalb am Sonnabend Nachmittag hocherfreut als ein Wachtmeister das schöne Päckchen durchreichte. Du hast ihn wohl draußen angesprochen, da sie sich von 2-3 Uhr öfters Lebensmittel vom Bäcker etc. einholen. ...

Abends wurden die Pakete verteilt und hat der Ober-Inspektor nur beigesessen, während wir dieselben aufmachten und oberflächlich nachgesehen resp. von uns hochgenommen wurde. Er hat Alles an Lebensmitteln durchgelassen, ...“.

(Auszug aus Brief 3 unbekannten Datums, Rückseite, Frühjahr 1943 aus der Polizeihaft)

In einem anderen Brief erzählt Martin, dass Wachleute auch aktiv auf die Gefangenen oder ihre Angehörigen zugehen und ihre Hilfe anbieten:

„Wir hatten wieder großes Glück, beide Wachtmeister kamen gar nicht heraus & standen auf dem Korridor. Du hattest wohl vorsichtshalber das eine Päckchen dem Wachtmeister gegeben oder ist er an Dich Deswegen he-

rangetreten? Ich meine der ohne Brille, der ist von Beruf Maler, und war voriges Mal schon zu mir sehr freundlich beim Durchreichen der Wäsche. Er fragte damals, ob Du meine Frau wärst & er einen Gruß bestellen soll, meinte damit, dass Du evtl. ein Päckchen hast, das er Dir abnehmen & mir übergeben Wollte.- !"

(Auszug aus Brief 3 unbekannten Datums, Frühjahr 1943 aus der Polizeihaft)

In anderen Fällen versuchen die Gefangenen und ihre Angehörigen, die Wachleute dafür zu gewinnen, Päckchen für sie ins Gefängnis zu schmuggeln, was auch für die Wachleute nicht gefahrlos ist:

„Um wieder sicher zu gehen, falls also das Paket am Freitag Abend bei Korkmann ist, erkundige Dich pr. Telef., ob es abgeholt am nächsten Dienstag, sonst zurücknehmen. Der betr. Wachtmeister hat es aber bestimmt versprochen, und sind noch 3 Kameraden mitbeteiligt.____„

(Auszug aus Brief 4 unbekannten Datums, Frühjahr 1943 aus der Polizeihaft)

In seinem Brief vom 2.5.1943 aus dem Polizeigefängnis am Alexanderplatz beschreibt Martin seiner Frau das von ihm beobachtete Schichtsystem der Wachen und macht ihr Vorschläge, wie und wann sie an Wachtmeister herantreten soll, um diese als Boten für Briefe und Päckchen für ihn im Gefängnis zu gewinnen.

„Ein Tipp fällt mir noch ein, um evtl. 1 Päckchen mit verderblichen Sachen, wie Bouletten, Eierkuchen, Kuchen, herein zubekommen. Du kennst doch schon die meisten Wachtmeister. Sie lösen sich jeden Tag mittags ab und

kommt die neue Wache immer von 12-1 Uhr. Gegen ½1 Uhr kommen sie gewöhnlich einzeln, auch ¾ 1 Uhr, da sie um 1 Uhr hier sein müssen. Wenn Du paar Zigaretten hast oder wenn nicht gibst Du 5 MR soll sich zum Rauchen etwas kaufen, wird Dir schon einer, der Dir sympatisch erscheint, abnehmen.

Liebe Elsing, ich denke dabei an einen Tag, wo keine Wäscheabgabe ist, also Mittwoch, Freitags,und Sonntags.--- Wenn Du mit Deiner Tasche unauffällig auf der anderen Seite der Straße gehst, wo zu uns es um die Ecke an der Invalidenstraße biegt (...)kannst Du die Wachtmeister gut beobachten, und herübergehen. Sie haben Mützen auf und ihren Helm mit Sachen in der Hand.“

Martins Zeilen lassen erkennen, dass es für die Angehörigen nicht einfach ist, den Inhaftierten etwas zukommen zu lassen. Und es ist auch für Else mit Gefahren verbunden, einen unbekannten Wachmann anzusprechen und zu versuchen, diesen zu bestechen. Die ausführliche Schilderung von Martin über die Gepflogenheiten des Wachpersonals beim Schichtwechsel und die direkte Aufforderung an seine Frau, das trotz allem Risiko zu versuchen, zeigt, wie dringend die Inhaftierten die Hilfe ihrer Familien brauchen, um die Haft im Polizeigefängnis ertragen zu können.

Martin ist sich durchaus darüber im Klaren, dass es auch für seine Else nicht einfach ist, Lebensmittel zu besorgen, um seine Lage im Gefängnis erträglicher zu machen.

Er weiß auch, dass es durchaus sein kann, dass all diese Mühen umsonst sind, wenn ihn das Päckchen nicht erreicht. Dazu schreibt er einmal:

„Liebe Elsing! Mit der Joseph haben wir schönes Pech, die soll am Montag mit der ganzen Familie evakuiert sein, habe von dort überhaupt nichts erhalten. Weder das gr. Paket noch die 2 Päckchen. Wir wollen uns nicht weiter ärgern, ich gönn es ihr, da der Vater mir durch die Beförderung der Briefe auch einen großen Gefallen getan hat. Aber Du sparst Dir die Sachen ab & ich habe nichts. Die Stullen am Dienstag durch den Wachtmeister am Tor (habe Alles beobachtet) Kamen mir außerordentlich z. Paß, da großen Hunger hatte."

(Auszug aus Brief 9 unbekannten Datums, Frühjahr 1943 aus der Polizeihaft)

Wie beachtlich Elses Leistung bei der Unterstützung ihres Mannes ist, wird um so klarer, wenn man beachtet, dass diese Briefe alle aus dem Frühjahr 1943 stammen. Deutschland befindet sich bereits im vierten Kriegsjahr und die Versorgungslage für die Bevölkerung ist schlecht. In dieser Zeit zusätzliche Lebensmittel zu beschaffen, ist eine große Herausforderung. Else kann das vermutlich nur leisten, weil sie die ganze Zeit auf die Unterstützung ihrer Familie in Anklam rechnen kann.

In vielen Briefen erkundigt sich Martin nach dem Befinden seines Schwiegervaters und bestellt häufig Grüße an ihn und auch an Elses Schwestern. Man kann daraus schließen, dass sich ihre Familie nicht von Else abgewandt hat, weil diese mit einem Juden verheiratet ist und bleiben will. Im Gegenteil, sie stehen Else moralisch und materiell bei.

Dass Wärter, Aufseher und andere Angestellte des Gefängnisses Päckchen und Briefe für die Gefangenen und ihre Angehörigen hinein- und herausschmuggeln, passt sicher nicht in das gängige Bild von dieser Zeit. Viele von ihnen tun das unentgeltlich, manche gegen Bezahlung. Aber egal, ob gegen Bezahlung oder ohne, alle diese Menschen gehen ein reales Risiko ein.

Bemerkenswert ist auch die Solidarität der Gefangenen untereinander. Ihre gegenseitige Unterstützung mit Lebensmitteln, die sie von ihren Familien erhalten haben, aber auch mit einfachen medizinischen Mitteln wie Pflaster und ähnlichem. Mitgefangene nehmen Päckchen für andere entgegen und reichen diese trotz eigener Not an den Empfänger weiter. Eine solche Situation schildert Martin unter anderem in einem seiner Briefe unbekannten Datums aus dem Frühjahr 1943:

„Inzwischen ist der Herr Professor in der Zelle gewesen und hat sich nach einem Kranken umgesehen und hat denselben gefragt ob er einen I.Neumann kennt. Als er dies bejahte, gab er ihm Dein Päckchen mit der B. & den beiden Eierkuchen, wofür ich herzlichst danke.______Es ist eine große Gefälligkeit, daß er dies macht & von Dir annimmt.___________"

(Auszug aus dem vom Brief 8.4.1943 aus der Polizeihaft)

Martin Neumann versucht in seinen Briefen, seiner Ehefrau und Familienangehörigen Mut zuzusprechen, obwohl er derjenige ist, der durch die Haft harte Einschränkungen erdulden muss. Selbst in seinem vermutlich letzten Brief am Tage seiner Ankunft in Auschwitz, am 08. Mai 1943, macht er sich Sorgen um seine Frau und deren Vater.

Martins und Elses Unsicherheit und die Zweifel werden ebenso wie ihre Hoffnung dadurch genährt, dass keine Regeln erkennbar sind, nach denen mit den inhaftierten Juden verfahren wird. Resignation und Zuversicht liegen ständig dicht beieinander, wie im Brief vom 02.05.1943, den Martin an seine Else schreibt:

„Es tut mir wirklich leid, daß wir so vom Pech verfolgt werden, aber ich vertraue auf Gott, und fühle mich so stark & gesund, daß ich Alles gut überstehe,damit ich wieder zu Dir kommen kann; denn sie können & werden doch nicht alle Juden dort umbringen. Man hofft doch auf ein baldiges Ende,... kann es nicht mehr in dem Winter gehen.

... wenn ich nicht mehr hier bin, fährst Du auf einige Wochen nach Anklam & dann kommt der liebe Vater mit zurück; dann kannst Du auch mal nach ... (unleserlich) reisen. Von der Bank hast Du wohl abgehoben, die Zinsen sind doch gut geschrieben? Hoffentl. vergeht die Zeit schnell, habe nicht geglaubt, daß man es so büßen muß, aber immer den Kopf hoch."

Zum Zeitpunkt dieses Briefes rechnet Martin Neumann bereits damit, nach Auschwitz verlegt zu werden. Er ahnt wohl auch, was mit den Gefangenen in Auschwitz geschieht. Und trotzdem schreibt er in den nächsten Zeilen, dass er hoffe, dass die Zeit schnell vergeht, und bittet seine Frau, den Kopf oben zu behalten.

Von Handlangern und Helfershelfern

In seinen Briefen schreibt Martin mehrfach über das enge Zusammenwirken zwischen staatlichen Stellen und anderen Instanzen und Behörden zum Nachteil der jüdischen Bevölkerung. In einem der Briefe fordert Martin zum Beispiel Else auf, bei seiner Versicherung vorzusprechen, um so zu erfahren, ob seine Verlegung nach Auschwitz vorgesehenen ist. Aus einem Gespräch mit einem Mitgefangenen hat er erfahren, dass die Versicherungen frühzeitig von einem solchen Schritt unterrichtet werden. Der Grund dafür ist vermutlich, dass es den Behörden darum geht, „Risiken“ für die Versicherer bei „Lebensversicherungen“ zu minimieren.

„Ich denke Doch, daß Du in so 8 Tagen wieder (nach/durchgestrichen) Sprecherlaubnis beantragen kannst da Du (.... unleserlich) mit der Unfall- Versicherung, die rechtzeitig gekündigt werden muß, gar nicht Bescheid weißt. --- Der betr. Sachbearbeiter am Alex hat Frau Dr. Gärtner die Akten von ihrem Mann vorgelegt, worin vermerkt stand: bis 31. April in Haft; Überweisung in ein Arbeitslager noch unbestimmt. Dies hat er nur unter strengster Diskretion gesagt und darfst Du hiervon keinen Gebrauch machen. Du kannst zu meinem in Frage kommenden Sachbearbeiter am Alex höchstens fragen so .... (unleserlich), ob in meinen Akten wegen Freilassung etc. etwas vermerkt steht.---“

(Auszug aus dem Brief vom .4.1943 aus der Polizeihaft)

In einem anderen Brief unbekannten Datums schreibt Martin an seine Frau:

„Mit der Unfall-Versicherung hat bis 28.4.Zeit, dann steckst Du meinen Einschreibe- Brief ins Couvert, schreibst für „Einschreiben" Darauf
„e"/ die Allianz, Vers.Akt.G.; Berlin W 9
Bellevuestraße 9. Vergiß nicht, die No des Un-
Fall (unleserlich) auszufüllen & wann derselbe
Berlin d. 28.4.43
Betr: Unfall Versicherung No
Versicherung an-
Martin Israel Neumann *gegeben nach Unfall*

Hiermit kündige ich
Angeführten beigefügten Unfall- Versicherungs-
Vertrag vom

Ausgestellt ist. Vom .....
Der Unfallschein liegt in der Versicherungs- Mappe."

(Auszug aus Brief Nr. 5 unbekannten Datums, Frühjahr 1943 aus der Polizeihaft)

Den inhaftierten Juden und ihren Angehörigen scheint klar zu sein, dass es ein Zusammenwirken zwischen den staatlichen Behörden, Banken und Versicherungen und anderen Institutionen gibt, wenn es um ihr Schicksal geht. Teilweise versuchen sie das auszunutzen, um Informationen und Auskünfte zu erhalten, die ihnen von staatlichen Stellen nicht erteilt werden.

Martins Zeilen legen die Vermutung nahe, dass Versicherungen rechtzeitig über die Entscheidungen zum weiteren Haftverlauf von Juden durch staatliche Behörden informiert werden. Offensichtlich werden dann die betroffenen Juden durch die Versicherungen, in Martins Fall durch die Allianz AG, aufgefordert, die Unfallversicherung zu einem bestimmten Datum zu kündigen.

Martin ist dieser Aufforderung offensichtlich nachgekommen. So spart die Versicherung bei Unfall oder Tod die Zahlung eventuell fällig werdender Schadenssummen.

Ein ähnliches Zusammenwirken gibt es offensichtlich auch zwischen Finanzämtern und Banken. Das wurde bereits im Zuge der durch Martin zu zahlenden *Sühneleistungen* und bei der Sicherungsanordnung sichtbar, mit der für Martin und seine Frau die Verfügbarkeit über ihr Vermögen beschnitten wird. Auch die Commerzbank ist ein funktionierendes Zahnrad im Getriebe der antijüdischen Maßnahmen.

Die einzige noch zugelassene jüdische Organisation, die Reichsvereinigung der Juden, wurde 1939 von den Nationalsozialisten gleich geschaltet und hat unfreiwillig in der Vernichtungsmaschinerie der Nationalsozialisten mitgewirkt.

Aus den anfänglichen Helfern bei der Auswanderung der jüdischen Landsleute werden so gezwungenermaßen Handlanger des Regimes.

Die *Reichsvereinigung der Juden in Deutschland* hat die Bekanntgabe aller Maßnahmen gegen die jüdische Bevölkerung zu gewährleisten und deren Durchführung zu organisieren.

Alle Juden mussten 1939 Zwangsmitglied in dieser Organisation werden. Ihr Zwangsbeitrag als Mitglied stellt sicher, dass die Organisation alle ihr vom Staat übertragenen Aufgaben für die Staatskasse kostenneutral realisieren kann.

Durch die Zwangsmitgliedschaft ist zusätzlich gewährleistet, das diese Reichsvereinigung die persönlichen Daten nahezu aller legal in Deutschland lebenden Juden erfasst hat. Damit schaffen sie eine wichtige Voraussetzung für die reibungslose Durchführung aller von den Nazis veranlassten antijüdischen Maßnahmen.

So hat die Reichsvereinigung den Behörden zum Beispiel 1942 Zuarbeit geleistet, um alle jüdischen Wohnungen in arischen Wohnhäusern zu erfassen. Auf dieser Grundlage sind später die Räumungsbescheide an die jüdischen Bewohner ergangen. Die *Reichsvereinigung der Juden in Deutschland* liefert auch die Zahlen, wie viel Juden in den von Deutschland besetzten europäischen Ländern und in Deutschland selbst leben. Diese Zahlen sind später Grundlage der Beschlüsse der Wannsee-Konferenz.

Objektiv betrachtet ist die „Reichsvereinigung der Juden in Deutschland“ spätestens seit 1939, wenn auch unfreiwillig und zwangsweise, ein funktionierender Bestandteil der antijüdischen Vernichtungsmaschinerie des nationalsozialistischen Staates.

Das Ende (1943)

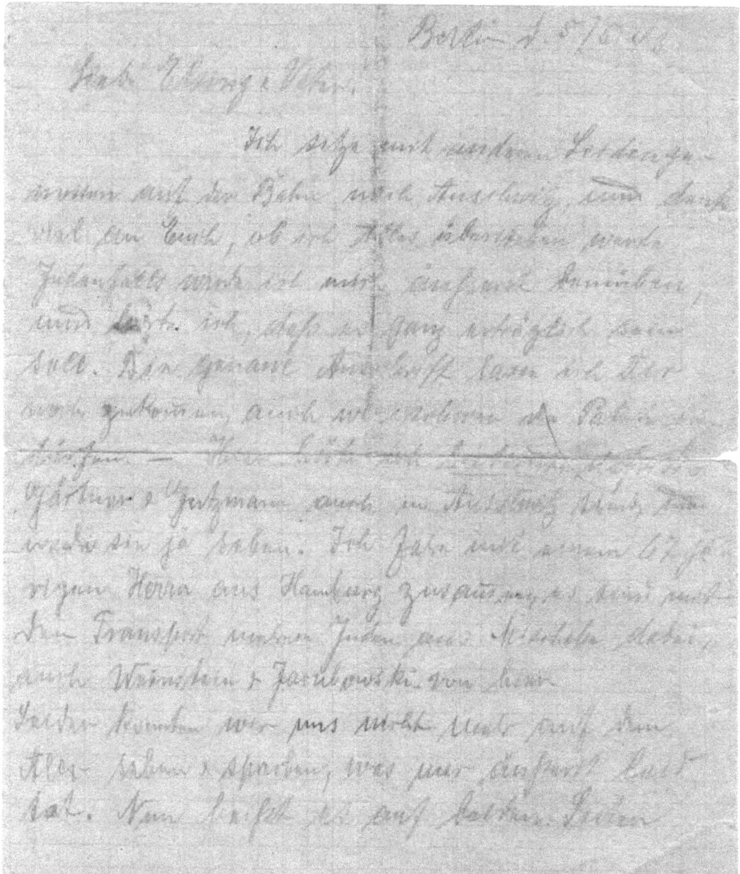

Berlin d. 5/5 43

Liebe [illegible] u. [illegible],

Ich sitze mit anderen Leidensgenossen auf der Bahn nach Auschwitz, und denke viel an Euch, ob ich Alles überstehen werde. Jedenfalls werde ich mir äußerst [illegible], und hoffe ich, daß es ganz erträglich sein soll. Den [illegible] [illegible] habe ich hier noch getroffen, auch [illegible] die Pakete [illegible] — [illegible] [illegible] & [illegible] auch in Auschwitz sind, dann werde ich sie ja sehen. Ich fahre mit einem 67jährigen Herrn aus Hamburg zusammen, es sind mit dem Transport mehrere Juden aus [illegible] dabei, auch Weinstein & Jacubowski von hier.
Leider konnten wir uns nicht mehr auf dem Alex sehen & sprechen, was mir äußerst leid tat. Nun [illegible] [illegible] auf baldiges [illegible]

Anfang Mai 1943 erreicht Else folgender Brief ihres Mannes:

„Berlin d. 5/5.43

Liebe Elsing u. Vater,
Ich sitze mit anderen Leidenge-
genossen auf der Bahn nach Auschwitz und denke
viel an Euch, ob ich Alles überstehen werde.
Jedenfalls werde ich mich aufrichtig bemühen,
und hörte ich, dass es ganz erträglich sein
soll. Die genaue Anschrift lasse ich Dir
noch zukommen, auch weiterhin ob Päckchen
hin dürfen – Heute hörte ich <u>bestimmt</u> dass die
Gärtner & Gutzmann auch in Auschwitz sind, wir
werden ja sehen. Ich fahre mit einem 67 jäh-
rigen Herrn aus Hamburg zusammen, es sind mit
dem Transport mehrere Juden aus ...? ..... dabei,
auch Weinstein & Jarubowski von hier.
Leider konnten wir uns nicht mehr auf dem
Alex sehen & sprechen, was mir äußerst leid
tat. Nun heißt es auf beiden Seiten

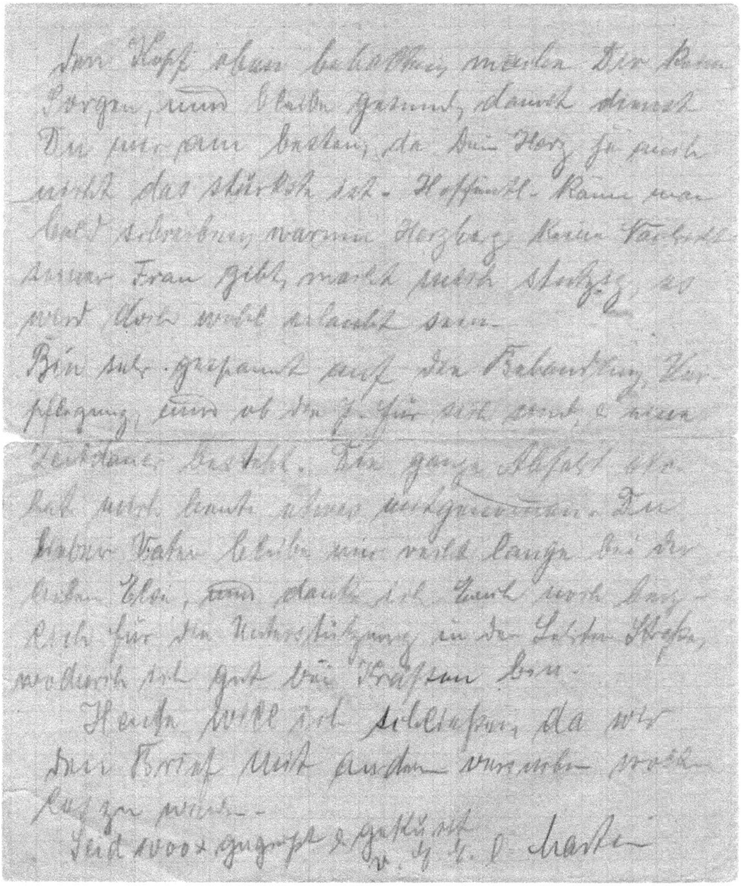

den Kopf oben behalten,mache dir keine Sorgen, und bleibe gesund, damit dienst Du mir am besten, da Dein Herz ja auch nicht das stärkste ist. Hoffentlich kann man bald schreiben, warum Herzberg keine Nachricht seiner Frau gibt, macht mich stutzig, es wird doch wohl erlaubt sein.
Bin sehr gespannt auf die Bebauung, Verpflegung, und ob die J. für sich sind & eine Zeitdauer besteht. Die ganze Abfahrt etc. Hat mich heute etwas mitgenommen. Du lieber Vater bleibe mir nicht länger bei der lieben Else, nun danke ich Euch noch herzlich für die Unterstützung in der Lehrter Straße, wodurch ich gut bei Kräften bin.
Heute will ich schließen, da wir den Brief mit anderen versenden wollen.
Zeit zu enden.
Seid 1000x gegrüßt & geküsst
v.E.E.l. Martin

Mitte Mai 1943 Mai erhält Else Neumann folgenden Brief von Martin aus dem Konzentrationslager Auschwitz, der von Martin auf den 08.05.1943 datiert worden ist. Es ist der letzte Brief ihres Mannes, der sie erreicht.

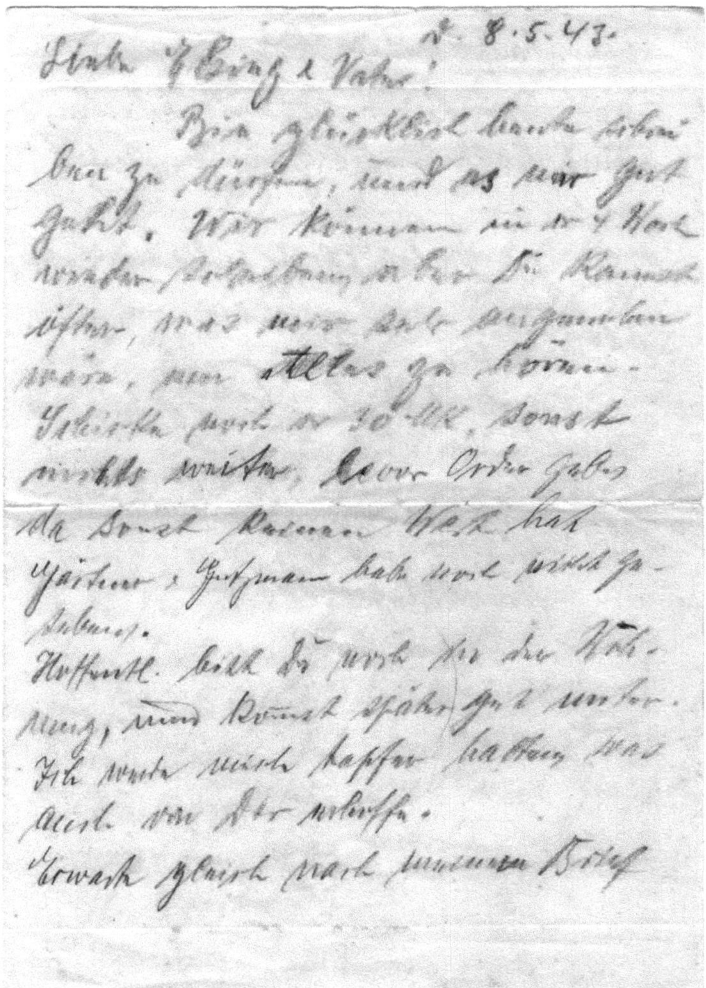

r

d.. 8.5.43
„Liebe Elsing & Vater!
Bin glücklich heute schrei-
ben zu dürfen, und es mir gut
geht. Wir können in 1x 4 Wochen
wieder schreiben, aber Du kannst
öfter, was mir sehr angenehm
wäre, um Alles zu hören.
Schicke noch so 30 Mk, sonst
nichts weiter , bevor Order gebe,
da sonst keinen Wert hat.
Gärtner & Gutzmann habe noch nicht ge-
sehen.
Hoffentl. bist Du noch in der Woh-
nung, und kommst später gut unter.
Ich werde mich tapfer halten, was
auch von Dir erhoffe.
Erwarte gleich nach meinem Brief

Antwort, damit weiter freudigen Anteil an allen Lieben nehmen kann, besonders an Dir, den lieben Vater etc.

Noch besten Dank für die gute Unterstützung, hat mir gute Dienste getan. Deine 2 Chaiselongs kannst Du auf Lager geben, falls wir später Betten dafür fortgeben, ich schätze den Wert auf ä 1000 Mk.

Hoffentlich habt ihr schon Alles weggepackt aus den Schränken, damit Du nicht zu überstürzt Arbeit hast, wenn Du plötzlich heraus mußt. Bist Du bei Frau Gärtner gewesen auch bei den andern Frauen?

Heute wüßte nicht viel zu berichten, was machen die Stuttgarter?

Antwort, damit weiter freudi-
gen Anteil an allen Lieben neh-
men kann, besonders an Dirh,
dem lieben Vater etc.
Noch besten Dank für die gute Unter-
stützung, hat mir gute Dienste ge-
tan. Deine 2 Chaiselongs kannst Du auf
Lager geben, falls wir später Butter dafür fortgeben;
ich schätze den Wert auf so 1000 MK.
Hoffentlich habt ihr schon Alles
eingepackt aus den Schränken, da-
mit Du nicht zu überstürzt Ar-
beit hast, wenn Du plötzlich heraus
mußt. Bist Du bei Frau Gärtner
gewesen auch bei den anderen Frauen?
Heute wüsste nicht mehr zu
berichten, was machen die
Stuttgarter?

Die Hauptsache liebe Elsing
daß wir Beide gesund bleiben
und bald wieder zusammen sein
können.
Sei Du liebe Elsing & lieber Vater
1000× gegrüßt & geküsst
von T. d. l. Tining.

Abs: Martin Neumann
Arbeitslager Birkenau
Haus 2

Die Hauptsache liebe Elsing
daß wir Beide gesund bleiben
und bald wieder zusammen sein
können.
Sei Du liebe Elsing & lieber Vater
1000 x gegrüßt & geküsst
von E.E.l. Tining

Absender: Martin Neumanns
Arbeitslager Birkenau
Haus 2"

Am 11. Juni 1943 wird Else Neumann auf das zuständige Polizeirevier in Berlin - Schöneberg bestellt, wo man ihr mitteilt, dass ihr Mann Martin Neumann am 07.06.1943 um 18.15 Uhr im Krankenhaus des „Arbeitslagers Birkenau" verstorben sei.

Sie hat seit Martins letztem Brief vom 08.05.1943, also mehr als vier Wochen, in Ungewissheit über das Schicksal ihres Mannes gelebt. Mit dieser Nachricht ist jegliche Hoffnung auf eine gemeinsame Zukunft endgültig zerschlagen.

Elses Trauer schlägt schnell in Wut um. Sie will ihrem Martin über den Tod hinaus beistehen. Alle Widrigkeiten und Gefahren missachtend, will sie dafür sorgen, dass sie ihren Martin wenigstens anständig bestatten kann. Sie bemüht sich bei den Behörden um nähere Auskünfte zum Tod ihres Mannes. Sie spricht selbst in den Ämtern vor und schreibt Briefe. Mutig fordert sie ein, die Asche ihres Mannes und den Ehering von Martin zu erhalten.

In einem Schreiben vom 24. Juni 1943 „an den Herrn Lagerkommandanten des Arbeitslagers Birkenau bei Auschwitz“ bemüht sie sich um den Erhalt der Sterbeurkunde, des Traurings und der Urne.

Aus diesem Schreiben ergibt sich, dass sie sich bereits vorher telegrafisch in gleicher Angelegenheit an das Standesamt Auschwitz gewendet hat, *„weil mir mitgeteilt worden war, dass mein Mann im Krankenhaus in Auschwitz gestorben ist. Inzwischen erfuhr ich, dass ich mich an Sie hätte wenden sollen.“*

Der Ton ihres Schreiben ist keineswegs resigniert, sondern fordernd, selbstbewusst und drängend. Sie fordert, ihr die Sterbeurkunde *„... möglichst umgehend, jedenfalls so schnell wie möglich ...“* und *„in dreifacher Ausfertigung“* zuzusenden.

Sie schreibt weiter:

„Ferner bitte ich um Zusendung des Traurings.
Ich bitte Sie um Mitteilung, welche Formalitäten zu erfüllen sind und an welche Behörde ich mich wenden muss, um die Urne zu erhalten. Nach Erhalt Ihrer Nachricht werde ich der betreffenden Behörde mitteilen, an welche Adresse die Urne zu senden ist.
Einliegend sende ich Ihnen RM 1,80 in Briefmarken für die Gebühren für die Sterbeurkunde (60 Pfg. für jede Ausfertigung) und bitte Sie nochmals um recht baldige Zusendung.

Mit deutschem Gruss“

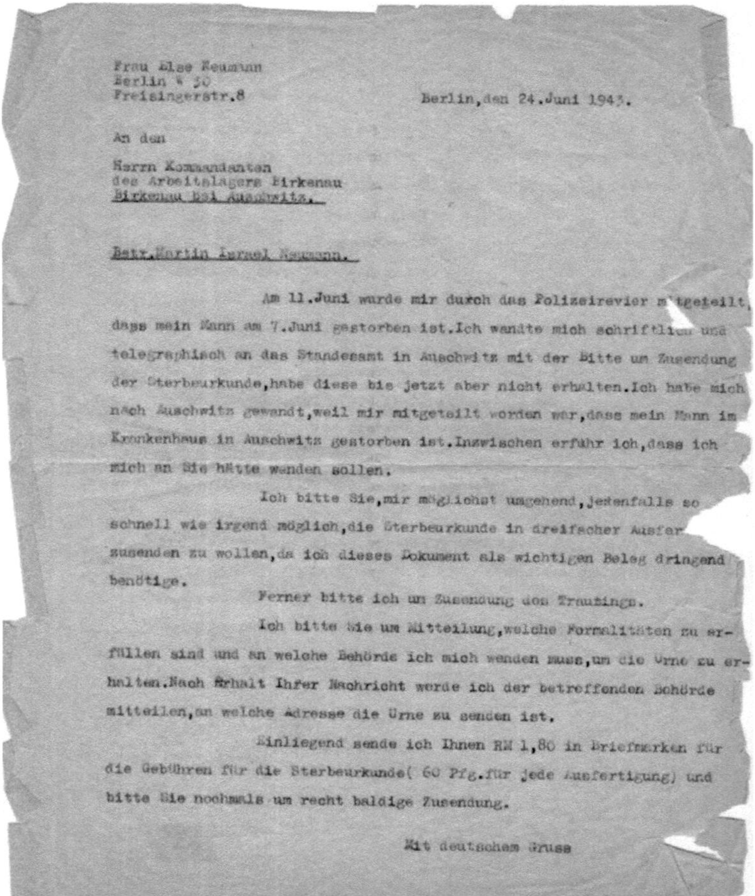

Frau Else Neumann
Berlin W 30
Freisingerstr.8

Berlin,den 24.Juni 1943.

An den

Herrn Kommandanten
des Arbeitslagers Birkenau
Birkenau bei Auschwitz.

Betr.Martin Israel Neumann.

Am 11.Juni wurde mir durch das Polizeirevier mitgeteilt, dass mein Mann am 7.Juni gestorben ist.Ich wandte mich schriftlich und telegraphisch an das Standesamt in Auschwitz mit der Bitte um Zusendung der Sterbeurkunde,habe diese bis jetzt aber nicht erhalten.Ich habe mich nach Auschwitz gewandt,weil mir mitgeteilt worden war,dass mein Mann im Krankenhaus in Auschwitz gestorben ist.Inzwischen erfuhr ich,dass ich mich an Sie hätte wenden sollen.

Ich bitte Sie,mir möglichst umgehend,jedenfalls so schnell wie irgend möglich,die Sterbeurkunde in dreifacher Ausfer[tigung] zusenden zu wollen,da ich dieses Dokument als wichtigen Beleg dringend benötige.

Ferner bitte ich um Zusendung des Trauringes.

Ich bitte Sie um Mitteilung,welche Formalitäten zu erfüllen sind und an welche Behörde ich mich wenden muss,um die Urne zu erhalten.Nach Erhalt Ihrer Nachricht werde ich der betreffenden Behörde mitteilen,an welche Adresse die Urne zu senden ist.

Einliegend sende ich Ihnen RM 1,80 in Briefmarken für die Gebühren für die Sterbeurkunde(60 Pfg.für jede Ausfertigung) und bitte Sie nochmals um recht baldige Zusendung.

Mit deutschem Gruss

Kopie des Briefes von Else Neumann an den Lagerkommandanten von Auschwitz, vom 24.Juni 1943.

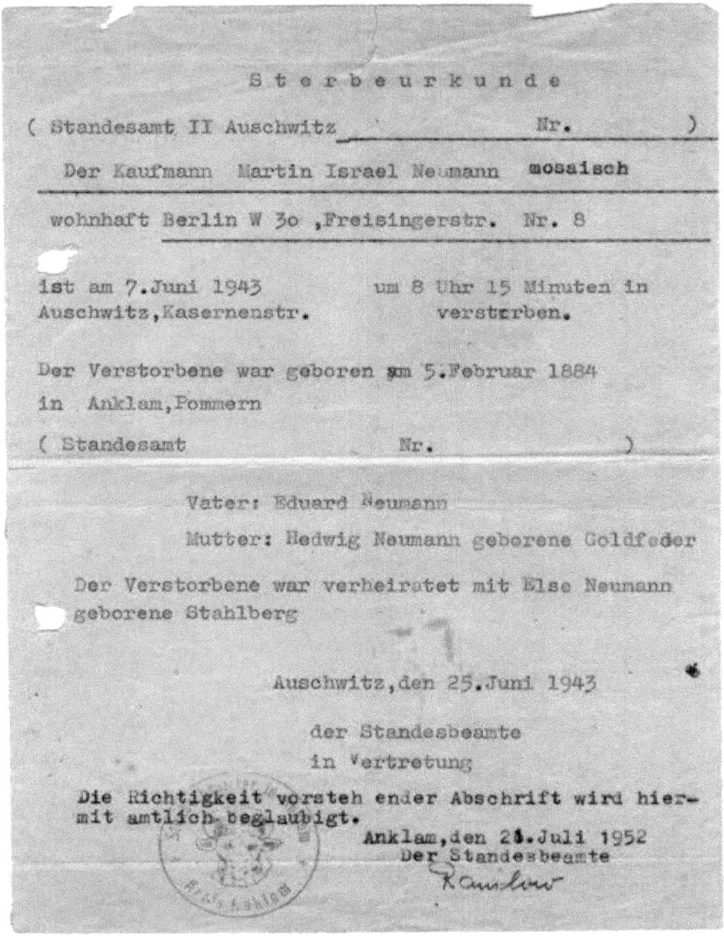

S t e r b e u r k u n d e

(Standesamt II Auschwitz Nr.)

Der Kaufmann Martin Israel Neumann mosaisch

wohnhaft Berlin W 30 ,Freisingerstr. Nr. 8

ist am 7.Juni 1943 um 8 Uhr 15 Minuten in
Auschwitz,Kasernenstr. verstorben.

Der Verstorbene war geboren am 5.Februar 1884
in Anklam,Pommern

(Standesamt Nr.)

Vater: Eduard Neumann

Mutter: Hedwig Neumann geborene Goldfeder

Der Verstorbene war verheiratet mit Else Neumann
geborene Stahlberg

Auschwitz,den 25.Juni 1943

der Standesbeamte
in Vertretung

Die Richtigkeit vorsteh ender Abschrift wird hiermit amtlich beglaubigt.

Anklam,den 2[illegible].Juli 1952
Der Standesbeamte
Kamlow

Die Sterbeurkunde wird dann am 25. Juni 1943 im Standesamt II Auschwitz ausgestellt und Else zugesandt.

Vom Gefängnis am Alexanderplatz ist Martin Neumann am 05.05.1943 in das Vernichtungslager Auschwitz deportiert worden. Er ist dort am 08.05.1943 angekommen. Am

11. Juni 1943 wird seiner Ehefrau mitgeteilt, dass er dort am 07.06.1943 verstorben sei.

Zwischen Martin Neumanns Abtransport aus dem Polizeigefängnis am Alexanderplatz in Berlin und seinem Tod im Konzentrationslager Auschwitz liegen exakt dreiunddreißig Tage. Über diese letzten Tage im Leben von Martin Neumann ist nichts bekannt.

Es ist nicht nachvollziehbar, mit welchem Transport Martin nach Auschwitz gekommen ist, da er in keiner der noch verfügbaren Listen der Transporte nach Auschwitz aus diesen Tagen erfasst ist.

Nach den Angaben dieser Sterbeurkunde ist Martin am 07. Juni 1943 um 08.15 Uhr in Auschwitz, Kasernenstraße, verstorben. Bei ihrer telefonischen Nachfrage hat Else zur Auskunft erhalten, dass Martin im Lagerkrankenhaus an Herzversagen verstorben ist. Dass Herzversagen die wirkliche Todesursache von Martin war, hat Else vermutlich nicht geglaubt.

Wissend, dass seine Verlegung nach Auschwitz bevorsteht, spricht Martin in seinem Brief am 02. Mai 1943 an seine Frau sogar die Ahnung aus:

„... denn sie können & werden doch nicht alle Juden dort umbringen."

Zumindest nach dem Krieg hat Else keinen Zweifel mehr daran, dass ihr Martin keines natürlichen Todes gestorben ist. In ihrem Aufnahmeantrag in die VVN (Vereinigung Verfolgter des Nationalsozialismus), den sie am 25.01.1949 stellt, gibt sie auf Seite 3 bei der Beantwortung der Frage, von wann bis wann sie und ihr Mann „Sternträger" waren, an: *„von 1941 bis zu seiner Vergasung 1943 im KZ-Lager Auschwitz"*.

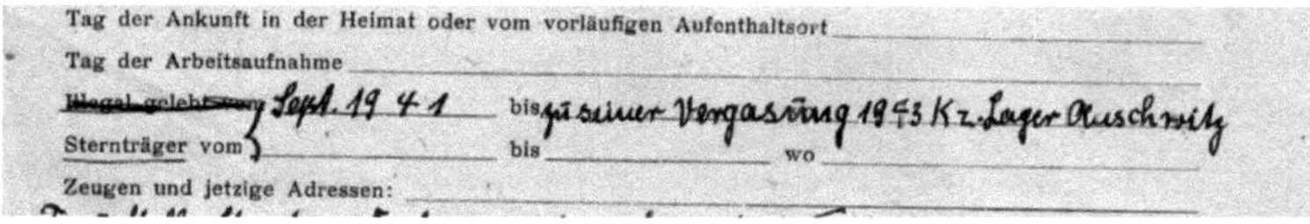

Tag der Ankunft in der Heimat oder vom vorläufigen Aufenthaltsort

Tag der Arbeitsaufnahme

~~Illegal gelebt vom~~ Sept. 1941 bis zu seiner Vergasung 1943 Kz. Lager Auschwitz

Sternträger vom bis wo

Zeugen und jetzige Adressen:

Auszug, Seite 3 Aufnahmeantrag von Else Neumann in die VVN, vom 25.1.1949

Die Urne mit der Asche von Martin Neumann wird nach seinem Tode nicht direkt Else, sondern der „Reichsvereinigung der Juden“ in Berlin zugeschickt. Diese informiert dann die Witwe von Martin Neumann am 25.10.1943 schriftlich über das Eintreffen der Urne und organisiert auch die Beisetzung.

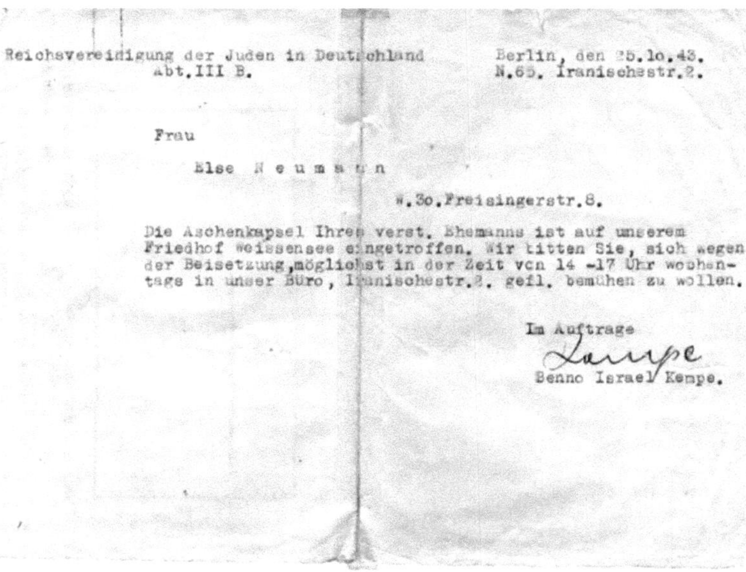

Reichsvereinigung der Juden in Deutschland
Abt. III B.

Berlin, den 25.10.43.
N.65. Iranischestr.2.

Frau

Else Neumann

W.30. Freisingerstr.8.

Die Aschenkapsel Ihres verst. Ehemanns ist auf unserem Friedhof Weissensee eingetroffen. Wir bitten Sie, sich wegen der Beisetzung, möglichst in der Zeit von 14 -17 Uhr wochentags in unser Büro, Iranischestr.2. gefl. bemühen zu wollen.

Im Auftrage
Kempe
Benno Israel Kempe.

Schreiben der Reichsvereinigung der Juden an Else Neumann über das Eintreffen der Aschenkapsel ihres Ehemanns

Martin Neumann wird auf dem Jüdischen Friedhof in Berlin – Weißensee beigesetzt, wo seine Grabstätte bis heute besteht.

Im Opfer-Register der Gedenkstätte des Konzentrationslagers Auschwitz ist Martin Neumann auf Seite 22895/1943 aufgeführt.

Seite 1 von 1

printed by cori

Vollständiger Datensatz für Neumann Martin

Quelle	Auschwitz Death Registers, The State Museum Auschwitz-Birkenau
Nachname	NEUMANN
Vorname	MARTIN
Vorname	ISRAEL
Vorname des Vaters	EDUARD
Vorname der Mutter	HEDWIG
Geburtsname der Mutter	GOLDFEDER
Geschlecht	männlich
Geburtsdatum	05/02/1884
Geburtsort	ANKLAM,STETTIN,POMERANIA-GRENZMARK,GERMANY
Familienstand	verheiratet
Vorname des Ehepartners	ELSE
Aufenthaltsort während des Krieges	BERLIN,BERLIN,BERLIN,GERMANY
Todesort	AUSCHWITZ,Camp
Todesdatum	07/06/1943
Art des Materials	list of victims from Auschwitz
Sprache	German
Quelle Seite	22895/1943
Status des Opfers zum Kriegsende	gestorben

* automatische Übersetzung aus dem Hebräischen

Death Books from Auschwitz
Remnants

Reports

Edited by

State Museum of Auschwitz-Birkenau

K · G · Saur
München · New Providence · London · Paris 1995

Auszug aus dem Opferregister des Konzentrationslager Auschwitz

Knapp einen Monat nach der Deportation von Martin Neumann in das Vernichtungslager Auschwitz ist dieser tot. Es ist nicht wichtig darüber zu befinden, ob die angegeben Todesursache, Herzversagen, stimmt oder nicht.

Martin Neumann ist in der *Pogromnacht* im November 1938 verhaftet worden und war bis Anfang 1939 im Konzentrationslager Sachsenhausen ohne Grund inhaftiert. Er wird mehrfach zur Verrichtung von Zwangsarbeit gezwungen. Er ist vom Januar 1943 bis zu seiner Deportation nach Auschwitz im Polizeigefängnis am Alexanderplatz und im Zellengefängnis in Berlin – Moabit inhaftiert.

Fakt ist, dass Martin Neumann in einem Vernichtungslager der Nationalsozialisten zu Tode gekommen ist.

Die Zeit danach (1943 - 1945)

Auch mit seinem Tod endet die Verfolgung und Diskriminierung des Juden Martin Neumann und seiner Angehörigen nicht.

Zwar wird die Sicherungsanordnung vom 28.08.1940 mit Datum vom 05.07.1943, also etwa vier Wochen nach dem Tod von Martin Neumann, aufgehoben.

Das bedeutet aber nicht, dass die Schikanen gegen die Witwe automatisch enden. Das Schreiben zur Aufhebung der Sicherungsanordnung ist hinsichtlich der Einordnung als antijüdische Maßnahme eindeutiger, als die Anordnung selbst.

So wird auf der Rückseite die Empfängerin Else Neumann ausdrücklich darauf hingewiesen, dass es „allgemeine staatspolizeiliche Verfügungsbeschränkungen der Staatspolizei für Juden“ gibt. Mit dieser Formulierung wird offen ausgesprochen, dass diese Beschränkungen beim Zugriff auf das persönliche Vermögen ausschließlich mit der Abstammung und Rasse der Kontoinhaber als Juden zu tun haben und keine rechtsstaatliche oder strafrechtliche Grundlage besteht.

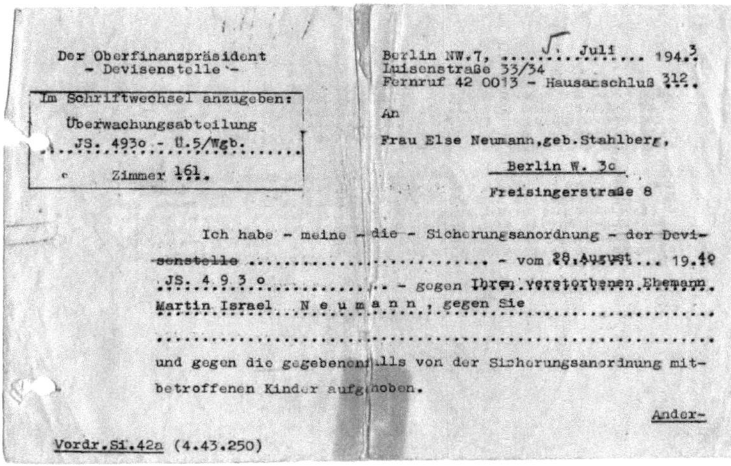

Der Oberfinanzpräsident
- Devisenstelle -

Im Schriftwechsel anzugeben:
Überwachungsabteilung
JS. 493o - Ü.5/Wgb.
Zimmer 161.

Berlin NW.7, 5. Juli 1943
Luisenstraße 33/34
Fernruf 42 0013 - Hausanschluß 312.

An

Frau Else Neumann, geb. Stahlberg,
Berlin W. 30
Freisingerstraße 8

Ich habe ~~- meine -~~ die ~~- Sicherungsanordnung - der Devisenstelle~~ .... - vom 28.August ... 19.40 .JS. 4 9 3 o .... - gegen Ihren verstorbenen Ehemann, Martin Israel N e u m a n n , gegen Sie .... und gegen die gegebenenfalls von der Sicherungsanordnung mitbetroffenen Kinder aufgehoben.

Ander-

Vordr.Si.42a (4.43.250)

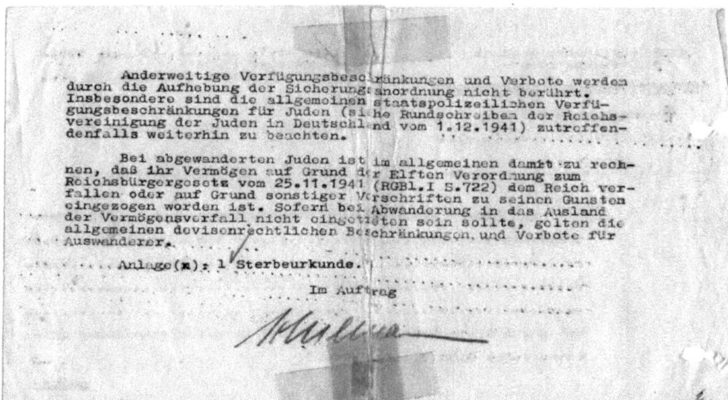

Anderweitige Verfügungsbeschränkungen und Verbote werden durch die Aufhebung der Sicherungsanordnung nicht berührt. Insbesondere sind die allgemeinen staatspolizeilichen Verfügungsbeschränkungen für Juden (siehe Rundschreiben der Reichsvereinigung der Juden in Deutschland vom 1.12.1941) zutreffendenfalls weiterhin zu beachten.

Bei abgewanderten Juden ist im allgemeinen damit zu rechnen, daß ihr Vermögen auf Grund der Elften Verordnung zum Reichsbürgergesetz vom 25.11.1941 (RGBl.I S.722) dem Reich verfallen oder auf Grund sonstiger Vorschriften zu seinen Gunsten eingezogen worden ist. Sofern bei Abwanderung in das Ausland der Vermögensverfall nicht eingetreten sein sollte, gelten die allgemeinen devisenrechtlichen Beschränkungen und Verbote für Auswanderer.

Anlage(n): 1 Sterbeurkunde.

Im Auftrag

Aufhebungsbescheid der Sicherungsanordnung durch den Oberfinanzpräsidenten vom 05. Juli 1943, Vorder- und Rückseite

Zusätzlich wird darauf verwiesen: *„Bei abgewanderten Juden ist im allgemeinen damit zu rechnen, daß ihr Vermögen auf Grund der Elften Verordnung zum Reichsbürgergesetz vom 25.11.1941 dem Reich verfallen oder auf Grund sonstiger Vorschriften zu seinen Gunsten eingezogen ist.“*

Diese Formulierung offenbart Else nachträglich in aller Deutlichkeit, was das Ziel dieser Sicherungsanordnung war: die Enteignung der Juden in Deutschland. Das Vermögen verstorbener und ausgewanderter Juden wurde vom deutschen Staat eingezogen. Auch diese Aufhebung der Sicherungsanordnung vom 20.08.1940 betraf aber nicht alle vom Staat gepfändeten Werte der Familie Neumann. Teile des Aktiendepots und das Konto wurden zwar dadurch wieder freigegeben, andere Teile des Aktiendepots blieben aber weiter ihrem Zugriff entzogen.

Die „Commerzbank“ erstellt vier Wochen nach Martin Neumanns Tod eine Vermögensaufstellung zu seinem Todestag, um Angelegenheiten des Nachlasses zu regeln.

Bemerkenswert ist, dass Else als Witwe von Martin Neumann zwar Alleinerbin ist, aber auf Grund der Verfügungsbeschränkungen keinen uneingeschränkten Zugriff auf dieses Vermögen erhält.

Weitere vom Finanzamt Schöneberg gepfändeten Aktien werden nicht freigegeben. Das umfasste insgesamt drei Aktienpositionen mit einem Wert von insgesamt mehr als 9.000 Reichsmark

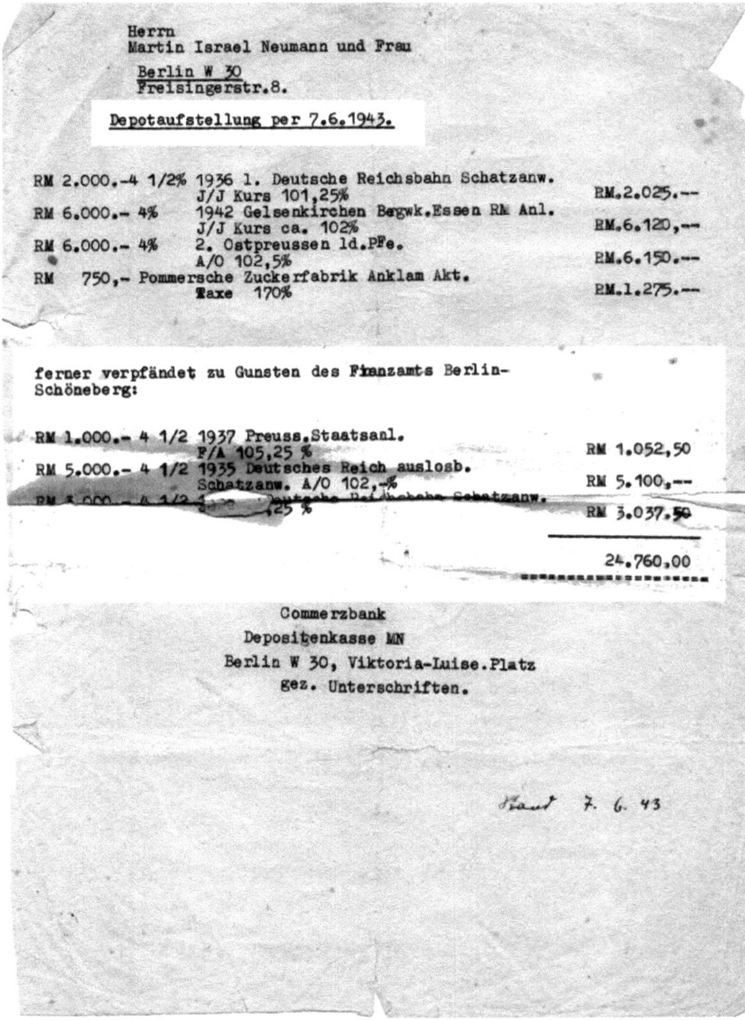

Herrn
Martin Israel Neumann und Frau

Berlin W 30
Freisingerstr.8.

Depotaufstellung per 7.6.1943.

RM 2.000.-4 1/2% 1936 1. Deutsche Reichsbahn Schatzanw.
J/J Kurs 101,25% RM.2.025.--
RM 6.000.- 4% 1942 Gelsenkirchen Bergwk.Essen RM Anl.
J/J Kurs ca. 102% RM.6.120,--
RM 6.000.- 4% 2. Ostpreussen ld.PFe.
A/O 102,5% RM.6.150.--
RM 750,- Pommersche Zuckerfabrik Anklam Akt.
Taxe 170% RM.1.275.--

ferner verpfändet zu Gunsten des Finanzamts Berlin-Schöneberg:

RM 1.000.- 4 1/2 1937 Preuss.Staatsanl.
F/A 105,25 % RM 1.052,50
RM 5.000.- 4 1/2 1935 Deutsches Reich auslosb.
Schatzanw. A/O 102,-% RM 5.100,--
RM 3.000.- 4 1/2 [illegible] Deutsche Reichsbahn Schatzanw.
[illegible],25 % RM 3.037,50

24.760,00

Commerzbank
Depositenkasse MN
Berlin W 30, Viktoria-Luise.Platz
gez. Unterschriften.

Stand 7. 6. 43

Depotaufstellung der Commerzbank Depositenkasse
Stand 07.06.1943 dem Todestag von Martin Neumann

Zwischen der ersten Inhaftierung Martin Neumanns im November 1938 bis zu seinem Tod im Juni 1943 sind 56 Monate vergangen, die er in Konzentrationslagern, Gefängnissen oder in Zwangsarbeit verbracht hat.

Wann Martin Neumann in welchem Gefängnis oder Konzentrationslager inhaftiert war, lässt sich lückenlos nachvollziehen. Es ist nicht möglich nachzuvollziehen, wann und wo er Zwangsarbeit verrichten musste. Es war für ihn und seine Frau Else eine schwere Zeit voll Unsicherheit, Rechtslosigkeit und erlittener Willkür.

Martin Neumann und seine Frau haben gegen keine Gesetze verstoßen und keine Verbrechen begangen. Der einzige Grund für diese qualvollen 56 Monate ist, dass Martin Neumann ein Deutscher jüdischer Abstammung war.

Wenn man die Ereignisse rekonstruiert und seine Briefe liest, muss man davon ausgehen, dass Martin Neumann bis zu seinem Tod ein *anständiger deutscher Staatsbürger* war und nur der Judenhass der Nationalsozialisten zu seiner Verfolgung, Inhaftierung und zu seinem Tod geführt haben.

Auch seine Frau Else Neumann ist ein Opfer. Sie leidet wie ihr Mann unmittelbar unter den Repressalien, welche die Nationalsozialisten zwischen 1933 und 1945 gegen die Juden in Deutschland praktizieren. Sie wird als Ehefrau eines Juden angefeindet und geächtet. Sie wird beraubt und enteignet, gezwungen, ihre Wohnung zu verlassen, und muss den durch nichts gerechtfertigten Tod ihres Ehemannes ertragen. Die erleidet erhebliche Vermögensschäden.

Nach dem Tod ihres Mannes wird ihre Wohnung in der Freisinger Straße 8 in Berlin bei Bombenangriffen zerstört. Dieses Schreiben des Kriegsschädenamtes von Berlin vom 23.11.1944 belegt, dass Else zu diesem Zeitpunkt bereits wieder in Anklam bei ihrem Vater und der Schwester in der Peenstraße 29 wohnt.

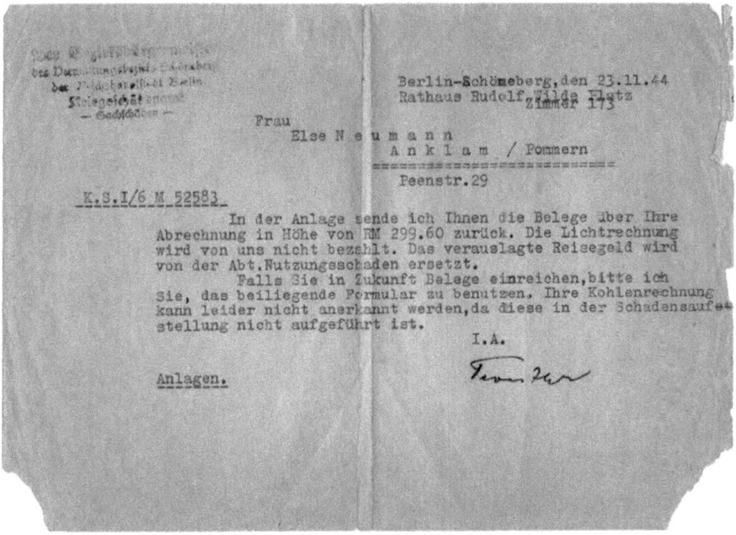

Berlin-Schömeberg, den 23.11.44
Rathaus Rudolf Wilde Platz
Zimmer 173

Frau
Else N e u m a n n
A n k l a m / Pommern
Peenstr. 29

K.S.I/6 M 52583

In der Anlage sende ich Ihnen die Belege über Ihre Abrechnung in Höhe von RM 299.60 zurück. Die Lichtrechnung wird von uns nicht bezahlt. Das verauslagte Reisegeld wird von der Abt. Nutzungsschaden ersetzt.

Falls Sie in Zukunft Belege einreichen, bitte ich Sie, das beiliegende Formular zu benutzen. Ihre Kohlenrechnung kann leider nicht anerkannt werden, da diese in der Schadensaufstellung nicht aufgeführt ist.

I.A.

Anlagen.

Auch die Rückkehr nach Anklam ist keine Rückkehr in eine heile Welt. Aufgrund der militärischen Einrichtungen in der Stadt, des Flugzeugmotorenwerkes ARADO sowie seiner strategischen Lage wird Anklam bereits frühzeitig von denAlliierten bombardiert.

Von den Bürgern Anklams, die sie und ihren Mann Martin in Anklam 1935 gedemütigt, schikaniert und mit ihrem Hass vertrieben haben, leben viele noch immer in Anklam. Von denen hat sie auch nach 1945 nie eine Entschuldigung erhalten. Sie selbst stellt diese Bürger, die ihr gegenüber schuldig geworden sind, nie zur Rede und klagt sie auch nicht an. In Gesprächen nach dem Krieg sagt sie mehrfach, dass sie einigen dieser Menschen oft in Anklam begegnet, aber sie keinen Sinn darin sieht, diese nachträglich zur Rechenschaft zu ziehen. Deren Namen nennt sie deshalb nie.

Die Peenstraße in Anklam nach einem Bombenangriff 1943.
(Quelle: Archiv des Stadtmuseums Anklam)

Das Haus in der Steinstraße wird 1943 und das Haus in der Peenstraße 1945 durch Kriegseinwirkung zerstört.

Else Neumann, 09.04.1945

Jahre des Ringens um Gerechtigkeit (1945 - 1960)

Da Else die einzige überlebende Neumann in Deutschland ist, bemüht sie sich unmittelbar nach dem Krieg, den Verbleib des Vermögens von Martin und seinen Geschwistern aufzuklären. Auf ihre schriftliche Nachfrage hin gibt ihr das Amtsgericht Anklam am 04. April 1946 Auskunft über die Grundstücke der Familie Neumann in der Steinstraße 28, Baustraße 59 und Peenstraße 9 in Anklam. Sie versteht sich selbst als Sachwalterin der Angelegenheiten der ermordeten Mitglieder der Familie Neumann.

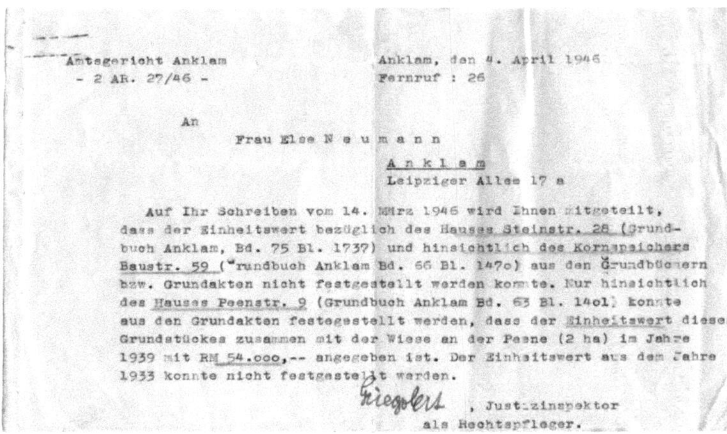

Amtsgericht Anklam
- 2 AR. 27/46 -

Anklam, den 4. April 1946
Fernruf : 26

An

Frau Else N e u m a n n
A n k l a m
Leipziger Allee 17 a

Auf Ihr Schreiben vom 14. März 1946 wird Ihnen mitgeteilt, dass der Einheitswert bezüglich des Hauses Steinstr. 28 (Grundbuch Anklam, Bd. 75 Bl. 1737) und hinsichtlich des Kornspeichers Baustr. 59 (Grundbuch Anklam Bd. 66 Bl. 1470) aus den Grundbüchern bzw. Grundakten nicht festgestellt werden konnte. Nur hinsichtlich des Hauses Peenstr. 9 (Grundbuch Anklam Bd. 63 Bl. 1401) konnte aus den Grundakten festegestellt werden, dass der Einheitswert dieses Grundstückes zusammen mit der Wiese an der Peene (2 ha) im Jahre 1939 mit RM 54.000,-- angegeben ist. Der Einheitswert aus dem Jahre 1933 konnte nicht festgestellt werden.

Riegolert, Justizinspektor
als Rechtspfleger.

Antwortschreiben des Amtsgerichts Anklam auf eine Anfrage von Else Neumann zu den Vermögenswerten der Familie Neumann

Als anerkanntes Opfer des Nationalsozialismus und als Verfolgte des Naziregimes erhält sie dafür eine kleine Rente. Zusätzlich dazu hat sie geringe Einnahmen aus ehemals von Martin Neumann erworbenen Aktien und Anleihen für nun ostdeutsche Betriebe, wie zum Beispiel der Zuckerfabrik in Anklam.

Sie bemüht sich nach dem Krieg auf dem Rechtsweg, Zugriff auf die verbliebenen Vermögenswerte aus ihrer Ehe mit Martin Neumann und Wiedergutmachung des erlittenen Vermögensschadens zu erlangen.

Dazu hält sie sich Anfang der 1950'er Jahre zwischenzeitlich in Westberlin auf, wo sie bei ihrer Freundin Lilli Haase wohnt, die sie aus der Zeit kennt, als sie während des Krieges in der Freisinger Straße 8 gewohnt hat.

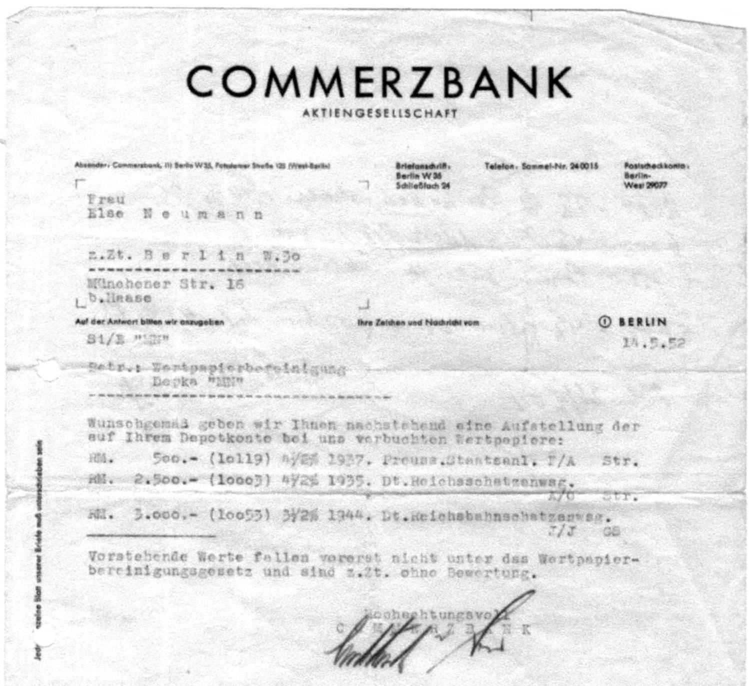

COMMERZBANK
AKTIENGESELLSCHAFT

Absender: Commerzbank, (1) Berlin W 35, Potsdamer Straße 125 (West-Berlin)

Briefanschrift: Berlin W 35 Schließfach 24 — Telefon: Sammel-Nr. 240015 — Postscheckkonto: Berlin-West 29077

Frau
Else Neumann

z.Zt. Berlin W.30

Münchener Str. 16
b. Haase

Auf der Antwort bitten wir anzugeben: S1/E "MN" — Ihre Zeichen und Nachricht vom — (1) BERLIN 14.5.52

Betr.: Wertpapierbereinigung
Depka "MN"

Wunschgemäß geben wir Ihnen nachstehend eine Aufstellung der auf Ihrem Depotkonto bei uns verbuchten Wertpapiere:

RM. 500.- (10119) 4½% 1937. Preuss.Staatsanl. I/A Str.
RM. 2.500.- (10003) 4½% 1935. Dt.Reichsschatzanwsg. A/C Str.
RM. 3.000.- (10053) 3½% 1944. Dt.Reichsbahnschatzanwsg. J/J GS

Vorstehende Werte fallen vorerst nicht unter das Wertpapierbereinigungsgesetz und sind z.Zt. ohne Bewertung.

Hochachtungsvoll
COMMERZBANK

Schreiben Commerzbank vom 14.05.1952 an Else Neumann

Mit diesem Schreiben vom 14.05.1952 bestätigt ihr die Commerzbank die Zusammensetzung des Wertpapierdepots, verweist aber darauf, dass diese nicht unter das *Wertpapierbereinigungsgesetz* fallen und zu diesem Zeitpunkt *ohne Bewertung* sind. Die Commerzbank und deren Nachfolger, welche die Aktiendepots verwalten, erteilen ihr nach dem Krieg regelmäßig Auskunft darüber, wie aus den Kontoauszügen aus dieser Zeit hervorgeht, verweigert ihr aber immer den Zugriff auf die Depots. Die Begründung dafür lautet nun stets, dass es sich um „Ostzonen-Sperrkonten" handelt und ein Zugriff auf diese Konten aus der Ostzone und späteren Deutschen Demokratischen Republik nicht statthaft ist.

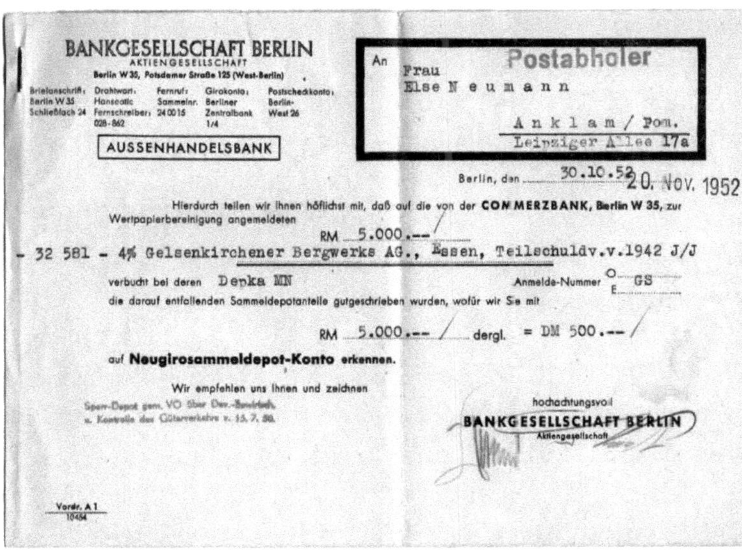
BANKGESELLSCHAFT BERLIN
AKTIENGESELLSCHAFT
Berlin W 35, Potsdamer Straße 125 (West-Berlin)

Brielanschrift: Berlin W 35 Schließfach 24 · Drahtwort: Hanseatic Fernschreiber: 028-862 · Fernruf: Sammelnr. 24 00 15 · Girokonto: Berliner Zentralbank 1/4 · Postscheckkonto: Berlin-West 26

AUSSENHANDELSBANK

An
Postabholer
Frau
Else Neumann
Anklam / Pom.
Leipziger Allee 17a

Berlin, den 30.10.52 20. Nov. 1952

Hierdurch teilen wir Ihnen höflichst mit, daß auf die von der COMMERZBANK, Berlin W 35, zur Wertpapierbereinigung angemeldeten

RM 5.000.--

- 32 581 - 4% Gelsenkirchener Bergwerks AG., Essen, Teilschuldv.v.1942 J/J

verbucht bei deren Depka MN

Anmelde-Nummer O GS E

die darauf entfallenden Sammeldepotanteile gutgeschrieben wurden, wofür wir Sie mit

RM 5.000.-- dergl. = DM 500.--

auf **Neugirosammeldepot-Konto** erkennen.

Wir empfehlen uns Ihnen und zeichnen

Sperr-Depot gem. VO über Dev.-Bewirtsch. u. Kontrolle des Güterverkehrs v. 15. 7. 50.

hochachtungsvoll
BANKGESELLSCHAFT BERLIN
Aktiengesellschaft

Vordr. A 1
10484

Else Neumann hat seit ihrer Ehe mit Martin Neumann unter drei verschiedenen politischen Systemen gelebt. Sie hat in allen drei Systemen für ihr Recht gekämpft.

Im Deutschland der Nationalsozialisten hat sie für das Recht auf ein würdevolles Leben für sich und ihren Mann gekämpft. Sie hat alle Möglichkeiten ausgeschöpft, um das Leben ihres Mannes zu retten. Dass ihr Mann Martin von den Nationalsozialisten umgebracht wurde, konnte sie nicht verhindern. Nach seinem Tod hat sie aber allen Schwierigkeiten zum Trotz erreicht, dass sie ihren Mann Martin würdevoll bestatten kann.

Später, nach dem Krieg, kämpft sie in der DDR um ihre Anerkennung als Opfer des Nationalsozialismus und um Wiedergutmachung des ihr durch die Nationalsozialisten zugefügten Vermögensschadens.

Sie wird in der DDR als Opfer des Nationalsozialismus anerkannt. Als Bürgerin der DDR kann sie aber ihr Recht auf Wiedergutmachung nicht erlangen. In der politischen Auseinandersetzung der Systeme in dieser Zeit werden wieder die berechtigten persönlichen Ansprüche von Opfern des Nationalsozialismus als unbedeutender erachtet als politische Doktrinen.

Else Neumann siedelt deshalb 1957, nach dem Tod ihres Vaters, aus der damaligen Deutschen Demokratischen Republik in die Bundesrepublik Deutschland über. Sie wählt ihren Wohnsitz in Stuttgart, wo eine ihrer Nichten wohnt.

Else Neumann kommt am 04.06.1957 mit dem Interzonenzug aus der damaligen Deutschen Demokratischen Republik im Notaufnahmelager Gießen an.

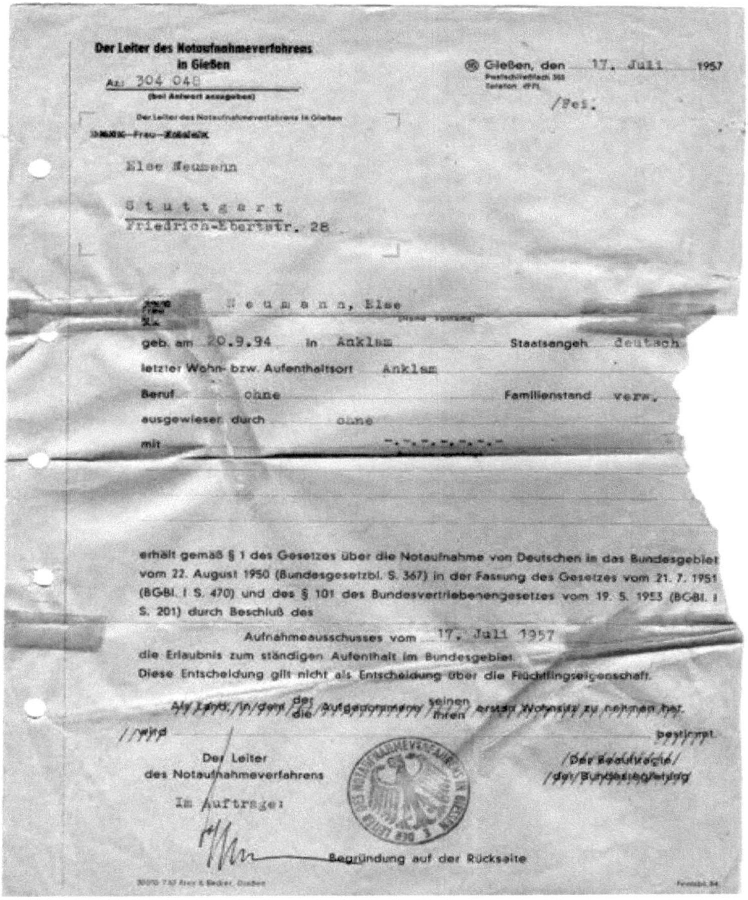

Der Leiter des Notaufnahmeverfahrens in Gießen

Az.: 304 048
(bei Antwort angeben)

Gießen, den 17. Juli 1957

/Fei.

Der Leiter des Notaufnahmeverfahrens in Gießen

Frau

Else Neumann

S t u t t g a r t
Friedrich-Ebertstr. 28

N e u m a n n, Else

geb. am 20.9.94 in Anklam Staatsangeh. deutsch

letzter Wohn- bzw. Aufenthaltsort Anklam

Beruf ohne Familienstand verw.

ausgewiesen durch ohne

mit -.-.-.-.-.-.-

erhält gemäß § 1 des Gesetzes über die Notaufnahme von Deutschen in das Bundesgebiet vom 22. August 1950 (Bundesgesetzbl. S. 367) in der Fassung des Gesetzes vom 21. 7. 1951 (BGBl. I S. 470) und des § 101 des Bundesvertriebenengesetzes vom 19. 5. 1953 (BGBl. I S. 201) durch Beschluß des

Aufnahmeausschusses vom 17. Juli 1957

die Erlaubnis zum ständigen Aufenthalt im Bundesgebiet.

Diese Entscheidung gilt nicht als Entscheidung über die Flüchtlingseigenschaft.

~~Als Land, in dem der/die Aufgenommene seinen/ihren ersten Wohnsitz zu nehmen hat, wird ... bestimmt.~~

Der Leiter des Notaufnahmeverfahrens

Im Auftrage:

~~Der Beauftragte der Bundesregierung~~

Begründung auf der Rückseite

Bescheid zum Notaufnahmeverfahren der BRD für Else Neumann vom 17.07.1957, 1. Seite

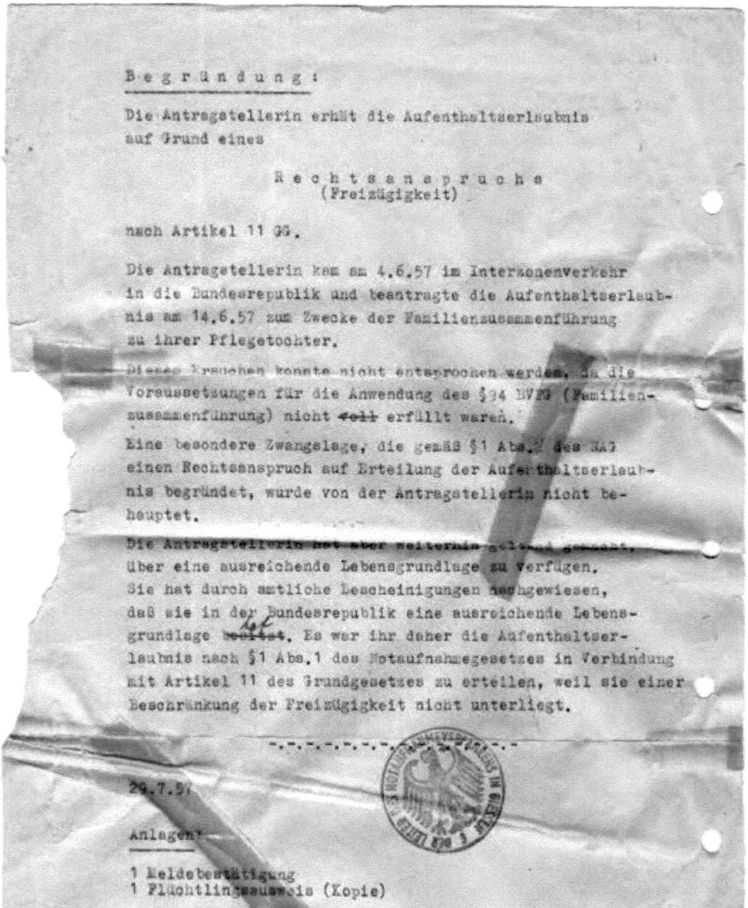

B e g r ü n d u n g :

Die Antragstellerin erhält die Aufenthaltserlaubnis auf Grund eines

R e c h t s a n s p r u c h s
(Freizügigkeit)

nach Artikel 11 GG.

Die Antragstellerin kam am 4.6.57 im Interzonenverkehr in die Bundesrepublik und beantragte die Aufenthaltserlaubnis am 14.6.57 zum Zwecke der Familienzusammenführung zu ihrer Pflegetochter.

Diesem Ersuchen konnte nicht entsprochen werden, da die Voraussetzungen für die Anwendung des §94 BVFG (Familienzusammenführung) nicht ~~voll~~ erfüllt waren.

Eine besondere Zwangslage, die gemäß §1 Abs.2 des NAG einen Rechtsanspruch auf Erteilung der Aufenthaltserlaubnis begründet, wurde von der Antragstellerin nicht behauptet.

Die Antragstellerin hat aber weiterhin geltend gemacht, über eine ausreichende Lebensgrundlage zu verfügen. Sie hat durch amtliche Bescheinigungen nachgewiesen, daß sie in der Bundesrepublik eine ausreichende Lebensgrundlage ~~besitzt~~ hat. Es war ihr daher die Aufenthaltserlaubnis nach §1 Abs.1 des Notaufnahmegesetzes in Verbindung mit Artikel 11 des Grundgesetzes zu erteilen, weil sie einer Beschränkung der Freizügigkeit nicht unterliegt.

-.-.-.-.-.-.-.-.-.-.-.-

29.7.57

Anlagen:

1 Meldebestätigung
1 Flüchtlingsausweis (Kopie)

Bescheid zum Notaufnahmeverfahren der BRD für Else Neumann vom 17.07.1957, 2. Seite

Der von ihr am 14.06.1957 gestellte Antrag auf Familienzusammenführung mit der in Stuttgart lebenden Pflegetochter wird abgelehnt. Bei der Pflegetochter handelt es sich um eine ihrer Nichten.

Trotzdem wird ihr aber die Aufenthaltserlaubnis erteilt, weil sie entsprechend des Grundgesetzes der Bundesrepublik Deutschland einen Rechtsanspruch hat und nachweisen kann, dass sie „in der Bundesrepublik eine ausreichende Lebensgrundlage hat".

Mit diesem Bescheid wird ihr faktisch erstmals bestätigt, dass sie nun ein Recht auf Zugriff auf die Aktiendepots hat, der ihr bis dahin als Ostzonenbewohnerin verwehrt wurde. Den Nachweis „einer ausreichenden Lebensgrundlage" hat sie bei der Antragstellung für das Aufenthaltsrecht erbracht, indem sie Belege über die Aktien bei der Commerzbank vorlegt, die in der Zeit des Nationalsozialismus nicht für die sogenannten *Sühneleistungen* gepfändet worden waren.

Damit ist ein weiteres ihr zugefügtes Unrecht korrigiert worden, nachdem sie in der DDR bereits als Verfolgte des Nationalsozialismus anerkannt worden ist.

Unmittelbar nach ihrer Übersiedlung in die Bundesrepublik hat Else bereits einen Antrag auf Anerkennung der *Deviseninländereigenschaft* an die zuständige Landeszentralbank Baden-Württemberg gestellt.

Mit ihrer Anerkennung als *Deviseninländer* haben sich ihre rechtlichen Möglichkeiten deutlich verbessert, über das verbliebene Vermögen aus ihrer Ehe mit Martin Neumann verfügen zu können.

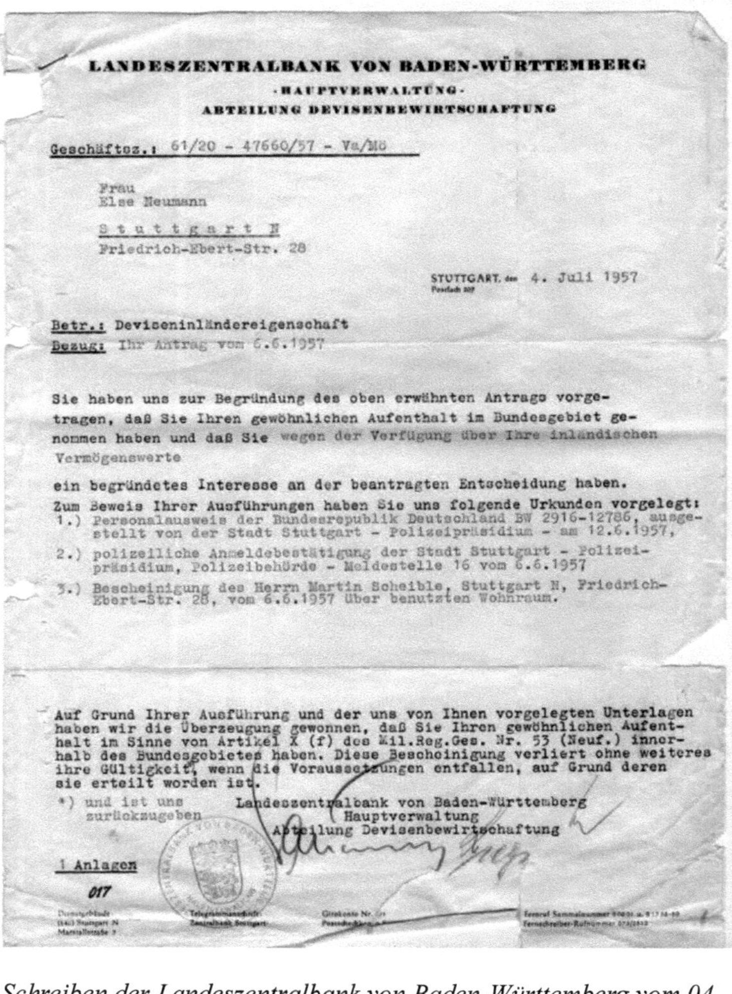

LANDESZENTRALBANK VON BADEN-WÜRTTEMBERG
·HAUPTVERWALTUNG·
ABTEILUNG DEVISENBEWIRTSCHAFTUNG

Geschäftsz.: 61/20 - 47660/57 - Va/Mö

Frau
Else Neumann

S t u t t g a r t N
Friedrich-Ebert-Str. 28

STUTTGART, den 4. Juli 1957
Postfach 107

Betr.: Deviseninländereigenschaft
Bezug: Ihr Antrag vom 6.6.1957

Sie haben uns zur Begründung des oben erwähnten Antrags vorgetragen, daß Sie Ihren gewöhnlichen Aufenthalt im Bundesgebiet genommen haben und daß Sie wegen der Verfügung über Ihre inländischen Vermögenswerte

ein begründetes Interesse an der beantragten Entscheidung haben.
Zum Beweis Ihrer Ausführungen haben Sie uns folgende Urkunden vorgelegt:
1.) Personalausweis der Bundesrepublik Deutschland BW 2916-12786, ausgestellt von der Stadt Stuttgart - Polizeipräsidium - am 12.6.1957,
2.) polizeiliche Anmeldebestätigung der Stadt Stuttgart - Polizeipräsidium, Polizeibehörde - Meldestelle 16 vom 6.6.1957
3.) Bescheinigung des Herrn Martin Scheible, Stuttgart N, Friedrich-Ebert-Str. 28, vom 6.6.1957 über benutzten Wohnraum.

Auf Grund Ihrer Ausführung und der uns von Ihnen vorgelegten Unterlagen haben wir die Überzeugung gewonnen, daß Sie Ihren gewöhnlichen Aufenthalt im Sinne von Artikel X (f) des Mil.Reg.Ges. Nr. 53 (Neuf.) innerhalb des Bundesgebietes haben. Diese Bescheinigung verliert ohne weiteres ihre Gültigkeit, wenn die Voraussetzungen entfallen, auf Grund deren sie erteilt worden ist.

*) und ist uns zurückzugeben

Landeszentralbank von Baden-Württemberg
Hauptverwaltung
Abteilung Devisenbewirtschaftung

1 Anlagen

017

Schreiben der Landeszentralbank von Baden-Württemberg vom 04. Juli 1957 über die Anerkennung als „Deviseninländer“

Wichtig ist und bleibt aber für sie, dass auch das Unrecht der *Sühneleistungen* korrigiert wird.

Darum kämpft sie weiter, unter anderem in einem Gerichtsprozess vor der *Wiedergutmachungskammer* des Landgerichtes Berlin.

Aus einem Schreiben des Senators für Finanzen von Berlin vom 27. November 1959 geht hervor, dass dieser Kampf erfolgreich endet und ihr zumindest teilweise zuerkannt wird, dass sie Anspruch auf Wiedergutmachung für die Werte des Aktiendepots hat, die ihr und Martin im Zuge der *Sühnezahlungen* vom deutschen Staat geraubt worden waren.

Erst 1960 hat Else Neumann diesen Kampf gewonnen. 17 Jahre nach dem Tod ihres Mannes Martin Neumann, 15 Jahre nach dem Zusammenbruch des nationalsozialistischen Staates in Deutschland, hat sie endlich die volle Verfügungsgewalt über das aus ihrer Ehe mit Martin stammende Vermögen und Wiedergutmachung für die im Zuge der *Sühnezahlungen* durch die Nationalsozialisten enteigneten Aktien erreicht.

Else Neumann hat diesen Kampf nie aufgegeben. Die Beendigung und die Beseitigung dieses an ihr und ihrem Mann Martin begangenen Unrechts war zu ihrem Lebensinhalt geworden. Sie hat diesen langen Kampf gewonnen.

Der Senator für Finanzen
Sondervermögens- und Bauverwaltung
Berlin-Charlottenburg 2
Fasanenstraße 87
Fernspr.: 32 52 01

Durchschrift f. den Antragsteller
bzw. den Prozeßbevollmächtigten

25.11.59
356
325

- 0 1489 64 WGA 873/55 -

154. WGK 212/59

Eilt !
Termin 4.12.59

An das
Landgericht Berlin
- Wiedergutmachungskammer -

Berlin W 35
Am Karlsbad 6

Landgericht Berlin
Eing. 27. NOV. 1959
Anl.

Betrifft: RE-Sache N e u m a n n , geb. Stahlberg, Else
./. Dt. Reich
- Wertpapiere b.d. Commerzbank Depka "N"

In vorgenannter Sache wird zusammenfassend folgendes vorgetragen:

1. Unter Bezugnahme auf meinen Schriftsatz vom 17.9.59 wird bezügl. folgender zur Begleichung von Juva aus dem Depot der Verfolgten bei der Commerzbank an die Preuß. Staatsbank abgelieferten Wertpapiere die Schadensersatzpflicht des DR nach §§ 16 fgde unter den Voraussetzungen und Bedingungen der Anlage anerkannt:

    a) RM 3.4oo.-- 7% Dtsche Reichsbahn Vorz.Akt.
    b) " 2.9oo.-- 7% dergl. Aktien
    c) " 2.5oo.-- dto
    d) GM 3.7oo.-- 5,5% Ostpreuß.ldsch.Liqu.Goldpfdbr.
    e) " 7oo.-- 5,5% Dte Centralbodencredit u.Gotha L.G.Pfbr
    f) RM 1.ooo.-- 5% Klöcknerwerke RM Obl.v.1936
    g) " 3oo.-- 5% AEG Anl. v.19o5,19o8,1911 u. 1913
    h) GM 2.6oo.-- 4,5% Pr.Centralbodencr.u.Pfandbriefbank Gpfbr. Em.I

2. Es wird weiter betr. die 8 Wertpapiere, die auf dem Depot der verfolgten Else Neumann bei der Commerzbank noch zu Buche stehen, abermals das Einverständnis zur Feststellung der Nichtigkeit des aufgrund der 11.Vo. zum RBG eingetretenen Vermögensverfalls erklärt (Mein Schriftsatz v.1.4.59).

3. Bezüglich der Schadensersatzberechnung hinsichtlich der 8 Wertpapiere meines Anerkenntnisses zu oben Ziffer 1 wird Altsparerentschädigung für die Pos. e-h zugebilligt.
Betr. die Reichsbahn Vorzugs-Aktien der Pos. a-c muß ich der Zubilligung von Altsparerentschädigung aus dem Gesichtspunkt widersprechen, da m.E. das 2. Änderungsgesetz zum Altsparergesetz rückerstattungsrechtlich z.Zt. noch nicht anwendbar ist. Betreffend Pos. d kommt Wertersatz nach § 15 BRüG (Ostpapier) infrage.

b.w.

Schreiben des Senators für Finanzen von Berlin vom 27.11.1959 über die Anerkennung der Forderungen

Martin Neumann war für Else die Liebe ihres Lebens. Beide hatten erst in reifem Alter geheiratet. Durch den frühen gewaltsamen Tod ihres Mannes Martin dauerte die Ehe nur zehn Jahre.

Else Neumann hat ihr Eheversprechen, in guten wie in schlechten Zeiten zu ihrem Mann zu halten, auch unter widrigsten Bedingungen eingelöst. Sie stand auch in schwersten Zeiten fest zu ihrem Mann Martin. Nie hat sie dem Drängen nachgegeben, sich von ihrem Mann scheiden zu lassen, weil er jüdischer Abstammung war. Auch wenn es ihr Leben vermutlich vereinfacht hätte, hat sie sich auch nach seinem Tod nicht von ihm losgesagt.

Else Neumann hat nie wieder geheiratet.

Es bedarf eigentlich keiner weiteren Beweise, dass Else ihren Martin geliebt hat. Wenn man sich die Bilder der beiden von Ausflügen und Urlauben aus der Zeit Ende der 20'er bis Mitte der 30'er Jahre ansieht, spürt man noch heute, dass sie einander zugetan waren. Sie sind sichtbar sehr liebevoll miteinander umgegangen. Auf jedem dieser Bilder gehen sie Hand in Hand oder Martin hat den Arm um Else gelegt.

Wenn man Martins Briefe liest, die er aus der Polizeihaft Anfang 1943 an seine Frau Else geschrieben hat, dann fällt einem die ungewöhnliche Anrede seiner Frau mit *„Meine liebe Elsing"* auf. Er selbst verabschiedet sich in seinen Briefen immer mit *„D.D.l. Tining"*. Die Abkürzung *„D.D.l."* steht dabei für *„Dein Dich liebender"*. Die Verniedlichung des Namens der Partner mit „Elsing" für Else und *„Tining"* für Mar<u>*tin*</u>, ist eine typisch norddeutsche Version für jemanden, dem man eng und liebevoll verbunden ist.

Auch wenn Elses Briefe an ihren Mann nicht erhalten geblieben sind, können wir Martins Antwortbriefen entnehmen, dass Else bemüht ist, ihrem Mann Mut zuzusprechen, und dass sie ihm über den Alltag in der Familie und ihr Leben berichtet. Darüber hinaus war es sicher eine Erleichterung für ihn, dass sie die alltäglichen Angelegenheiten an seiner Statt in ihre Hände nimmt und regelt.

Martin hat seinen Lebensmut und seine Hoffnung auch deshalb nicht verloren, weil Else ihn ständig über ihre Bemühungen auf dem Laufenden hält, das erfahrene Unrecht zu korrigieren oder zumindest zu lindern. Dass er bis zu seinem letzten Brief noch Hoffnung hat, wird an vielen Stellen deutlich.

Martin spricht seine Befürchtungen gegenüber Else nicht offen aus und verdrängt, dass ihrer beider Hoffnung auf *„ein gutes Ende"* sich nicht erfüllen wird. Seine Vorahnung und Sorge darüber klingt aber in seinen Briefen durch. Das war wohl seine Art, Else und sich selbst vor Resignation zu schützen. Er will das Leid, das er erleidet, solange wie möglich von seiner Else fernhalten.

Else Neumann 1955

Else Neumann stirbt am 28. April 1978 in Stuttgart. Ihre Nichten finden in ihrem Nachlass die Dokumente aus dem Leben von Martin Neumann und haben diese bis heute aufbewahrt.

Else Neumann hat auch nach der Ermordung ihres Mannes Martin nicht resigniert. Sie hat gekämpft, dass das ihm und ihr angetane Unrecht anerkannt und korrigiert wird.

Else Neumann hat ihren Schwestern und Nichten regelmäßig von Martin Neumann erzählt, um die Erinnerung an ihn für sich und andere wach zu halten. Das ist ihr auch gelungen, sonst gäbe es heute, 75 Jahre später, keine Erinnerung mehr an ihn.

Das Schicksal von Martin Neumann war kein Einzelschicksal eines deutschen Juden, sondern typisch für das

Schicksal der Juden im Deutschland jener Zeit. Deshalb ist die Geschichte von Martin und Else Neumann eine typisch deutsche Familiengeschichte. Und es ist aber auch die Geschichte einer großen Liebe.

Zehn Mitglieder der Familie Neumann wurden von den Nationalsozialisten deportiert, davon wurden neun ermordet. Ein Mitglied der Familie gilt seit der Deportation als verschollen. Nur vier von vierzehn Angehörigen aus zwei Generationen der Familie Neumann konnten sich der nationalsozialistischen Verfolgung und ihrer Vernichtung durch Emigration in die USA entziehen.

Eine ganze Familie wurde ausgelöscht. Das ist der Holocaust.

Nachbemerkungen

Unser erster Dank gilt Renate Freuer, die als Nichte von Martin Neumann sozusagen der *spiritus rector* unseres Bemühens war, alles über Martin Neumann, seine Frau Else und deren Schicksal in Erfahrung zu bringen. Sie ist sozusagen *schuld*, dass dieses Manuskript entstanden ist.

Unabhängig davon, ob die Geschichte der Eheleute Neumann publiziert wird oder nicht, ist es ihr Verdienst, dass diese Geschichte bis heute nicht in Vergessenheit geraten ist. Danke!

Wir haben bei unseren Nachforschungen Unterstützung durch den Verein *„frag doch! Verein für Begegnung und Erinnerung e.V." er*halten. Dieser Verein betreibt seit vielen Jahren im Rathaus Berlin Schöneberg-Tempelhof die Dauerausstellung *„Wir waren Nachbarn"*. In diesem Projekt werden biografische Alben über das Schicksal ehemals in Schöneberg lebender jüdischer Mitbürger erarbeitet und präsentiert, die Opfer des Holocaust geworden sind.

Auf der Grundlage der von uns zur Verfügung gestellten Unterlagen und Dokumente liegt in dieser Ausstellung seit Januar 2018 auch ein biografisches Album zu Martin Neumann und seiner Familie aus. Dafür sind wir dem Verein sehr dankbar.

Die sorgfältigen Nachforschungen des Vereins, insbesondere der Historikerin Silke Struck, haben zum Auffinden weiterer wichtiger Fakten und Belege über das Schicksal Martin Neumanns und seiner Familie geführt und uns so ermöglicht, unser Wissen über Martin Neumann zu vervollständigen.

Bei den Nachforschungen insbesondere zum Verbleib der Familie von Arthur Neumann, Martins Bruder, haben uns amerikanische Freunde geholfen, insbesondere Samantha Sproviero und ihre Tante.

Dank „*Samchen*" und ihrer Tante konnten wir den Kontakt zu Michael Jay Neumann herstellen, der ein direkter Nachkomme eines der Onkel von Martin Neumann ist. Dieser Teil der Familie war bereits während der Zeit der Weltwirtschaftskrise in die USA übergesiedelt.

Meiner Frau Karina und meinen Töchtern danke ich für ihr Verständnis und ihre Geduld. Nur dadurch war es mir möglich, dieses Projekt zu verwirklichen."

Für einen ungeübten Schreiber ist es sehr hilfreich, wenn Freunde mit Hinweisen und Fragen, dem Text auf die Sprünge helfen. Die Hinweise von Christina, Eva, Harald, Heike, Jan, Reinhardt und Sylvia haben geholfen, aus der Fülle an Dokumenten einen lesbaren Text zu formulieren und haben das Manuskript auf jeden Fall besser gemacht. Auch dafür herzlichst Danke!

Anhang

Briefe und Schriftwechsel von Martin Neumann an seine Frau

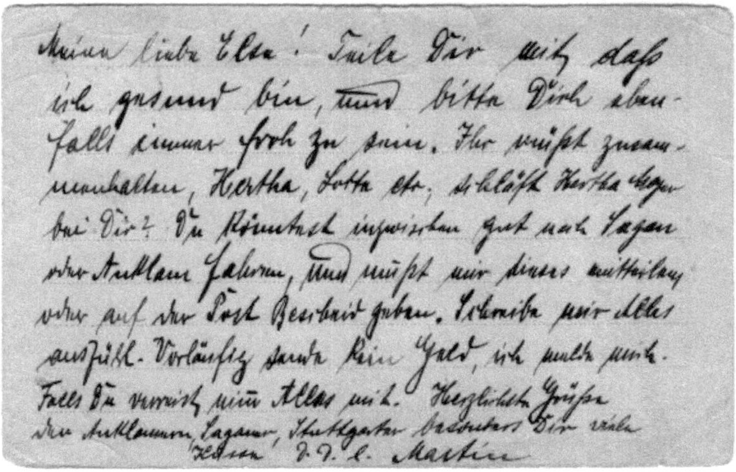

Postkarte vom 25.11.1938 aus dem KZ Sachsenhausen

„Meine Liebe Else! Teile Dir mit, daß
ich gesund bin, und bitte Dich eben-
falls immer froh zu sein. Ihr müßt zusam-
menhalten, Hertha, Lotta etc; schläft Hertha Meyer
bei Dir? Du könntest inzwischen gut nach Lassan
oder Anklam fahren, und mußt mir dieses mitteilen
oder auf der Post Bescheid geben. Schreibe mir Alles
ausführl. Vorläufig (…) kein Geld, ich melde mich.
Falls Du verreist, nimm Alles mit. Herzlichst Grüße
den Anklamern, Lassanern, Stuttgarter besonders Dir viele
Küsse D.D.l. Martin“

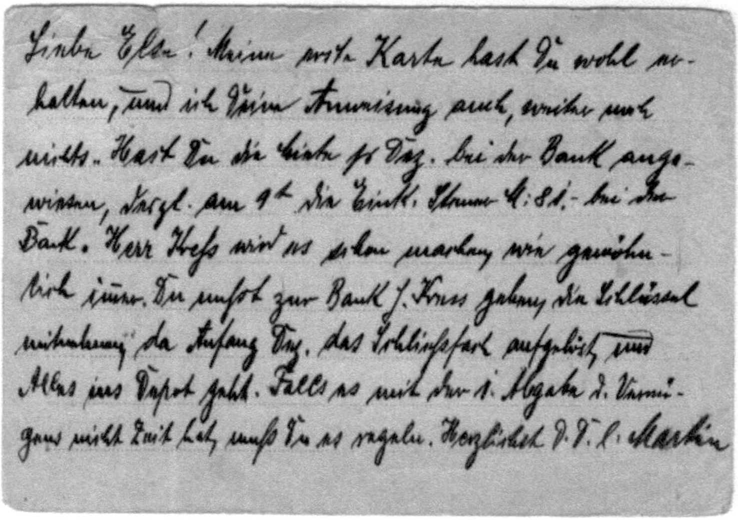

Postkarte vom 09.12.1938 aus dem KZ Sachsenhausen

„Liebe Else! Meine erste Karte hast Du wohl erhalten, und ich Deine Anweisung auch, weiter noch nichts. Hast Du die Zinsen für Dez. bei der Bank angewiesen. Desgl. Am 9 ten die Eink.Steuer M 81,- bei der Bank. Herr Krebs wird es schon machen wie gewöhnlich immer. Du mußt zur Bank zu Kreis gehen, die Schlüssel mitnehmen, da Anfang Dez. das Schließfach aufgelöst, und Alles ins Depot geht. Falls es mit der 1. Abgabe d. Vermögens nicht Zeit hat, mußt Du es regeln. Herzlichst D.D.l. Martin“

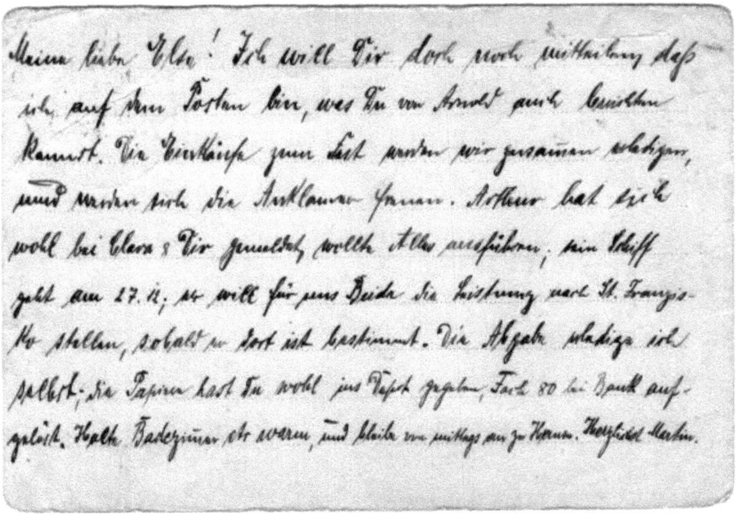

Postkarte vom 22.12.1938 aus dem KZ Sachsenhausen

„Meine liebe Else! Ich will Dir doch noch mitteilen daß ich auf dem Posten bin, was Du von Arnold auch berichten kannst. Die Einkäufe zum Fest werden wir zusammen erledigen, und werden sich die Anklamer freuen. Arthur hat sich wohl bei Clara & Dir gemeldet, wollte Alles ausführen, sein Schiff geht am 27.12.; er will für uns Beide die Leistung nach St. Franzisko stellen, sobald er dort ist bestimmt.
Die Abgabe erledige ich selbst, die Papiere hast Du wohl ins Depot gegeben, Fach 80 bei Bank aufgelöst.
Halte Badezimmer etc warm, und bleibe von mittags an zu Hause. Herzlichst Martin“

Brief vom 12.03.1943 geschrieben aus der Polizeihaft in Berlin

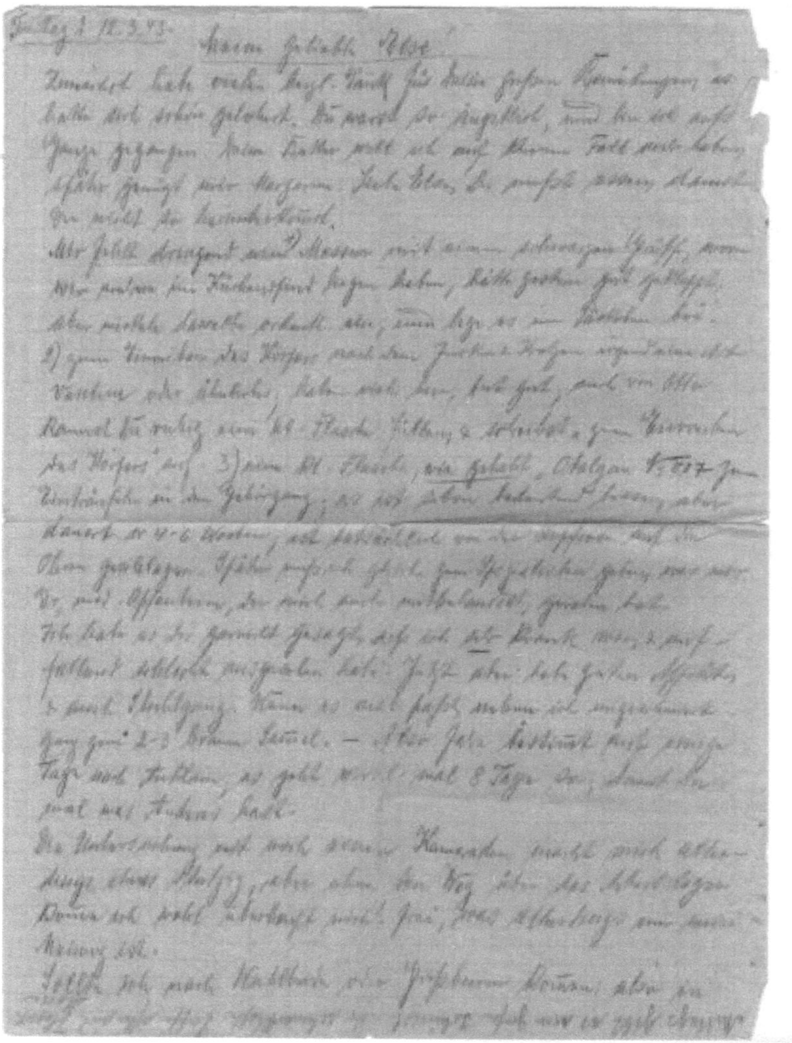

Seite 1

Montag d. 12.3.43(?)

Meine geliebte Else!

Zunächst habe vielen herzl. Dank für Deine großen Bemühungen, es hatte sich schön gelohnt. Du warst so ängstlich, und ich bin aufs Ganze gegangen. Deine Butter will ich auf keinen Fall mehr haben, später genügt mir Margarine. Liebe Else, Du musst essen, damit Du nicht so herunterkommst.

Mir fehlt dringend ein Messer mit einem schwarzen Griff, wovon wir mehrere im Küchenspind liegen haben, hätte gestern gut geklappt, aber wickle dasselbe ordentlich ein und lege es im Päckchen bei.

2) zum Einreiben des Körpers nach dem Jucken & Kratzen irgendeine Art Vaseline oder ähnliches; haben viele hier, tut gut; auch von Otto kannst Du ruhig eine kl. Flasche füllen & schreibst „zum Einreiben des Körpers“ auf.

3) nimm kl. Flasche, wie gehabt „Otalgan No. 817 zum

Einträufeln in den Gehörgang; es ist schon bedeutend besser, aber dauert so 4-6 Wochen; ist tatsächlich von dem Kopfrasen auf die Ohren geschlagen. Später muß ich gleich zum Spezialisten gehen, was mir Dr. med. Oppenheim, der mich auch mitbehandelt, geraten hat.

Ich habe es Dir gar nicht gesagt, daß ich sehr krank war & auffallend schlecht ausgesehen habe. Jetzt aber habe guten Appetit & auch Stuhlgang. Wenn es mal passt, nehme ich ungeschmiert ganz gern 2-3 braune Semmel. – Also fahre bestimmt auf einige Tage nach Anklam; es geht wirklich mal 8 Tage so; damit Du mal was Anderes hast.

Die Untersuchung mit noch einem Kameraden macht mich allerdings etwas stutzig, aber ohne den Weg über das Arbeitslager komme ich wohl überhaupt nicht frei, was allerdings nur meine Meinung ist.

Sollte ich nach Wuhlheide oder Großbeeren kommen, also in

Brief vom 12.03.1943 geschrieben aus der Polizeihaft in Berlin

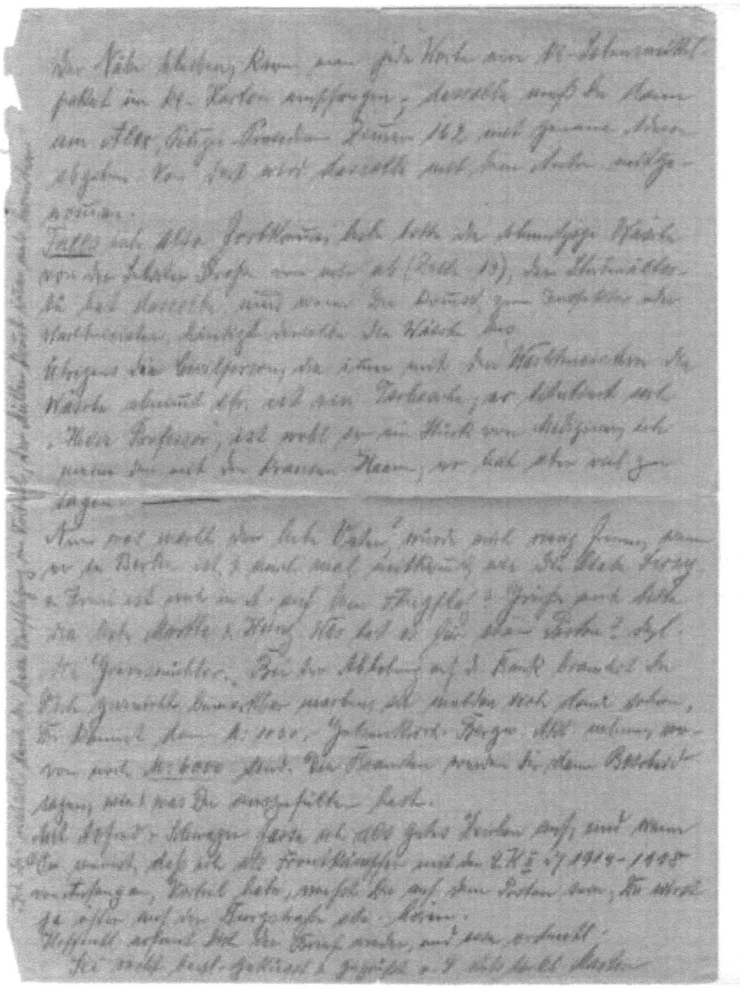

Seite 2

der Nähe bleiben, kann man jede Woche ein kl. Lebensmittelpaket im kl. Karton empfangen; dasselbe muß Du dann am Alex, Polizei-Präsidium Zimmer 162 mit genauer Adresse abgeben. Von dort wird dasselbe mit dem Auto mitgenommen.

Falls ich also fortkomme, hole bitte die schmutzige Wäsche von der Lehrter Straße von mir ab (Zelle 13), der Stubenälteste hat dasselbe, und wenn Du kommst, zum Inspektor oder Wachtmeister, händigt derselbe die Wäsche aus.

Übrigens die Civilperson, die immer mit den Wachtmeistern die Wäsche abnimmt etc. ist ein Tscheche, er tituliert sich „Herr Professor", ist wohl so ein Stück von Mediziner, ich meine den mit den krausen Haaren, er hat aber viel zu sagen._____

Nun, was macht der liebe Vater? Würde mich riesig freuen, wenn er in Berlin ist & auch mal mitkommt, wie die liebe Lissy & Irmi ist noch in A. auf dem Flugplatz? Grüße auch bitte die liebe Martha & Heinz. Was hat er für einen Posten? dgl. die Grevesmühler. Bei der Abhebung auf d.Bank brauchst Du Dich gar nicht bemerkbar machen, sie melden sich dann schon, Du kannst dann M: 1000,- Gelsenkirch.Bergw. Akt. Nehmen, wo-von noch M: 6000 sind. Die Beamten werden Dir dann Bescheid sagen, wie & was Du auszufüllen hast.

Mit Alfred & Schwager fasse ich als gutes Zeichen auf, nur wenn Du meinst, daß ich als Frontkämpfer mit dem E.K. II für 1914-1918 von Anfang an, Vorteil habe, musst Du auf dem Posten sein; Du wirst ja öfter auf der Burgstraße etc. hören.

Hoffentlich erfreut Dich der Brief wieder, und sei ordentl.
Sei recht herzl. Geküsst & gegrüßt v.d. stets dankb. Martin

Brief vom 31.3.43 geschrieben aus der Polizeihaft in Berlin

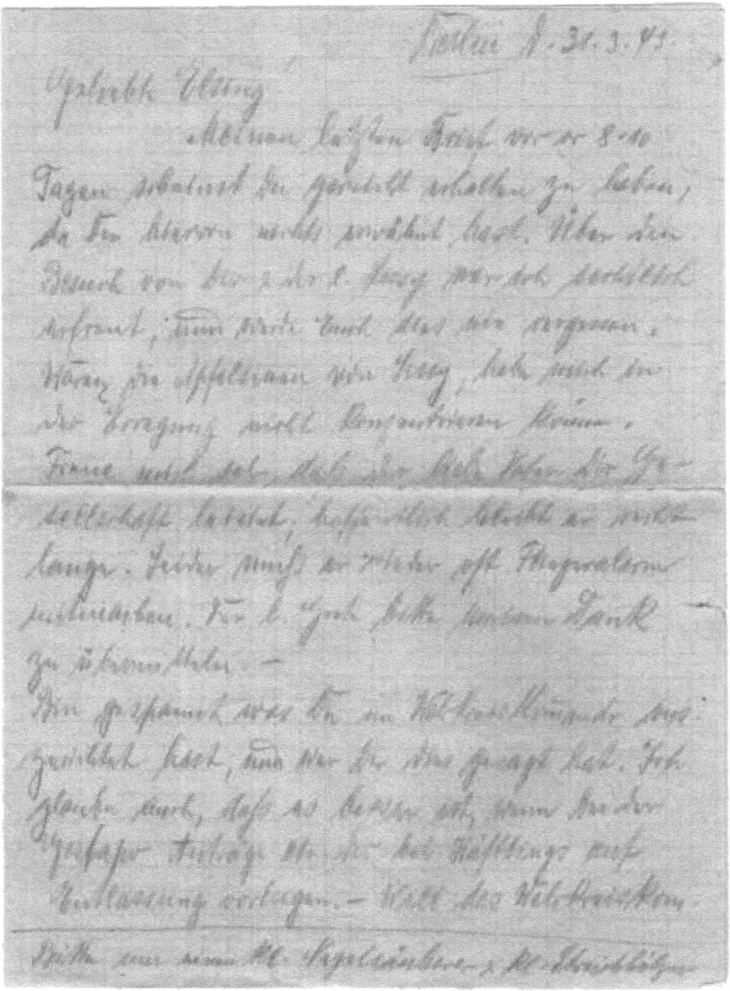

Seite 1

Berlin d. 31.3.43

Geliebte Elsing!

Meinen letzten Brief vor so 8-10 Tagen scheinst Du gar nicht erhalten zu haben, da Du hiervon nichts erwähnt hast. Über den Besuch von Dir & die l.Lissy war ich …. erfreut, und werde Euch das nie vergessen. Waren die Apfelsinen von Lissy, habe mich in der Erregung nicht konzentrieren können. Freue mich sehr, daß der liebe Vater Dir gesellschaft leistet; hoffentl. bleibt er … lange. Leider muß er wieder oft Fliegeralarm mitmachen. Der l. G… bitte meinen Dank zu übermitteln.—

Bin gespannt, was Du im Wehrkreiskommando ausgerichtet hast, und wer Dir das gesagt hat. Ich glaube auch, daß es besser ist, wenn bei der Gestapo Anträge etc. der betr. Häftlinge auf Entlassung vorliegen.--- Will das Wehrkreiskom-

---

Bitte um einen kl. Nagelsäuberer & kl. Streichhölzer

Brief vom 31.3.43 geschrieben aus der Polizeihaft in Berlin

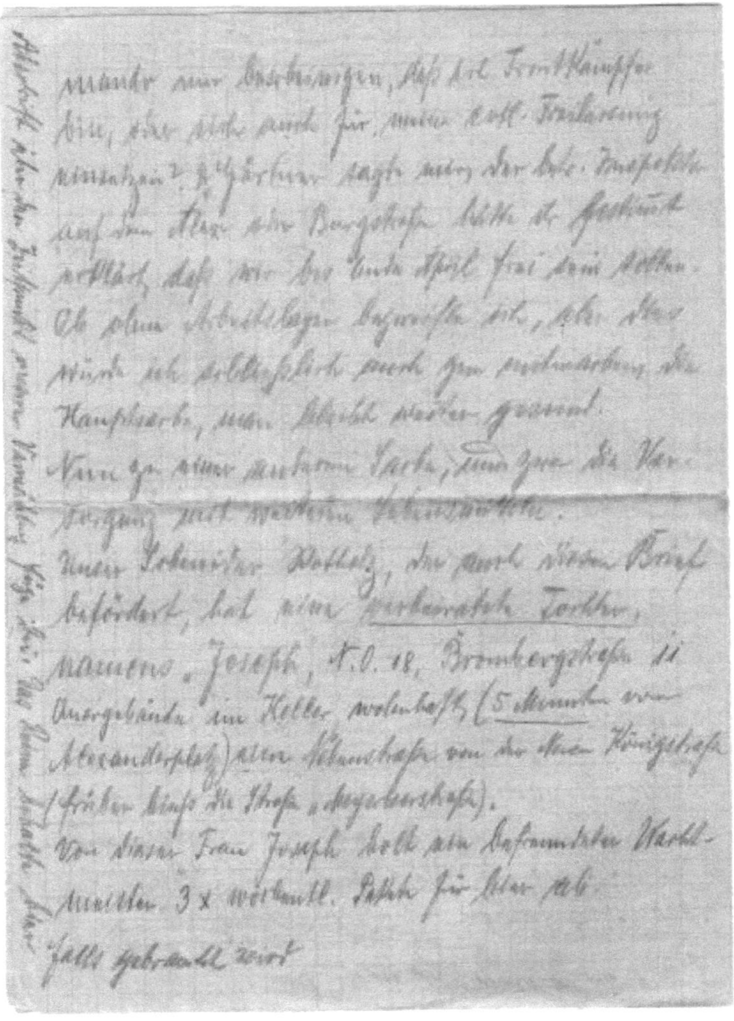

Seite 2

mando nur bescheinigen, daß ich Frontkämpfer bin, oder sich auch für meine evtl. Freilassung einsetzen? Dr. Gärtner sagte mir, der betr. Inspektor auf dem Alex oder Burgstraße hätte ihr bestimmt erklärt, daß wir bis Ende April frei sein werden.
Ob ohne Arbeitslager bezweifle ich, aber das würde ich schließlich auch gern mitmachen, die Hauptsache, man bleibt weiter gesund.
Nun zu einer anderen Sache und zwar die Versorgung mit weiteren Lebensmitteln.
Unser Schneider Rotholz, der auch diesen Brief Befördert, hat eine verheiratete Tochter, namens „Joseph“, N.O. 18, Brombergstraße 11 Quergebäude im Keller wohnhaft (5 Minuten vom Alexanderplatz) eine Nebenstraße von der Neuen Königstraße
(früher hieß die Straße „Meyerbeerstraße).
Von dieser Frau Joseph holt ein befreundeter Wacht-Meister 3 x wöchentl. Pakete für hier ab.

Quer auf dem linken Rand: Abschrift über den Zeitpunkt unserer Vermählung füge bei. Das Reine behalte hier
Unten angefügt: falls gebraucht wird.

Brief vom 31.3.43 geschrieben aus der Polizeihaft in Berlin

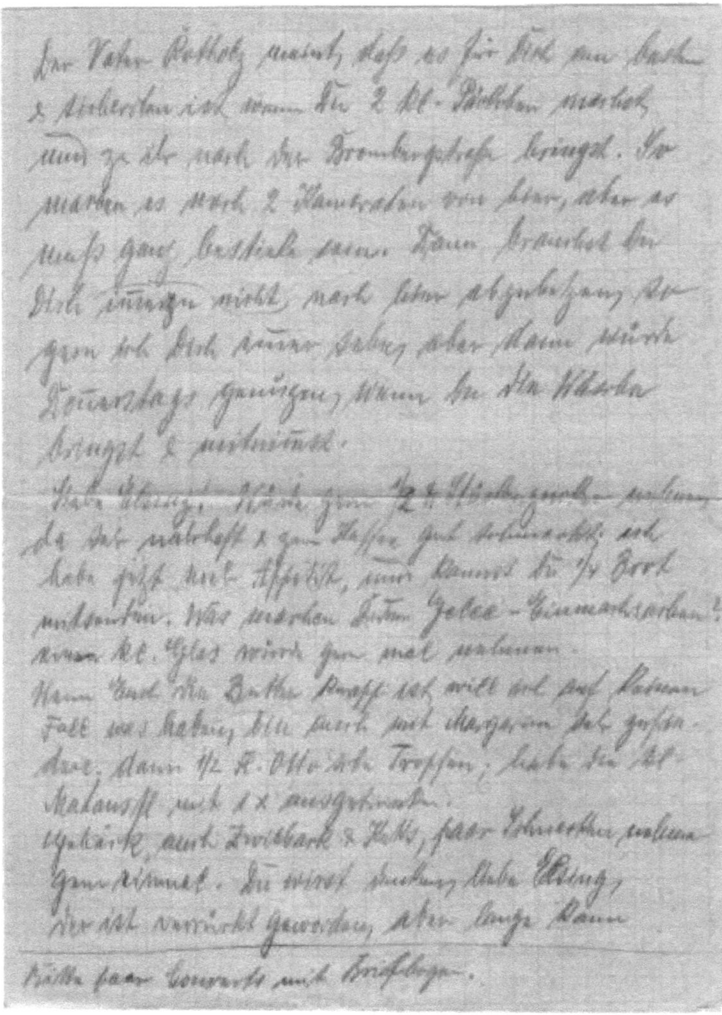

Seite 3

Der Vater Rotholz meint, daß es für Dich am besten & sichersten ist, wenn Du 2 kl. Päckchen machst und zu ihr nach der Bromburgstraße bringst. So machen es noch 2 Kameraden von hier, aber es muß ganz *bestimmt da (?)* sein. Dann brauchst Du Dich morgen nicht nach hier abzuhetzen. So gern ich Dich immer sehe, aber dann würde Donnerstag genügen, wenn Du die Wäsche Bringst & mitnimmst.

Liebe Elsing! Würde gern ½ Pf. Stückzucker nehmen, da der nahrhaft & zum Kaffee gut schmeckt. Ich habe jetzt mehr Appetit, und kannst Du ¼ Brot mitsenden. Was machen Deine Gelee-Einmachsachen, ein kl. Glas würde gern mal nehmen.

Wenn Euch die Butter knapp ist, will ich auf keinen Fall was haben, bin auch mit Margarine sehr zufrieden, dann ½ Fl. Otto´sche Tropfen; habe die kl. *Matausfl.* (?) mit 1x ausgetrunken.

Gebäck, auch Zwieback & Keks, paar Schnecken nehme gern einmal. Du wirst denken liebe Elsing, der ist verrückt geworden, aber lange kann

Bitte paar Couverts mit Briefbogen.

Brief vom 31.3.43 geschrieben aus der Polizeihaft in Berlin

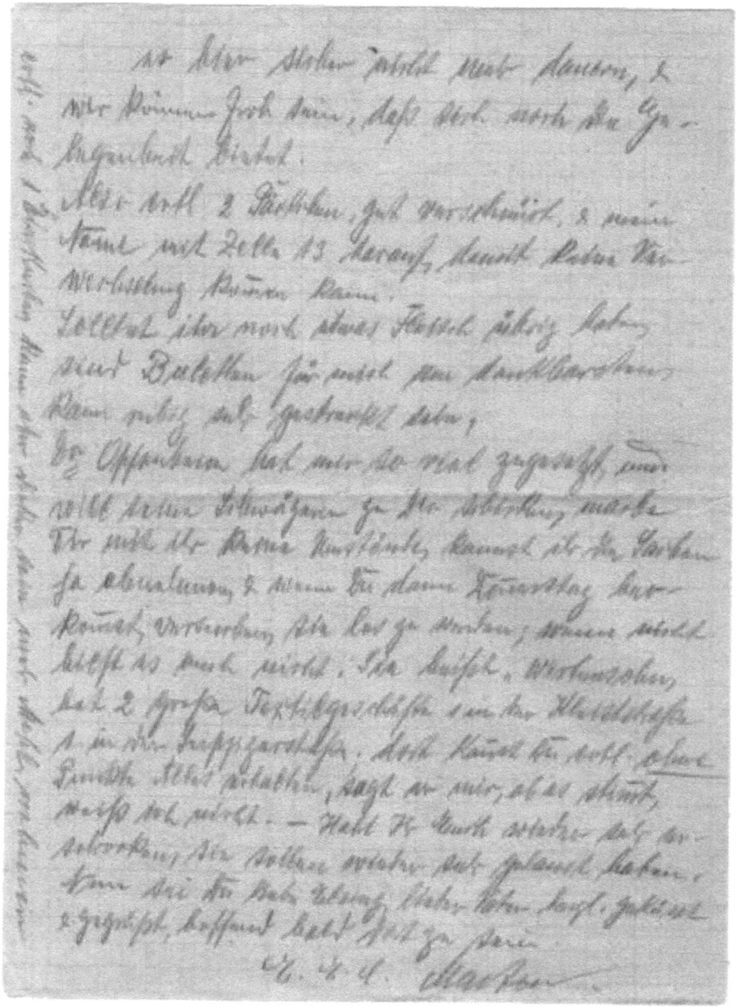

so hier sicher nicht mehr dauern, &
wir können froh sein, daß sich noch die Gelegenheit bietet.
Also evtl. 2 Päckchen, gut verschnürt, & mein Name mit Zelle 13 darauf, damit keine Verwechslung kommen kann.
Solltet ihr noch etwas Fleisch übrig haben, sind Buletten für mich am dankbarsten, kann ruhig sehr gestreckt sein;
Dr. Oppenheim hat mir so viel zugesetzt und will seine Schwägerin zu Dir schicken, mache Dir mit ihr keine Umstände, kannst ihr die Sachen ja abnehmen & wenn Du dann Donnerstag herkommst versuchen, sie los zu werden; wenn nicht hilft es auch nicht. Sie heißt „ Wirkensohn“, hat 2 große Textilgeschäfte. 1 in der Kleiststraße, 1 in der Leipzigerstraße; dort kannst Du evtl. <u>ohne</u> Punkte Alles erhalten; sagt er mir, ob es stimmt, weiß ich nicht.--- Habt Ihr Euch wieder sehr erschrocken, sie sollen wieder sehr gelaust haben.
Nun sei Du liebe Elsing, lieber Vater herzl. geküsst & gegrüßt, hoffend bald dort zu sein.
E.E.l. Martin

Auf dem Seitenrand links:
Evtl. noch 1 Eierkuchen, kann aber dicker sein, mehr Mehl nehmen

Brief vom .4.1943

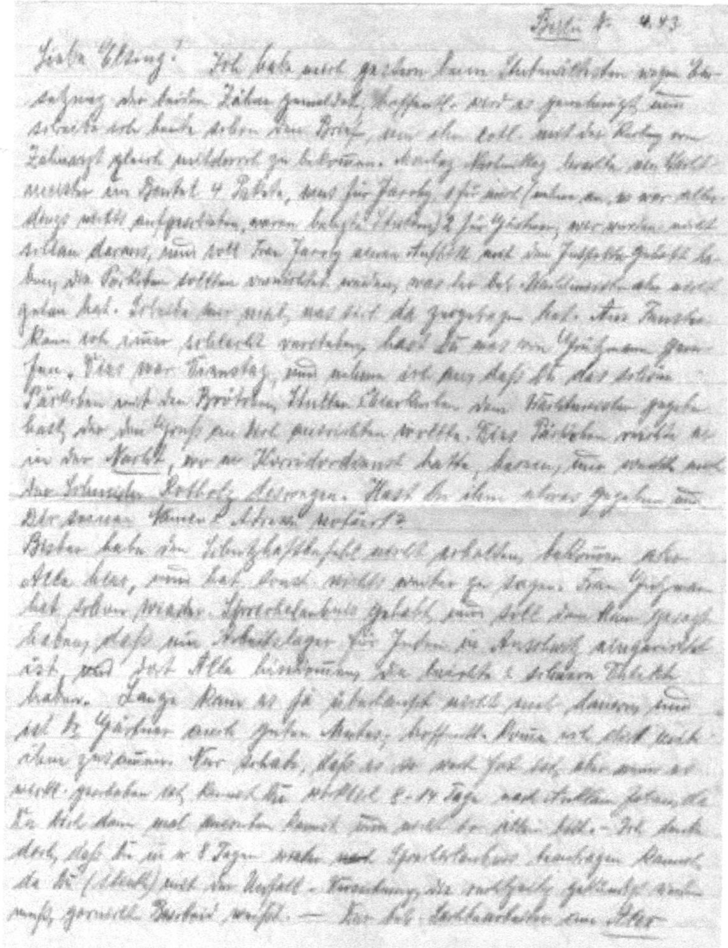

Seite 1

Liebe Elsing! Ich habe mich gestern beim Stubenältesten wegen Ein- setzung der beiden Zähne gemeldet. Hoffentl. wird es genehmigt, nun schreibe ich heute schon den Brief, um ihn evtl. mit der Rechnung vom Zahnarzt gleich mit durch zu bekommen. Montag Nachmittag brachte ein Wacht-meister im Beutel 4 Pakete, eins für Jacoby, 1 für mich (nehme an, es war aller-dings nichts aufgeschrieben, waren belegte Stullen) 2 für Gärtner; wir wurden nicht schlau daraus, nun soll Frau Jacoby einen Auftritt mit dem Inspektor gehabt ha-ben, die Päckchen sollten vernichtet werden, was der betr. Wachtmeister aber nicht getan hat. Schreibe mir mal, was sich da zugetragen hat. Am Fenster kann ich immer schlecht verstehen; hast Du was von Grützmann gese-hen. Dies war Dienstag, nun nehme ich an, daß Du das schöne Päckchen mit den Brötchen, Stullen & Eierkuchen dem Wachtmeister gegeben Hast, der den Gruß an Dich ausrichten wollte. Dies Päckchen reichte er in der Nacht , wo er Korridordienst hatte, herein, und wusste nichts der Schneider Rotholz deswegen. Hast Du ihm etwas gegeben und Dir seinen Namen & Adresse notiert? Bisher habe den Schutzhaftbefehl nicht erhalten, bekommen aber Alle hier, und hat sonst nichts weiter zu sagen. Frau Gutzmann hat schon wieder Sprecherlaubnis gehabt und soll dem Mann gesagt haben, daß ein Arbeitslager für Juden in Auschwitz eingerichtet ist, und dort Alle hinkommen, die leichte & schwere Delikte haben. Lange kann es ja überhaupt nicht mehr dauern und ist Dr. Gärtner auch guten Mutes; hoffentl. komme ich dort mit ihm zusammen. Nur schade, daß es so weit fort ist, aber wenn es wirkl. geschehen ist, kannst Du wirklich 8 – 14 Tage nach Anklam fahren, da Du Dich dann mal ausruhen kannst und nicht so allein bist. – Ich denke Doch, daß Du in so 8 Tagen wieder (nach/*durchgestrichen*) Sprecherlaubnis beantragen kannst da Du (…. *unleserlich*) mit der Unfall-Versicherung, die rechtzeitig gekündigt werden muß, gar nicht Bescheid weißt. --- Der betr. Sachbearbeiter am Alex

Brief vom .4.1943

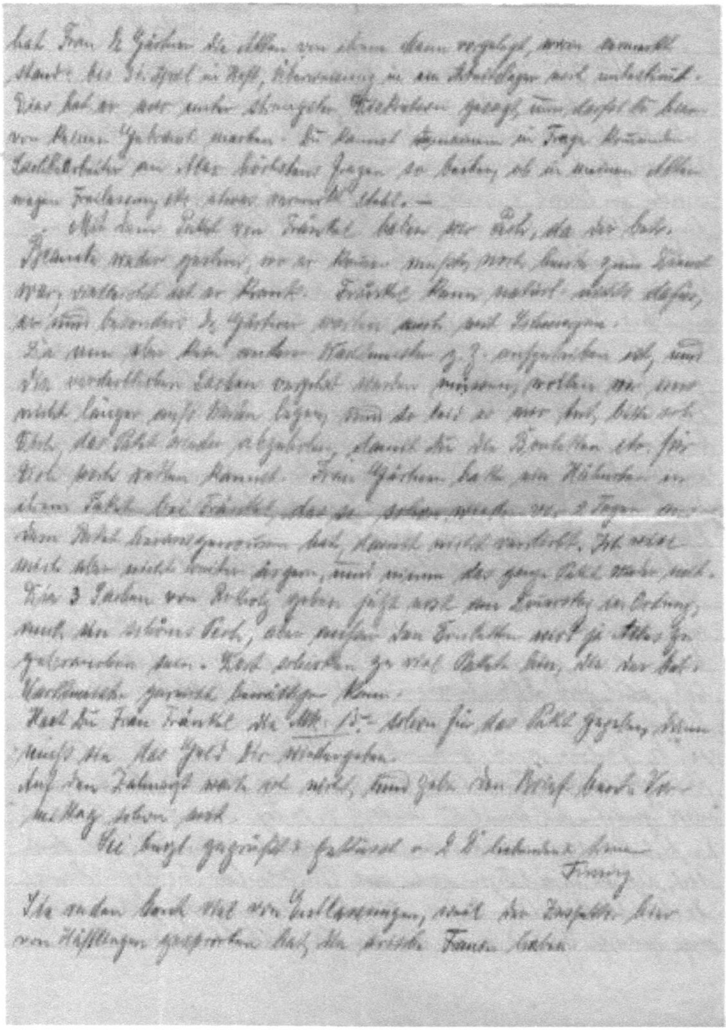

Seite 2

hat Frau Dr. Gärtner die Akten von ihrem Mann vorgelegt, worin vermerkt stand: bis 31. April in Haft; Überweisung in ein Arbeitslager noch unbestimmt. Dies hat er nur unter strengster Diskretion gesagt und darfst Du hier-von keinen Gebrauch machen. Du kannst zu meinem in Frage kommenden
Sachbearbeiter am Alex höchstens fragen so beiher ob in meinen Akten wegen Freilassung etc. etwas vermerkt steht.---
Mit dem Paket von Fränkel haben wir Pech, da der betr. Beamte weder gestern, wo er kommen musste, noch heute zum Dienst war; vielleicht ist er krank. Fränkel kann natürl. nichts dafür, er und besonders Dr. Gärtner warten auch mit Schmerzen. Da nun aber kein anderer Wachtmeister z.Z. aufzutreiben ist, und die verderblichen Sachen verzehrt werden müssen, wollen wir uns nicht länger aufs Warten legen, und so leid es mir tut, bitte ich Dich, das Paket wieder abzuholen, damit Du die Bouletten etc. für Dich noch retten kannst. Frau Gärtner hatte ein Hähnchen in ihrem Paket bei Fränkel, das sie schon wieder vor 2 Tagen aus dem Paket herausgenommen hat, damit nichts verdirbt. Ich will mich aber nicht weiter ärgern, und nimm das ganze Paket wieder mit. Die 3 Sachen von Rotholz gehen jetzt erst am Dienstag in Ordnung, auch ein schönes Pech, aber außer den Bouletten wird ja Alles zu
gebrauchen sein. Dort schicken zu viel Pakete hin, der der betr.
Wachtmeister gar nicht bewältigen kann.
Hast Du Frau Fränkel die MK: 15,- schon für das Paket gegeben, dann muß sie das Geld Dir wiedergeben. Auf den Zahnarzt warte ich nicht und gebe den Brief besser Vor-mittag schon mit.

Sei herzl. gegrüßt & geküsst v.D.D. liebenden & treuen

Tinin

Sie reden heute viel von Entlassungen, weil der Inspektor hier von Häftlingen gesprochen hat, die arische Frauen haben.

Brief vom 2.4.1943 geschrieben aus der Polizeihaft in Berlin

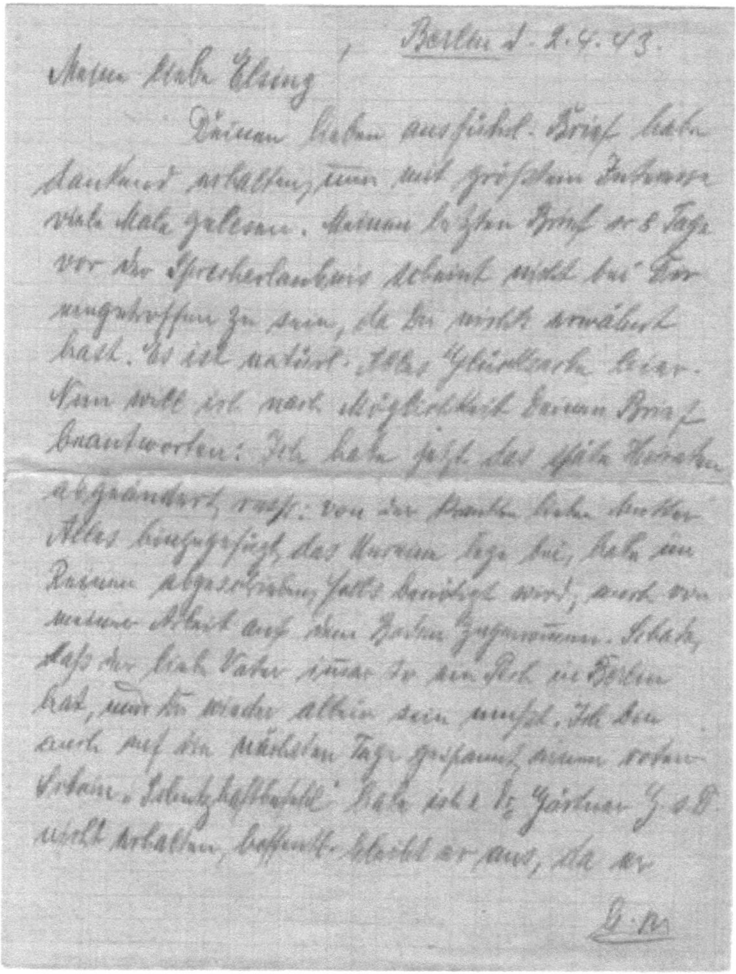

Berlin d. 2.4.43.

Meine liebe Elsing!

Deinen lieben ausführl. Brief habe dankend erhalten, und mit größtem Interesse viele Male gelesen. Meinen letzten Brief vor 8 Tage vor der Sprecherlaubnis scheint nicht bei Dir angetroffen zu sein, da Du nichts erwähnt hast. Es ist natürl. Alles [illegible] klar. Nun will ich nach Möglichkeit Deinen Brief beantworten: Ich habe jetzt das [illegible] abgeändert, resp.: von der [illegible] habe [illegible] Alles hinzugefügt, das [illegible] Tage bei, habe [illegible] abgeschrieben, falls benötigt wird, auch von meiner Arbeit auf dem [illegible] zugenommen. Schade, dass der liebe Vater immer so ein Pech in Berlin hat, wenn Du wieder allein sein musst. Ich bin auch auf die nächsten Tage gespannt, [illegible] „[illegible]" habe ich [illegible] nicht erhalten, hoffentl. bleibt er aus, da er

D.M.

Seite 1

Berlin, d. 2.4.43

Meine liebe Elsing!

Deinen lieben ausführlichen Brief habe dankbar erhalten und mit größtem Interesse viele Male gelesen. Meinen letzten Brief so 8 Tage vor der Sprecherlaubnis scheint nicht bei Dir eingetroffen zu sein, da Du nichts erwähnt hast. Es ist natürl. Alles Glückssache hier. Nun will ich nach Möglichkeit Deinen Brief beantworten: Ich habe jetzt das späte Heirat abgeändert; resp.: von der kranken lieben Mutter Alles hinzugefügt, das Unreine lege bei, habe im Reinen abgeschrieben, falls benötigt wird; auch von meiner Arbeit auf dem *Boden(?)* zugenommen. Schade daß der liebe Vater immer so ein Pech in Berlin hat und Du wieder allein sein mußt. Ich bin auch auf die nächsten Tage gespannt, einen roten Schein „Schutzhaftbefehl“ habe ich & Dr. Gärtner G.s. nicht erhalten, hoffentlich bleibt er aus, da *es*

b.w.

Brief vom 2.4.1943 geschrieben aus der Polizeihaft in Berlin

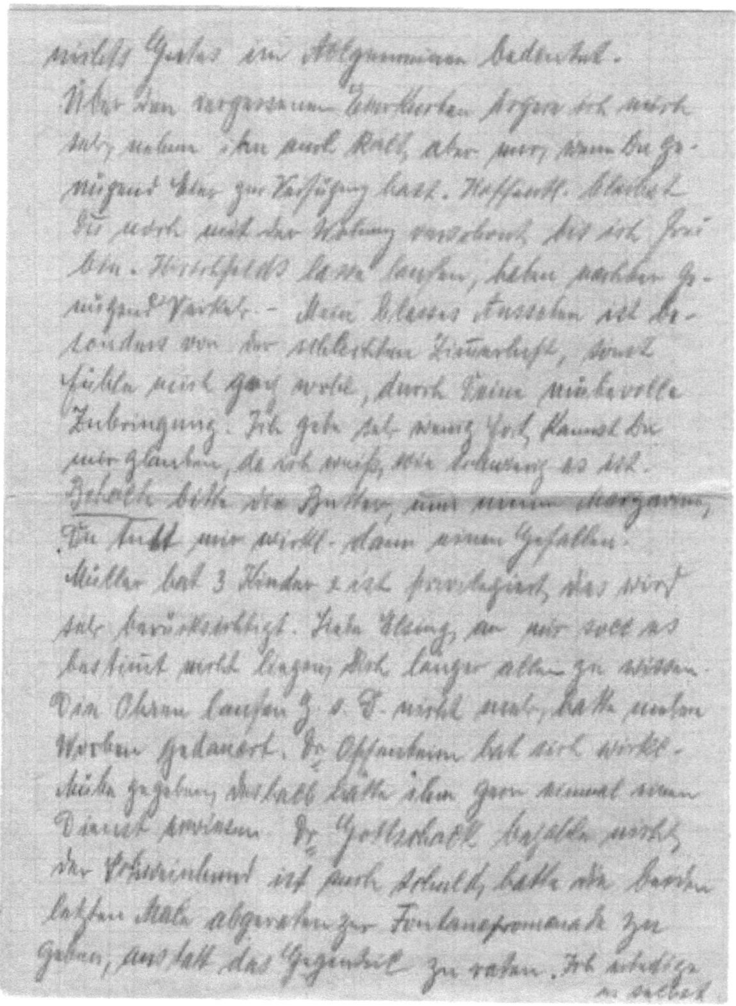

wirklich Gutes im Allgemeinen bedeutet. Über den vergessenen Zwieback ärgere ich mich sehr, nehme ihn auch kalt, aber nur, wenn Du genügend Brot zur Verfügung hast. Hoffentlich bleibst Du noch mit der Wohnung verschont, bis ich frei bin. Hirschfelds lassen laufen, haben wohl genügend Vorrat. – Mein blasses Aussehen ist besonders von der schlechten Zimmerluft, sonst fühle mich ganz wohl, durch Deine mühevolle Zubringung. Ich gehe sehr wenig frei, kannst Du mir glauben, da ich weiß, wie schwierig es ist. Dagegen bitte die Butter, nur keine Margarine, Du tust mir wirklich damit einen Gefallen. Müller hat 3 Kinder u. ist privilegiert, das wird sehr berücksichtigt. Liebe Kleine, an mir soll es bestimmt nicht liegen, sich länger allein zu wissen. Die Uhren laufen z. T. nicht mehr, hatte vielen Wochen gedauert. Dr. Oppenheim hat sich wirklich Mühe gegeben, deshalb hätte ihm gern einmal einen Dienst erwiesen. Dr. Gottschalk gefallen nicht, der Schwindel ist auch Schuld, hatte die beiden letzten Male abgeraten zur Fontanepromenade zu gehen, anstatt das Gegenteil zu raten. Ich erledige es selbst

Seite 2

nichts Gutes im Allgemeinen bedeutet.
Über den vergessenen Eierkuchen Ärgere ich mich sehr, nehm ihn aber auch kalt, aber nur, wenn Du genügend Eier zur Verfügung hast. Hoffentl. Bleibst Du noch mit der Wohnung verschont, bis ich frei bin. Hirschfelds lassen laufen, haben nachher genügend Vorkehr. - Mein blasses Aussehen ist besonders von der schlechten Zimmerluft, sonst fühle ich mich ganz wohl, durch Deine mühevolle Zubringung. Ich gebe sehr wenig fort, kannst Du mir glauben, da ich weiß, wie schwierig es ist. <u>Behalte</u> bitte die Butter, und nimm Margarine. Du tust mir wirkl. dann einen Gefallen.
Müller hat 3 Kinder & ist privilegiert, das wird sehr berücksichtigt. Liebe Elsing, an mir soll es nicht liegen, Dich länger allein zu wissen.
Die Ohren laufen G.s.D. nicht mehr, hatte mehrere Wochen gedauert. Dr. Oppenheim hat sich wirkl. Mühe gegeben, deshalb hätte ihm gern einen Dienst erwiesen. <u>Dr.</u> Gottschalk bezahle nicht, der Schweinehund ist auch schuld, hatte ihm beim letzten Male abgeraten zur Fontanepromenade zu gehen, anstatt das Gegenteil zu raten. Ich erledige es selbst.

Brief vom 2.4.1943 geschrieben aus der Polizeihaft in Berlin

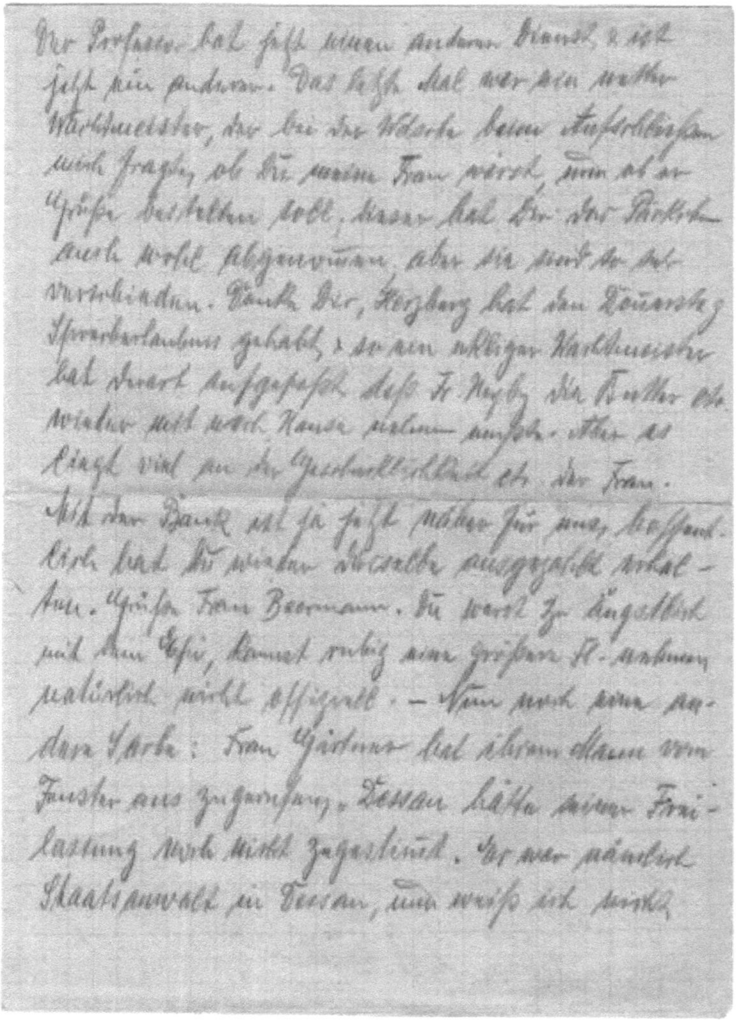

Der Professor hat jetzt einen andern Dienst, u. ist jetzt nie anderswo. Das letzte Mal war ein netter Wachtmeister, der bei der Wache beim Aufschließen mich fragte, ob Du meine Frau wärst, und ob er Grüße bestellen soll. Wasser hat Dir der Pförtner auch wohl abgenommen, aber sie sind da bald verschwunden. Danke Dir, Herzberg hat am Donnerstag Sprecherlaubnis gehabt, u. ein ekliger Wachtmeister hat direkt aufgepaßt, daß Fr. Herzberg die Butter etc. wieder mit nach Hause nehmen mußte. Aber es liegt viel an der Geschicklichkeit der Frau. Mit der Bank ist ja jetzt näheres für uns, hoffentlich hast Du wieder dieselbe ausgezahlt erhalten. Grüße Frau Beermann. Du warst zu Augenblick mit dem Chef, kannst ruhig eine größere St.-nahmen natürlich nicht offiziell. — Nun noch eine andere Sache: Frau Gärtner hat ihren Mann vom Fenster aus zugewinkt. Dessau hätte meiner Freilassung noch nicht zugestimmt. Er war nämlich Staatsanwalt in Dessau, und weiß ich nicht

Seite 3

Der Professor hat jetzt einen anderen Dienst & ist jetzt ein anderer. Das letzte Mal war ein netter Wachtmeister, der bei der Wäsche beim Aufschließen mich fragte, ob Du meine Frau wärst, und ob er Grüße bestellen soll, dieser hat Dir das Päckchen auch wohl abgenommen; aber sie sind da sehr verschieden. Denke Dir, Herzberg hat den Donnerstag Sprecherlaubnis gehabt & so ein ekliger Wachtmeister hat derart aufgepaßt, daß Fr. Herzberg die Butter etc. wieder mit nach Hause nehmen mußte. Aber es liegt viel an der Geschicklichkeit etc. der Frau. Mit der Bank ist ja jetzt näher für uns, hoffentlich hast Du wieder dasselbe ausgezahlt erhalten. Grüße Frau Beermann. Du warst zu ängstlich mit dem Epi, kannst ruhig eine größere Fl. Nehmen, natürlich nicht offiziell. - Nun noch eine andere Sache: Frau Gärtner hat ihrem Mann vom Fenster aus zugerufen „Dessau hätte seiner Freilassung noch nicht zugestimmt. Er war nämlich Staatsanwalt in Dessau, und weiß ich nicht,

Brief vom 2.4.1943 geschrieben aus der Polizeihaft in Berlin

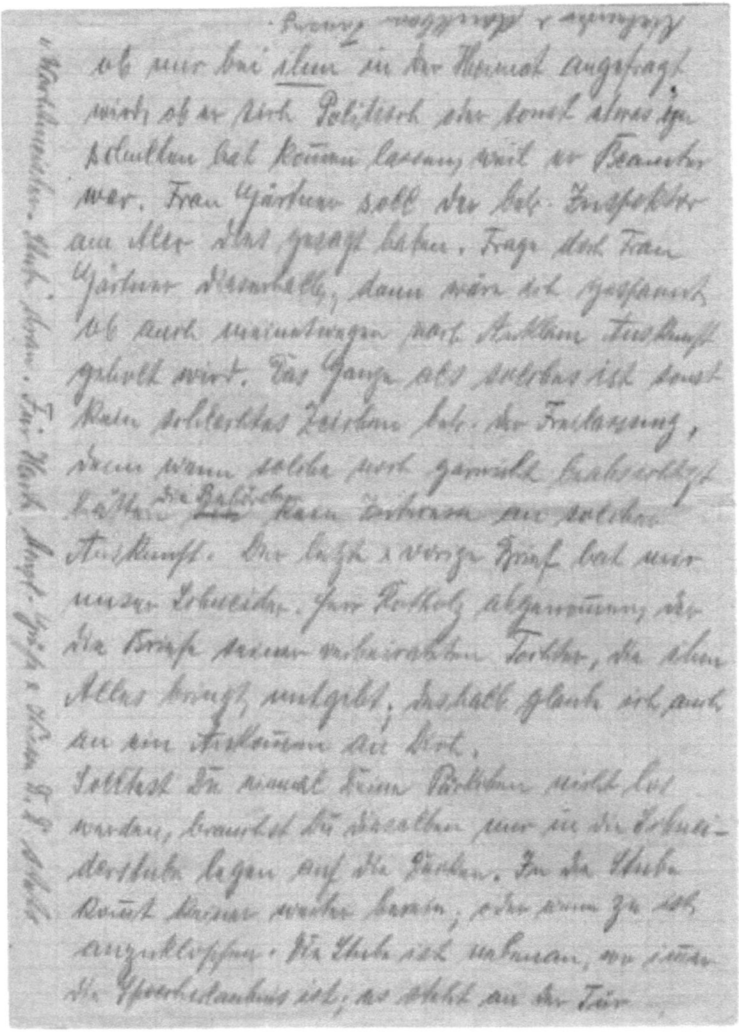

ob mir bei ihm in der Heimat angefragt
wird, ob er sich Politisch oder sonst etwas zu
schulden hat kommen lassen, weil er Beamter
war. Frau Gärtner soll der Kr.-Inspektor
an Alex das gesagt haben. Frage doch Frau
Gärtner deswegen, dann wäre ich gespannt
ob auch meinetwegen nach Auskunft
geholt wird. Das Ganze als solches ist sonst
kein schlechtes Zeichen bzgl. der Freilassung,
denn wenn solche noch gewisse Verdachtsmomente
hätten, die Behörde kann erhalten auf solche
Auskunft. Der letzte u. vorige Brief hat mir
unser Schneider, Herr Rothholz abgenommen, der
die Briefe seiner verheirateten Tochter, die ihm
Alles bringt, mitgibt; deshalb glaube ich auch
an ein Ankommen der Post.
Solltest Du einmal keine Päckchen mehr los
werden, brauchst Du dieselben nur in die Schnei-
derstube legen auf die Bücher. In die Stube
kommt keiner weiter herein, oder einen zu sich
anzuschließen. Die Stube ist neben, wo immer
die Sprechstunde ist; er steht an der Tür

Seite 4

ob nur bei ihm in der Heimat angefragt
wird, ob er sich Politisch oder sonst etwas zu
schulden hat kommen lassen, weil er Beamter
war. Frau Gärtner soll der betr. Inspektor
am Alex dies gesagt haben. Frage doch Frau
Gärtner dieserhalb; dann wäre ich gespannt,
ob auch meinetwegen nach Anklam Auskunft
geholt wird. Das Ganze als solches ist sonst
kein schlechtes Zeichen betr. der Freilassung,
denn wenn solche noch gar nicht beabsichtigt
hätten (*sie gestrichen*) die Behörden kein Interesse an solcher
Auskunft. Den letzten & vorigen Brief hat mir
unser Schneider Herr Rotholz abgenommen, der
die Briefe seiner verheirateten Tochter, die ihm
Alles bringt, mitgibt; deshalb glaube ich auch
an ein Ankommen an Dich.
Solltest Du einmal Deine Päckchen nicht los
Werden, brauchst Du dieselben nur in die Schneiderstube legen auf die Bänke. In die Stube
kommt keiner weiter herein; oder wenn zu ist,
anzuklopfen. Die Stube ist nebenan, wo immer
die Sprecherlaubnis ist, es steht an der Tür

(auf den linken Seitenrand geschrieben:)
„Wachtmeister-Stube“ dran. Für heute herzl. Grüße & Küsse
D.D. stets liebender & dankbarer Tining *(über Kopf geschrieben oberer Rand)*

Brief vom 3.4.1943 geschrieben aus der Polizeihaft in Berlin

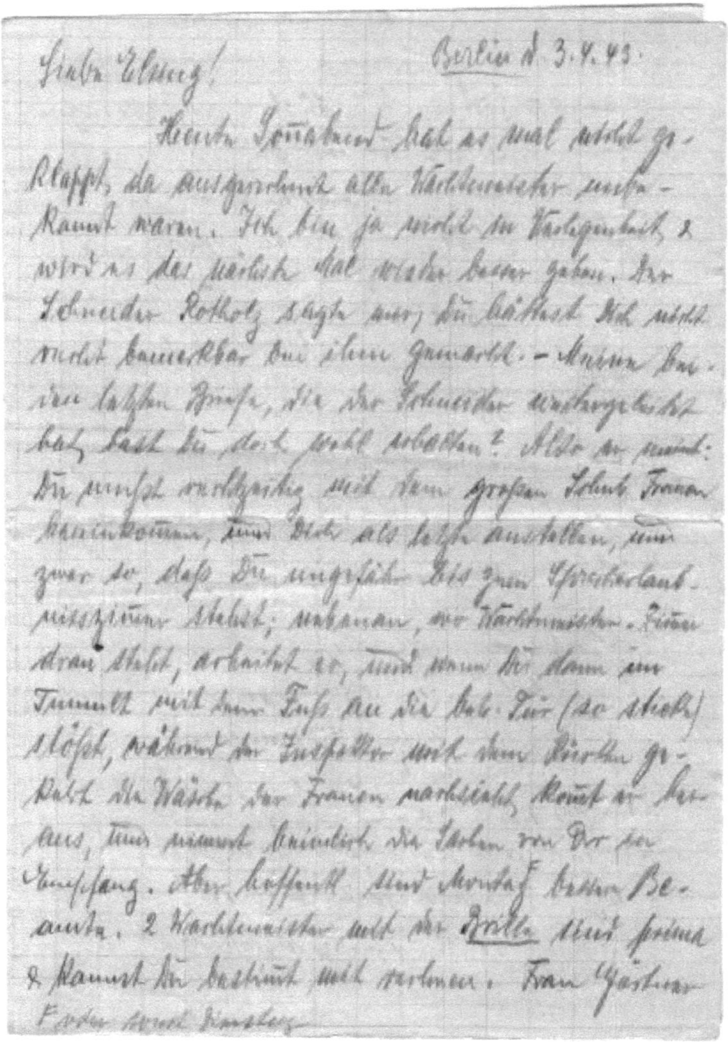

Liebe [illegible]!

Berlin d. 3.4.43.

Heute Sonnabend hat es mal nicht geklappt, da ausgerechnet alle Wachtmeister unbekannt waren. Ich bin ja nicht in Verlegenheit, & wird es das nächste Mal wieder besser gehen. Der Schneider Rotholz sagte mir, Du hättest Dich nicht recht bemerkbar bei ihm gemacht. – Meinen bei den letzten Briefe, die der Schneider weitergeleitet hat, hast Du doch wohl erhalten? Also so meine: Du musst rechtzeitig mit dem großen Schub Frauen hereinkommen, und Dich als letzte anstellen, und zwar so, dass Du ungefähr bis zum [illegible] stehst; nebenan, wo [illegible] Wachtmeister [illegible] steht, arbeitet er, und wenn Du dann im Tumult mit dem Fuß an die [illegible]-Tür (so stark) stößt, während der Zuschauer mit dem Rücken gedreht die Wäsche der Frauen nachsieht, kommt er heraus, und nimmt heimlich die Sachen von Dir in Empfang. Aber hoffentlich sind Montag bessere Beamte. 2 Wachtmeister mit der Brille sind prima & kannst Du bestimmt mit rechnen. Frau Gärtner

F[illegible] [illegible] [illegible]

Seite 1

Liebe Elsing! Berlin, d. 3.4.43
Heute Sonnabend hat es mal nicht ge-
klappt, da ausgerechnet alle Wachtmeister unbe-
kannt waren. Ich bin ja nicht in Verlegenheit &
wird es das nächste Mal wieder besser gehen. Der
Schneider Rotholz sagte mir, Du hättest Dich nicht
recht bemerkbar bei ihm gemacht.—Meine bei-
den letzten Briefe, die der Schneider weitergeleitet
hat, hast Du doch wohl erhalten? Also er meint
Du musst rechtzeitig mit dem großen Schub Frauen
hereinkommen, und Dich als letzte anstellen, und
zwar so, daß Du ungefähr bis zum Sprecherlaub-
niszimmer stehst; nebenan, wo Wachtmeister-Zimmer
dran steht, arbeitet er, und wenn Du dann im
Tumult mit dem Fuß an die betr. Tür (so still)
stößt, während der Inspektor mit dem Rücken ge-
kehrt die Wäsche der Frauen nachsieht, kommt er her-
aus, und nimmt heimlich die Sachen von Dir in
Empfang. Aber hoffentl. sind Montag [F] bessere Be-
amte. 2 Wachtmeister mit der Brille sind prima
& kannst Du bestimmt mit rechnen. Frau Gärtner
[F] oder sonst Dienstag

Brief vom 3.4.1943 geschrieben aus der Polizeihaft in Berlin

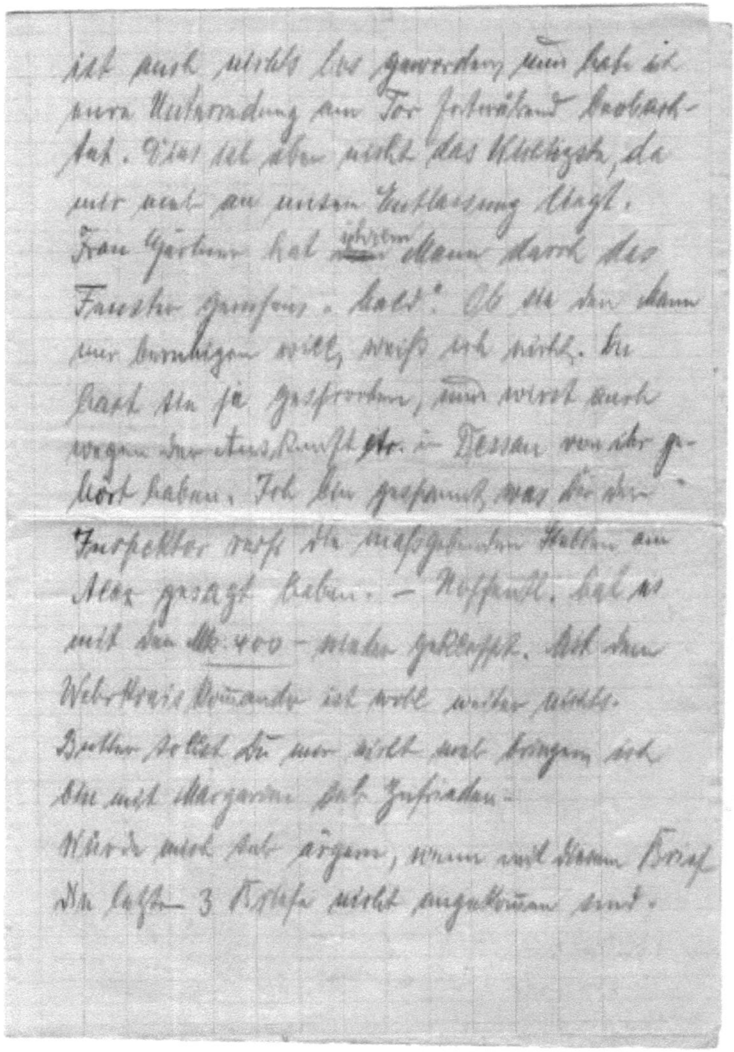

ist auch nichts los geworden, nun habe ich
eine Unterredung am Tor fortwährend beobach-
tet. Das ist aber nicht das Wichtigste, da
mir mehr an meiner Entlassung liegt.
Frau Gärtner hat ihrem Mann durch das
Fenster gerufen „halt". Ob sie den Mann
nur beruhigen will, weiss ich nicht. Du
hast sie ja gesprochen, und wirst auch
wegen der Auskunft etc. in Dessau von ihr ge-
hört haben. Ich bin gespannt, was die der
Inspektor [illegible] die massgebenden Stellen am
Alex gesagt haben. – Hoffentl. hat er
mit den Mk. 400.- nichts [illegible]. Mit dem
Weber-Kreis-Kommando ist wohl weiter nichts.
Butter sollst Du mir nicht mehr bringen ich
bin mit Margarine sehr zufrieden.
Würde mich sehr ärgern, wenn mit diesem Brief
die letzten 3 Briefe nicht angekommen sind.

Seite 2

ist auch nichts losgeworden, und habe ich
eure Untersuchung am Tor fortwährend beobachtet. Dies ist aber nicht das Wichtigste, da
mir mehr an unserer Entlassung liegt.
Frau Gärtner hat ihrem Mann durch das
Fenster gerufen „bald“. Ob sie den Mann
nur beruhigen will, weiß ich nicht. Du
hast sie ja gesprochen, und wirst auch
wegen der Auskunft etc. in Dessau von ihr gehört haben. Ich bin gespannt, was Dir der
Inspektor resp. die maßgebenden Stellen am
Alex gesagt haben.—Hoffentl. hat es
mit den Mk: 400,- wieder geklappt. Mit dem
Wehrkreiskommando ist wohl weiter nichts.
Butter sollst Du mir nicht mehr bringen, ich
bin mit Margarine sehr zufrieden.
Würde mich sehr ärgern, wenn mit diesem Brief
die letzten 3 Briefe nicht angekommen sind.

Brief vom 3.4.1943 geschrieben aus der Polizeihaft in Berlin

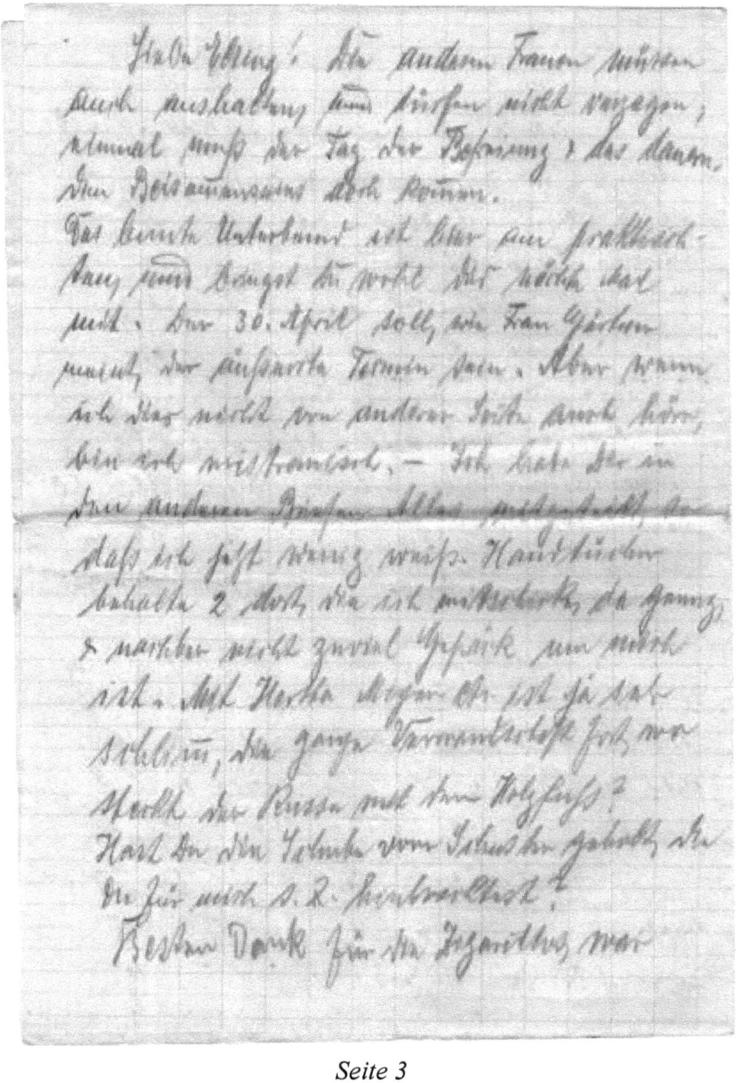

Seite 3

Liebe Elsing! Die anderen Frauen müssen auch aushalten und dürfen nicht verzagen; einmal muß der Tag der Befreiung & das dauernde Beisammensein doch kommen.
Das bunte Unterhemd ist hier am praktischsten und bringst Du wohl das nächste Mal mit. Der 30.April soll, wie Frau Gärtner meint, der äußerste Termin sein. Aber wenn ich das nicht von anderer Seite auch höre, bin ich mistrauisch.—Ich habe Dir in den anderen Briefen Alles mitgeteilt, so daß ich jetzt wenig weiß. Handtücher behalte 2 dort, die ich mitschicke, da genug & nachher nicht zuviel Gepäck um mich ist. Mit Hertha Meyer etc. ist ja sehr schlimm, die ganze Verwandtschaft fort, wo steckt der Russe mit dem Holzfuß?
Hast Du die Schuhe vom Schuster geholt, die Du für mich s.Z. hinbrachtest?
Besten Dank für die Zigarillos, war

Brief vom 3.4.1943 geschrieben aus der Polizeihaft in Berlin

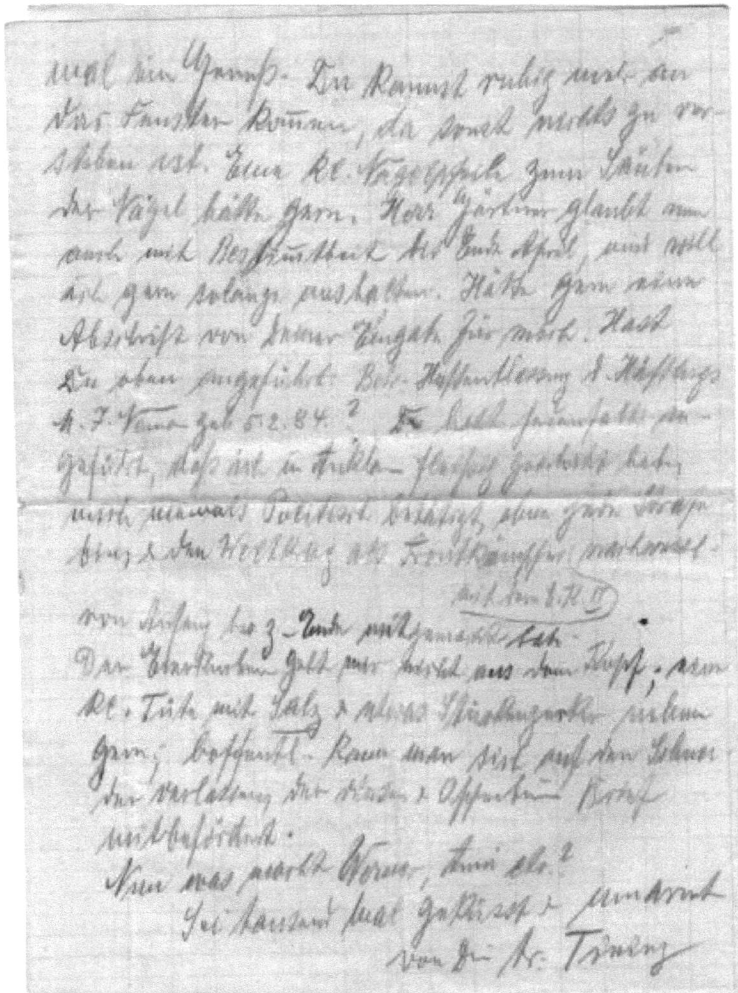

Seite 4

mal ein Genuß. Du kannst ruhig mehr an das Fenster kommen, da sonst nichts zu verstehen ist. Eine kl. Nagelpfeile zum Säubern der Nägel hätte ich gern. Herr Gärtner glaubt nun auch mit Bestimmtheit bis Ende April, und will ich gern solange aushalten. Hätte gern eine Abschrift von Deiner Eingabe für mich. Hast Du oben angeführt: Betr: Haftentlassung d. Häftlings M.I.Neumann geb. 5.2.84? Du hast jedenfalls angeführt, daß ich in Anklam fleißig gearbeitet habe, mich niemals Politisch betätigt, ohne jede Strafe bin & den Weltkrieg als Frontkämpfer mit dem E.K.II mehrmals, von Anfang bis z. Ende mitgemacht habe. Der Eierkuchen geht mir nicht aus dem Kopf. Nimm kl.Tüte mit Salz & etwas Stärkungspulver nehme gern; hoffentl. kann man sich auf den Schneider verlassen, der diesen & Oppenheimers Brief mitbefördert.
Nun was macht Werner, Anni etc.?

Sei tausend Mal geküsst & umarmt
von Deinem tr. Tining

Brief vom 6.4.43 geschrieben aus der Polizeihaft in Berlin

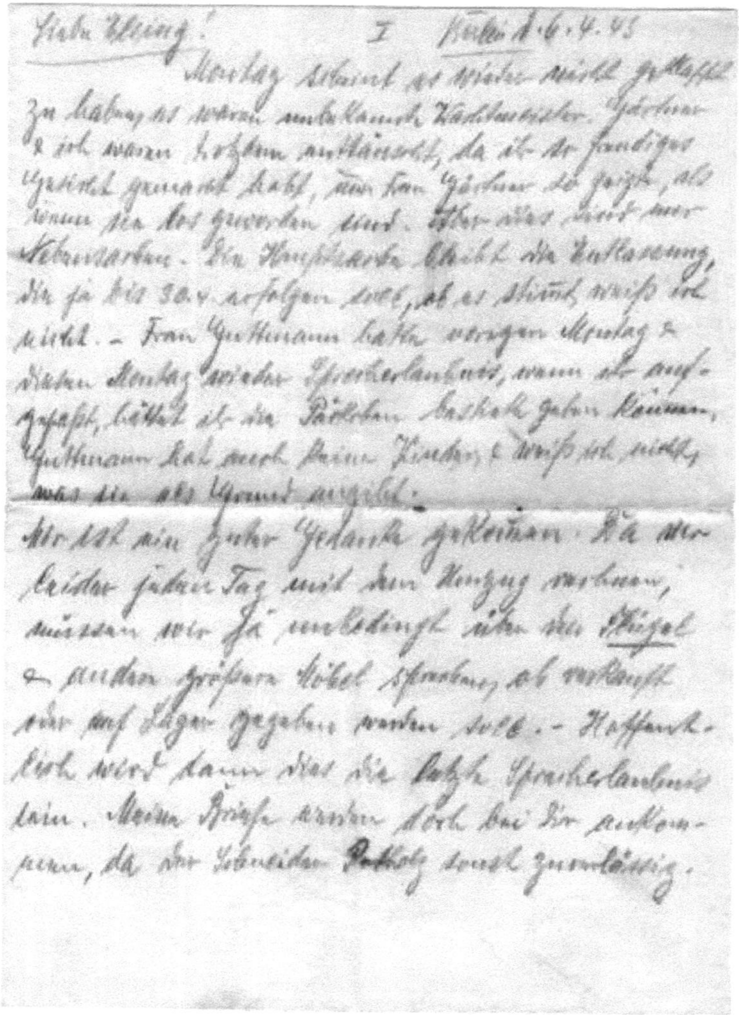
Liebe [illegible]! I Berlin d. 6.4.43

Montag scheint es wieder nicht geklappt zu haben, es waren entlassene Wachtmeister, Gärtner & ich waren trotzdem enttäuscht, da ich die freudigen Gesichter gesehen habe, mit denen Gärtner sie zeigte, als wenn sie los geworden sind. Aber das sind nur Nebensachen. Die Hauptsache bleibt die Entlassung, die ja bis 30.4 erfolgen soll, ob es stimmt weiß ich nicht. – Frau Guttmann hatte vorigen Montag & diesen Montag wieder Sprecherlaubnis, wenn ich aufgepaßt, hättest Du die Päckchen bestimmt geben können, Guttmann hat auch keine Kinder, & weiß ich nicht, was sie als Grund angibt.

Mir ist ein guter Gedanke gekommen. Da wir leider jeden Tag mit dem Umzug rechnen, müssen wir ja unbedingt über den Flügel & andere größere Möbel sprechen, ob verkauft oder auf Lager gegeben werden soll. – Hoffentlich wird dann das die letzte Sprecherlaubnis sein. Meine Briefe werden doch bei Dir ankommen, da der Schneider [illegible] sonst zuverlässig.

Seite 1

Liebe Elsing! I. Berlin, d. 6.4.43

Montag scheint es wieder nicht geklappt zu haben, es waren unbekannte Wachtmeister. Gärtner & ich waren trotzdem enttäuscht, da ihr so freudiges Gesicht gemacht habt, und Frau Gärtner so zeigte, als wenn sie los geworden sind. Aber das sind nur Nebensachen. Die Hauptsache bleibt die Entlassung, die ja bis 30.4. erfolgen soll, ob es stimmt, weiß ich nicht.--- Frau Guttmann hatte vorigen Montag & diesen Montag wieder Sprecherlaubnis, wenn ihr aufgepasst, hättet ihr ein Päckchen bestimmt geben können. Guttmann hat auch keine Kinder & weiß nicht, was sie als Grund angibt.

Mir ist ein guter Gedanke gekommen. Da wir leider jeden Tag mit dem Umzug rechnen, müssen wir ja unbedingt über den Flügel & andere größere Möbel sprechen, ob verkauft oder auf Lager gegeben werden soll.—Hoffentlich wird dann das die letzte Sprecherlaubnis sein. Meine Briefe werden doch bei Dir ankommen, da der Schneider Rotholz sonst zuverlässig.

Brief vom 6.4.43 geschrieben aus der Polizeihaft in Berlin

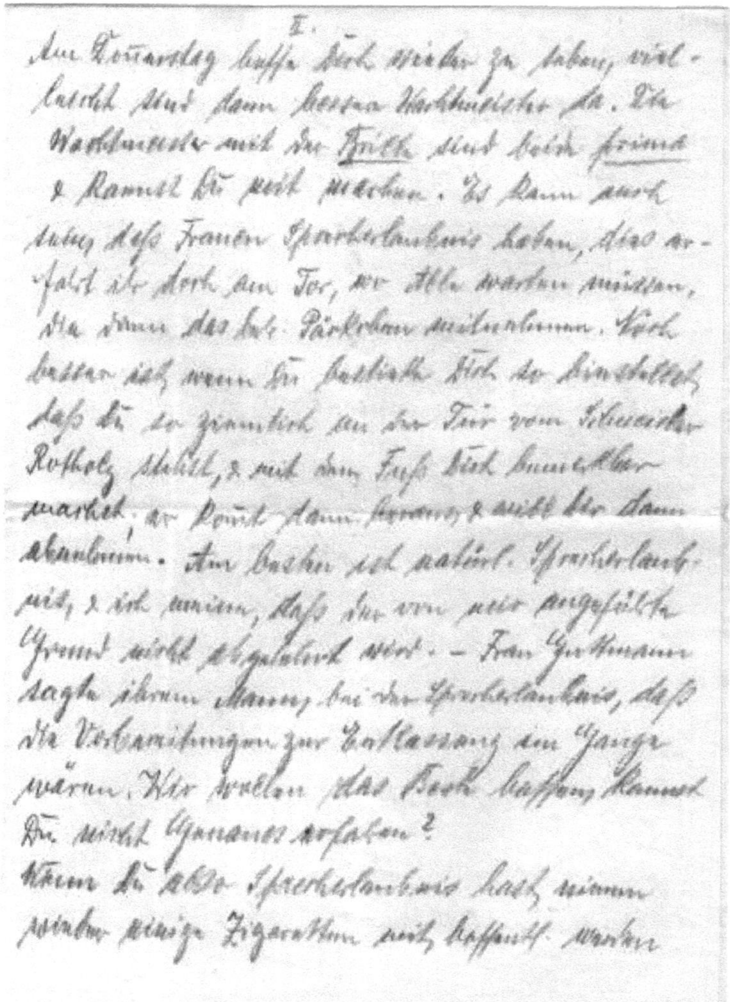

II.

Am Donnerstag hoffe Dich wieder zu sehen, vielleicht sind dann keine Wachtmeister da. Die Wachtmeister mit der Brille sind beide prima & kannst Du mit machen. Es kann auch sein, dass Frauen Sprecherlaubnis haben, dies erfährt ihr doch am Tor, wo Alle warten müssen, die dann das Päckchen mitnehmen. Noch besser ist, wenn Du [illegible] Dich so hinstellst, dass Du so ziemlich an der Tür vom Schreiber Rotholz stehst, & mit dem Fuss Dich bemerkbar machst, er kommt dann heraus, & nimmt Dir dann [illegible]. Am besten ist natürl. Sprecherlaubnis, & ich meine, dass der von mir angeführte Grund nicht abgelehnt wird. – Frau Guttmann sagte ihrem Mann, bei der Sprecherlaubnis, dass die Vorbereitungen zur Entlassung im Gange wären. Wir wollen das Beste hoffen, kannst Du nicht Genaues erfahren?

Wenn Du also Sprecherlaubnis hast, können wieder einige Zigaretten mit besorgt werden

Seite 2

II.

Am Donnerstag hoffe Dich wieder zu sehen, vielleicht sind dann bessere Wachtmeister da. Die Wachtmeister mit der Brille sind beide prima & kannst Du mit rechnen. Es kann auch sein, daß Frauen Sprecherlaubnis haben, das erfahrt ihr doch am Tor, wo Alle warten müssen, die dann das betr. Päckchen mitnehmen. Noch besser ist, wenn Du bestimmt Dich so hinstellst, daß Du so ziemlich an der Tür vom Schneider Rotholz stehst, & mit dem Fuß Dich bemerkbar machst; er kommt dann heraus & wird Dir dann abnehmen. Am besten ist natürl. Sprecherlaubnis & ich meine, daß der von mir angeführte Grund nicht abgelehnt wird. __ Frau Guttmann sagte ihrem Mann, bei der Sprecherlaubnis, daß die Vorbereitungen zur Entlassung im Gange wären. Wir wollen das Beste hoffen, kannst Du nicht Genaues erfahren?

Wenn Du aber Sprecherlaubnis hast, nimm wieder einige Zigaretten mit, hoffentl. werden

Brief vom 6.4.43 geschrieben aus der Polizeihaft in Berlin

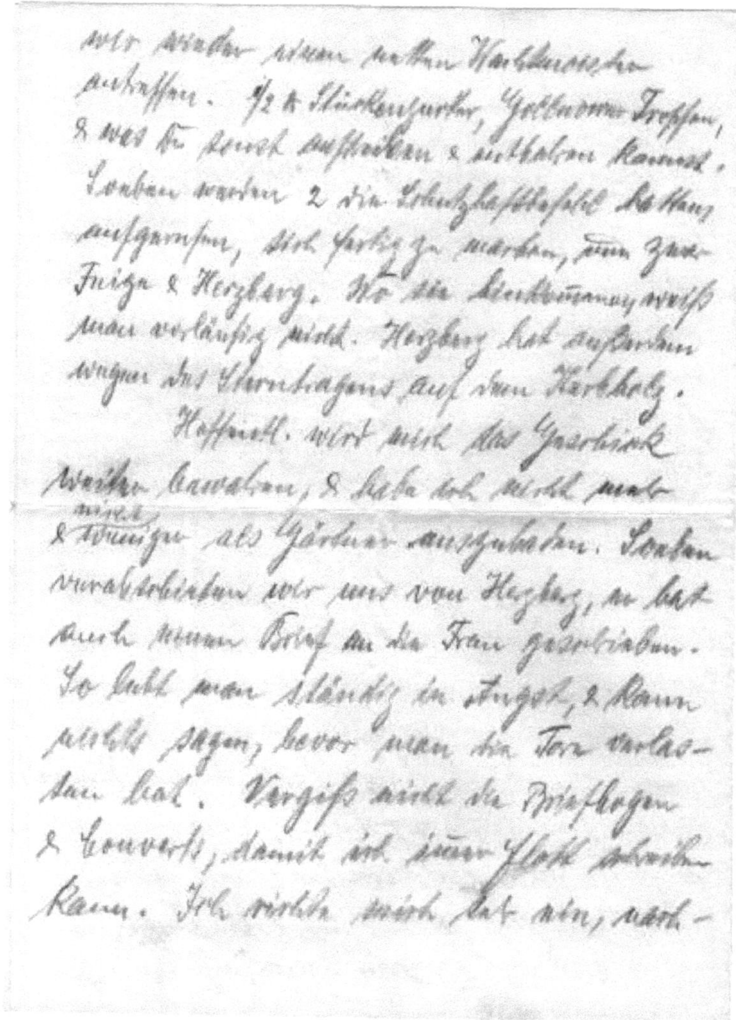

wir wieder einen netten Wachtmeister antreffen. 1/2 kg Stückenzucker, Zitronen-Tropfen, & was Du sonst [illegible] & entbehren kannst. Soeben wurden 2 die Schutzhaftbefehl hatten aufgerufen, sich fertig zu machen, [illegible] Freige & Herzberg. Wo die Bestimmung weiß man vorläufig nicht. Herzberg hat außerdem wegen des Sterntragens auf dem Kerbholz.

Hoffentlich wird mich das Arbeitsamt (?) weiter bewahren, & habe ich nicht mehr & weniger als Gärtner anzugeben. Soeben verabschieden wir uns von Herzberg, er hat auch einen Brief an die Frau geschrieben. So lebt man ständig in Angst, & kann nichts sagen, bevor man die Tore verlassen hat. Vergiß nicht die Briefbogen & Couverts, damit ich immer flott schreiben kann. Ich richte mich hat ein, nach-

Seite 3

wir wieder einen netten Wachtmeister antreffen. ½ Pf. Stückenzucker, Gollnower Tropfen, & was Du sonst auftreiben & entbehren kannst. Soeben wurden 2 die Schutzhaftbefehl hatten, aufgerufen, sich fertig zu machen, und zwar Feige & Herzberg. Wo sie hinkommen, weiß man vorläufig nicht. Herzberg hat außerdem wegen des Sterntragens auf dem Kerbholz.

Hoffentl. wird mich das .... weiter bewahren, & habe ich nicht mehr & [nicht] weniger als Gärtner auszubaden. Soeben verabschieden wir uns von Herzberg, er hat auch einen Brief an die Frau geschrieben. So lebt man ständig in Angst, & kann nichts sagen, bevor man die Tore verlassen hat. Vergiß nicht die Briefbogen & Couverts, damit ich immer flott schreiben ann. Ich richte mich (...) ein, nach-

Brief vom 6.4.43 geschrieben aus der Polizeihaft in Berlin

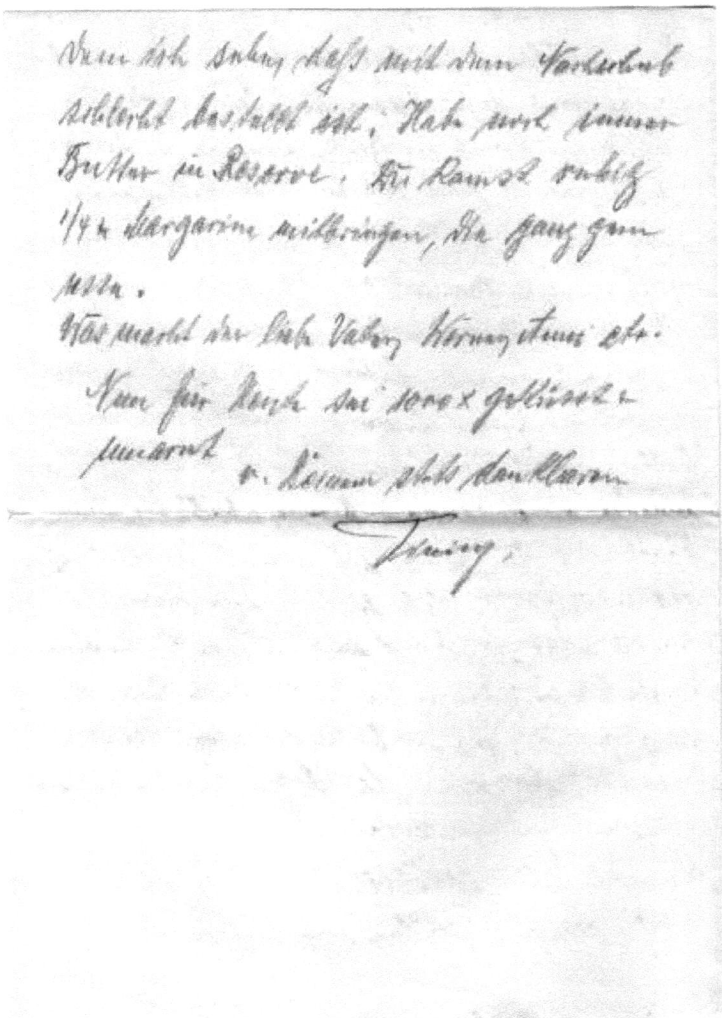

Seite 4

dem ich sehe, daß mit dem Nachschub schlecht bestellt ist. Habe noch immer Butter in Reserve. Du kannst ruhig ¼ Pf. Margarine mitbringen, die ganz gern esse.

Was macht der liebe Vater, Werner, Anni etc.

Nun für heute sei 1000 x geküsst & umarmt

v. Deinem stets dankbaren

Tining

Brief vom 8.4.1943 geschrieben aus der Polizeihaft in Berlin

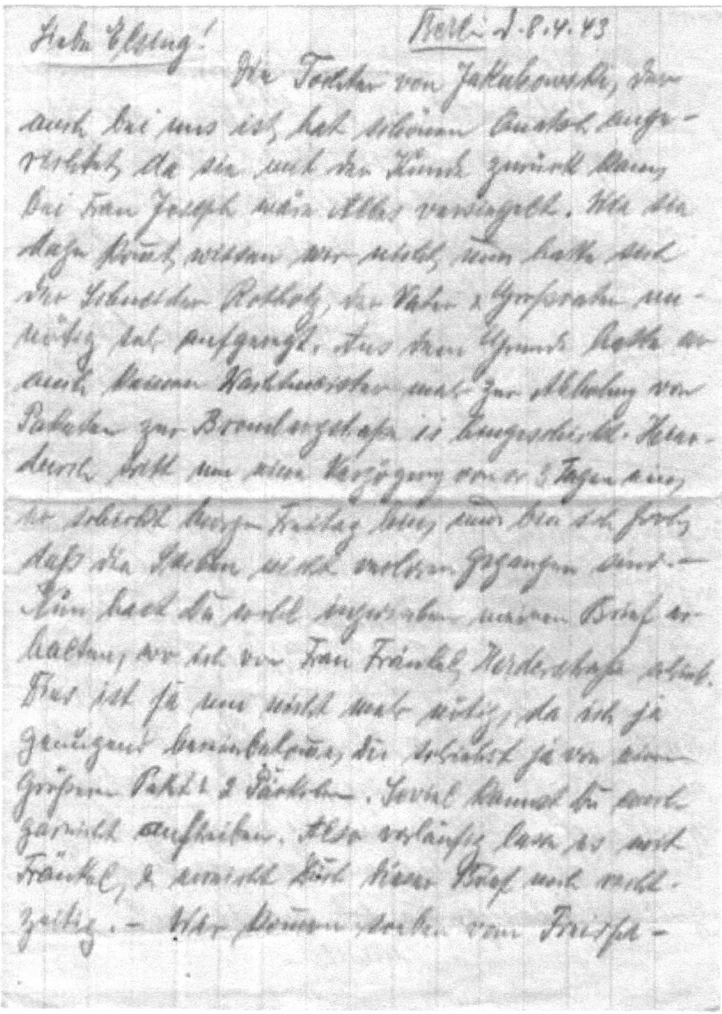

Seite 1

Liebe Elsing, Berlin, d. 8.4.1943

Die Tochter von Jakubowski, der auch bei uns ist, hat schönen Quatsch angerichtet, da sie mit der Kunde zurück kam, bei Frau Joseph wäre alles versiegelt. Wie sie dazu kommt, wissen wir nicht, nur hatte sich der Schneider Rotholz, der Vater & Großvater unnötig dar. aufgeregt. Aus dem Grund hatte er auch keinen Wachtmeister mehr zur Abholung von Paketen zur Brombergstraße 11 hingeschickt. Hierdurch tritt nun eine Verzögerung von ca. 3 Tagen ein, er schickt Morgen Freitag hin und ich bin froh, daß die Sachen nicht verloren gegangen sind. - Nun hast Du wohl inzwischen meinen Brief erhalten, wo ich von Frau Fränkel, Herderstraße schrieb. Das ist ja nun nicht mehr nötig, da ich ja genügend (…. ?) bekomme, Du schriebst ja von einem Paket & 2 Päckchen. Soviel kannst Du auch garnicht auftreiben. Also vorläufig lass so mit Fränkel & erreicht Dich dieser Brief noch rechtzeitig. - Wir kommen soeben vom Freispa-

Brief vom 8.4.1943 geschrieben aus der Polizeihaft in Berlin

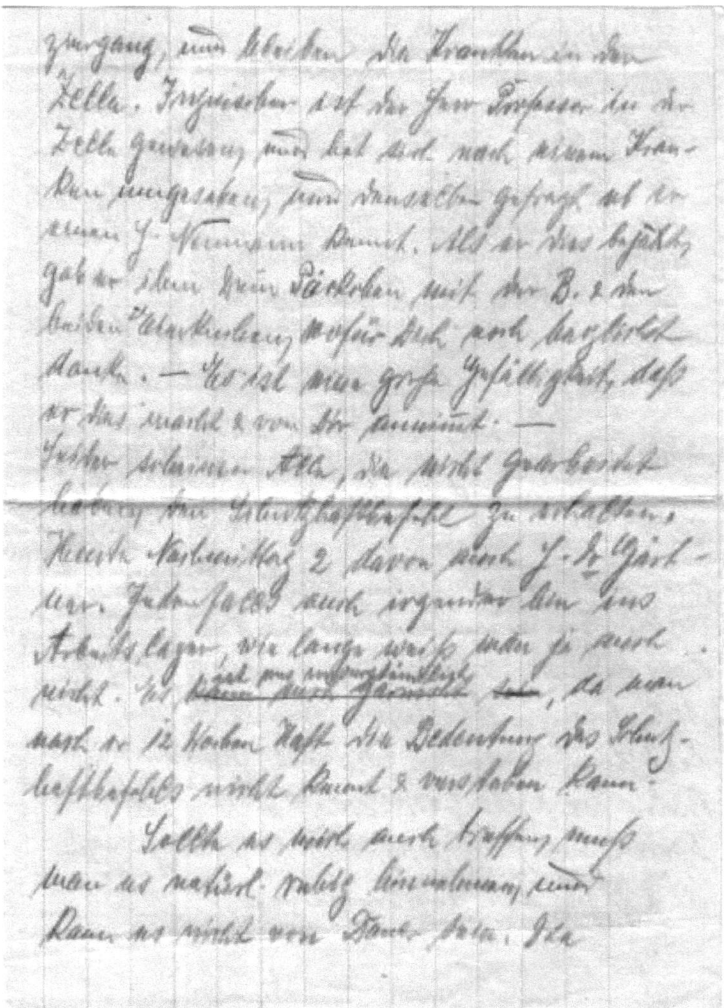

Seite 2

ziergang, und bleiben die Kranken in den Zellen. Inzwischen ist der Herr Professor in der Zelle gewesen, und hat sich nach einem Kranken umgesehen, und denselben gefragt ob er einen I.Neumann kennt. Als er das bejahte, gab er ihm Dein Päckchen mit der B. & den beiden Eierkuchen, wofür ich noch herzlichst danke. - Es ist eine große Gefälligkeit, daß er das macht & von Dir annimmt. –
Leider scheinen Alle, die nicht gearbeitet haben, den Schutzhaftbefehl zu erhalten. Heute Nachmittag 2 davon auch H.Dr. Gärtner. Jedenfalls auch irgendwo hin ins Arbeitslager, wie lange weiß man ja auch

ist uns unverständlich

nicht. Es ~~kann doch garnicht sein~~ , da man nach so 12 Wochen Haft die Bedeutung des Schutzhaftbefehls nicht kennt & verstehen kann.

Sollte es uns auch treffen, muß man es natürlich ruhig hinnehmen, und kann es nicht von Dauer sein. (…?)

Brief vom 8.4.1943 geschrieben aus der Polizeihaft in Berlin

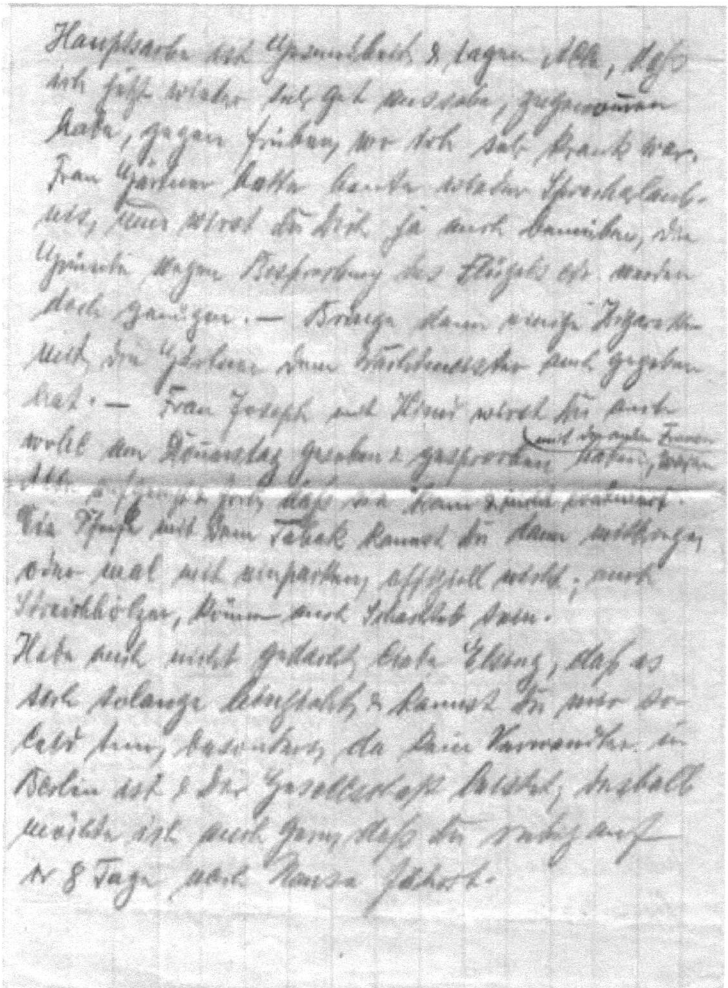

Hauptsache ist Gesundheit u. sagen Alle, daß ich jetzt wieder sehr gut aussehe, zugenommen habe, gegen früher, wo ich sehr krank war. Frau Gärtner hatte heute wieder Sprecherlaubnis, nun wirst du dich ja auch darüber, die Gründe wegen Besprechung des Flügels etc. werden doch genügen. — Bringe dann einige Zigaretten mit, die Gärtner dem Wachtmeister auch gegeben hat. — Frau Joseph und Klara wirst du auch wohl am Donnerstag gesehen u. gesprochen haben, mit den anderen Frauen [illegible] daß sie [illegible]. Die Pfeife mit dem Tabak kannst du dann mitbringen, oder mal mit einpacken, [illegible]; auch Streichhölzer, [illegible] auch Schachtel dazu.
Habe mich nicht gedacht, liebe [illegible], daß es sich solange hinzieht u. kannst du mir [illegible] leid tun, besonders, da deine Verwandten in Berlin sind u. die Gesellschaft besteht, deshalb möchte ich auch gern, daß du [illegible] auf 8 Tage nach Hause fährst.

Seite 3

Hauptsache ist Gesundheit & sagen Alle, daß
ich jetzt wieder sehr gut aussehe, zugenommen
habe, gegen früher, wo ich sehr krank war.
Frau Gärtner hatte heute wieder Sprecherlaub-
nis, und wirst Du Dich ja auch bemühen, die
Gründe wegen Besprechung des Flügels etc. werden
doch genügen. – Bringe dann einige Zigaretten
mit, die Gärtner dem Wachtmeister auch gegeben
hat. – Frau Joseph und Kind wirst Du auch
wohl am Donnerstag gesehen & gesprochen haben (mit
den anderen Frauen), waren
Alle aufgeregt & froh, daß sie kam & und unerwartet.
Die Pfeife mit dem Tabak kannst Du dann mitbringen,
oder mal mit einpacken, offiziell nicht; auch
Streichhölzer, können auch Schachteln sein.
Habe auch nicht gedacht, liebe Elsing, daß es
sich solange hinzieht & kannst Du mir so
leid tun, besonders da kein Verwandter in
Berlin ist & Dir Gesellschaft leistet, deshalb
möchte ich auch gerne, daß Du ruhig auf
so 8 Tage nach Hause fährst

Brief vom 8.4.1943 geschrieben aus der Polizeihaft in Berlin

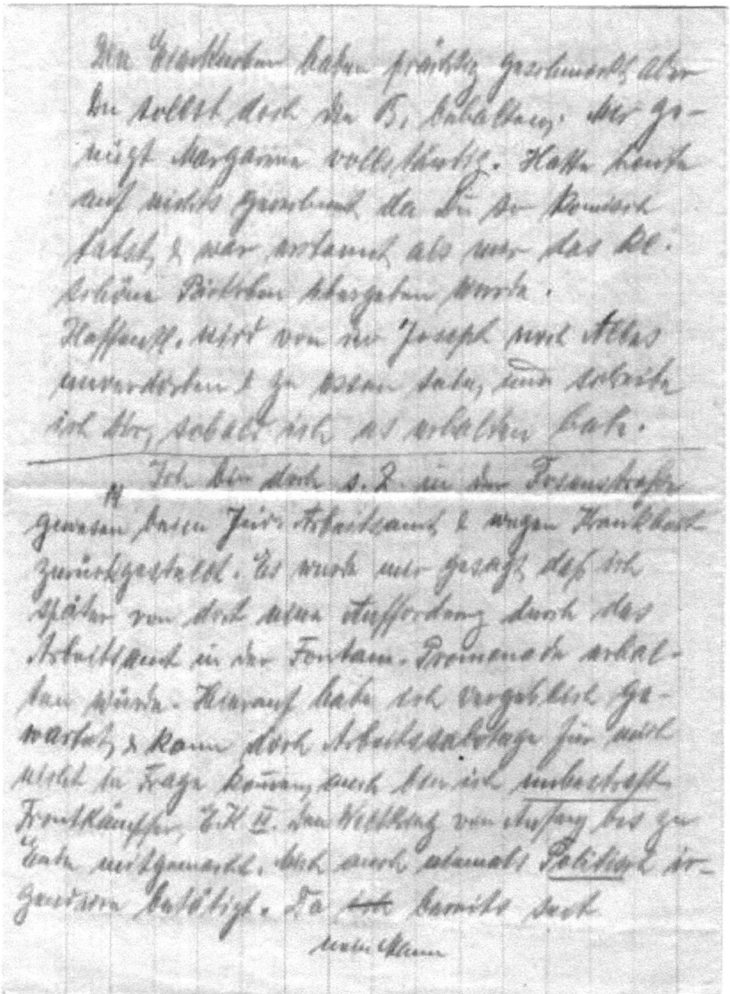

Seite 4

Deine Eierkuchen haben prächtig geschmeckt, aber Du solltest doch die B. Behalten. Mir genügt Margarine vollständig. Hatte heute auf nichts gerechnet, da Du so komisch tatst & war erstaunt, als mir das kl. schöne Päckchen übergeben wurde. Hoffentl. wird von der Joseph noch Alles unverdorben & zu essen sein, und schreibe ich Dir, sobald ich es erhalten habe.

Ich bin doch s.Z. in der Rosenstraße gewesen beim Jüd. Arbeitsamt & wegen Krankheit zurückgestellt. Es wurde mir gesagt, daß ich später von dort eine Aufforderung durch das Arbeitsamt in der Fontane-Promenade erhalten würde. Hierauf habe ich vergeblich gewartet & kann doch Arbeitssabotage für mich nicht in Frage kommen, auch bin ich unbestrafter Frontkämpfer, EK II. , den Weltkrieg von Anfang bis zu Ende mitgemacht. Mich auch niemals Politisch irgendwie betätigt. Da ~~ich~~ bereits seit mein Mann

Brief vom 16.4.43 aus dem Polizeigewahrsam in Berlin

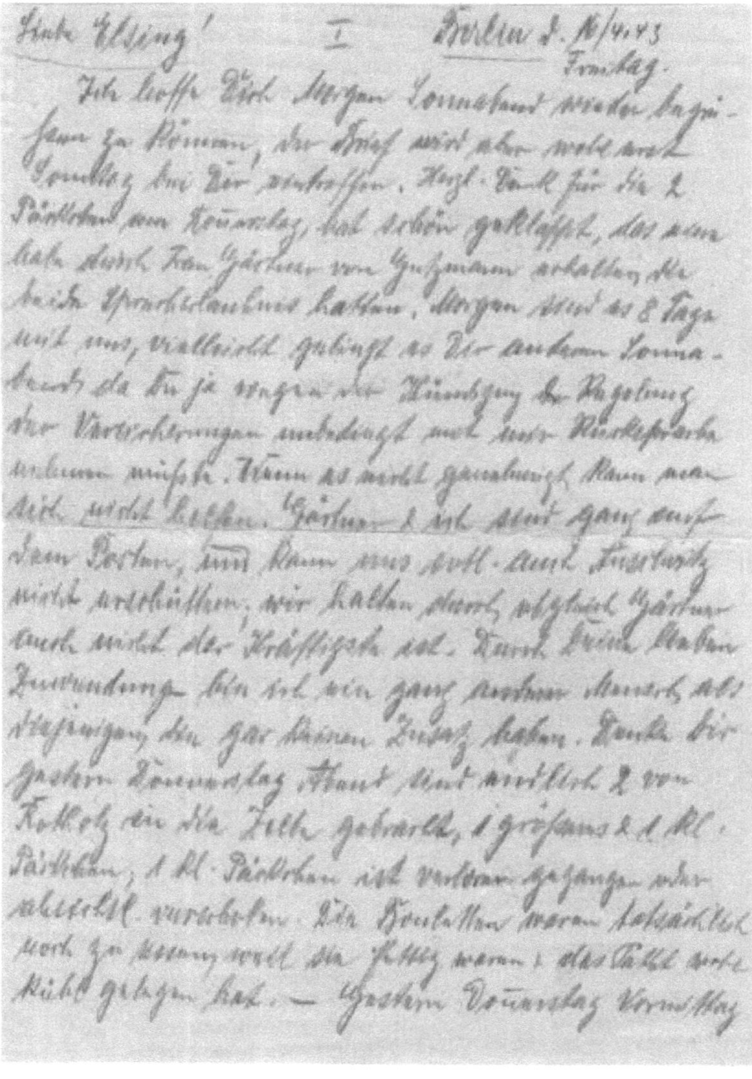

Liebe Elsing! I Berlin d. 16/4.43 Freitag.

Ich hoffe Dich morgen Sonnabend wieder begrüßen zu können, der Brief wird aber wohl erst Sonntag bei Dir eintreffen. Herzl. Dank für die 2 Päckchen am Donnerstag, hat schön geklappt, das eine habe durch Frau Gärtner von Gutzmann erhalten, die beide Sprecherlaubnis hatten. Morgen sind es 8 Tage mit uns, vielleicht gelingt es Dir andern Sonnabend, da Du ja wegen der Kündigung u. Regelung der Versicherungen unbedingt mit mir Rücksprache nehmen müßte. Wenn es nicht gelingt, kann man dich nicht helfen. Gärtner u. ich sind ganz auf dem Posten, und kann uns voll- auch Einsatz nicht erschüttern, wir halten durch, obgleich Gärtner auch nicht der Kräftigste ist. Durch Deine lieben Zuwendung bin ich ein ganz anderer Mensch, als diejenigen, die gar keinen Zusatz haben. Danke Dir gestern Donnerstag Abend sind wirklich 2 von Kottholz in die Zelle gebracht, 1 großes u. 1 kl. Päckchen, 1 kl. Päckchen ist verloren gegangen oder schlecht verschoben. Die Bouletten waren tatsächlich noch zu warm, weil die fettig waren u. das Fett auch kühl gelegen hat. — Gestern Donnerstag Vormittag

Seite 1

<u>Liebe Elsing!</u> I. <u>Berlin,d.</u> 16/4.43
Freitag

Ich hoffe Dich Morgen Sonnabend wieder begrüßen zu können, der Brief wird aber wohl erst Sonntag bei Dir eintreffen. Hrzl. Dank für die 2 Päckchen am Donnerstag, hat schön geklappt, das eine Habe durch Frau Gärtner von Gutzmann erhalten, die beide Sprecherlaubnis hatten. Morgen sind es 8 Tage mit uns, vielleicht gelingt es Dir an dem Sonnabend da Du ja wegen der Kündigung der Regelung der Versicherungen unbedingt mit mir Rücksprache nehmen musst. Wenn es nicht genehmigt, kann man sich nicht helfen. Gärtner & ich sind ganz auf dem Posten, und kann uns evtl. auch Auschwitz nicht erschüttern; wir halten durch, obgleich Gärtner auch nicht der Kräftigste ist. Durch Deine lieben Zuwendungen bin ich ein ganz anderer Mensch, als diejenigen, die gar keinen Zusatz haben. Dank Dir gestern Donnerstag Abend sind endlich 2 von Rotholz in die Zelle gebracht; 1 größeres & 1 kl. Päckchen; 1 kl. Päckchen ist verloren gegangen oder absichtl. verschoben. Die Bouletten waren tatsächlich noch zu essen, weil sie *fettig* waren & das Paket wohl kühl gelegen hat.__ Gestern Donnerstag Vormittag

Brief vom 16.4.43 aus dem Polizeigewahrsam in Berlin

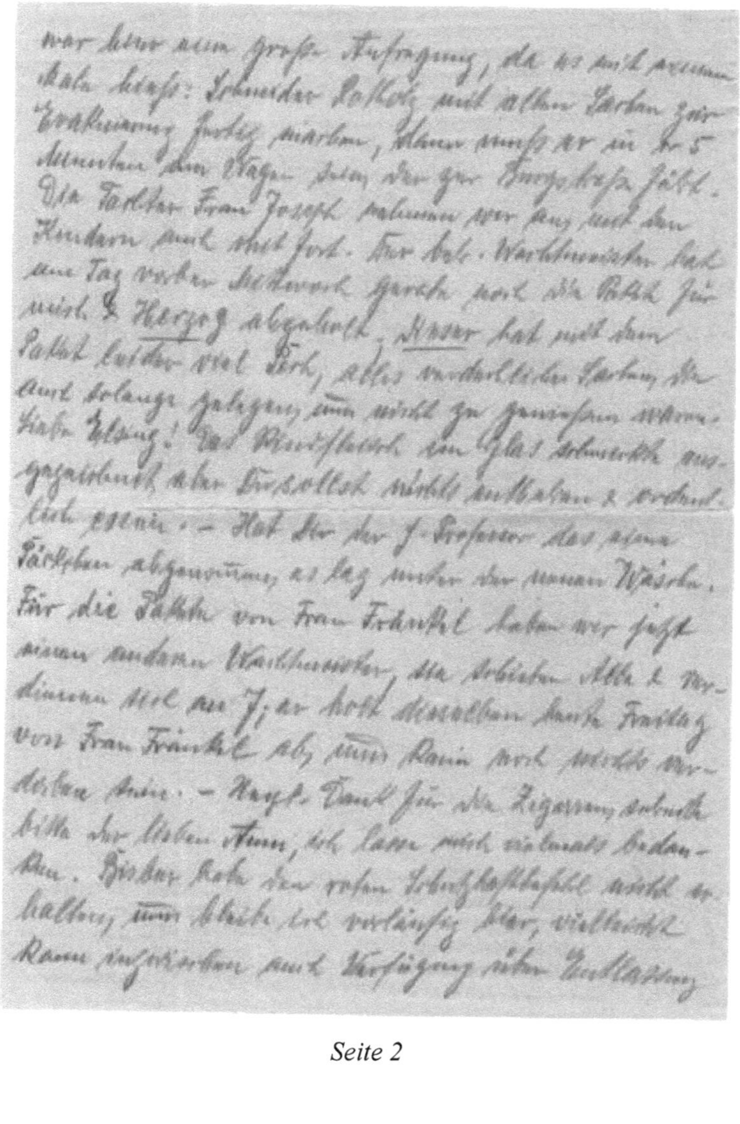

Seite 2

war hier eine große Aufregung, da es mit einem Male hieß: Schneider Rotholz mit allen Sachen zur Evakuierung fertig machen, dann muß er in so 5 Minuten am Wagen sein, der zu Burgstraße fährt. Die Tochter Frau Joseph nehmen wir an mit den Kindern auch mit fort. Der betr. Wachtmeister hat am Tag vorher Mittwoch gerade noch die Pakete für mich & Herzog abgeholt. Dieser hat mit dem Paket leider viel Pech; alles verderbliche Sachen. Die auch solange gelegen, und nicht zu genießen waren. Liebe Elsing! Das Rindfleisch im Glas schmeckte ausgezeichnet, aber Du sollst nichts entbehren & ordentlich essen.__ Hat Dir der .. Professor das eine Päckchen abgenommen, es lag unter der neuen Wäsche. Für die Pakete von Frau Fränkel haben wir jetzt einen anderen Wachtmeister; sie *Arbeiten* Alle & verdienen *viel (oder sich)* an J; er holt dieselben heute Freitag von Frau Fränkel ab, und kann noch nichts verdorben sein.__ Hrzl. Dank für die Zigarren, schreibe bitte der lieben Anni, ich lasse mich vielmals bedanken. Bisher habe ich den roten Schutzhaftbefehl nicht erhalten und bleibe ich vorläufig hier, vielleicht kann inzwischen auch Verfügung über Entlassung

Brief vom 16.4.43 aus dem Polizeigewahrsam in Berlin

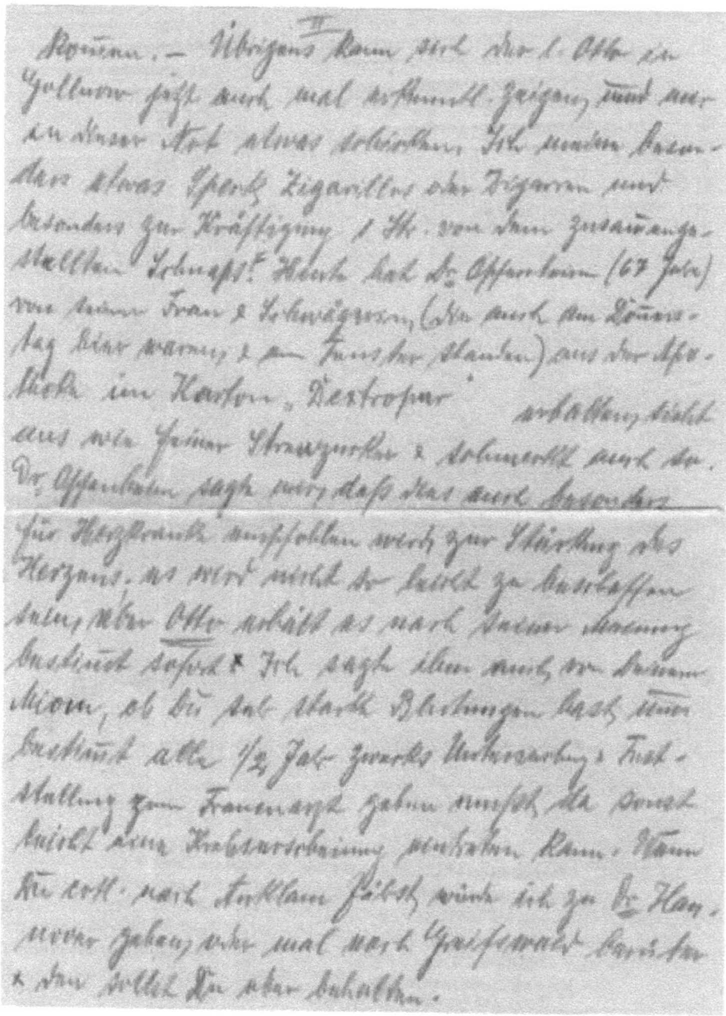

II

Rouman. – Übrigens kann sich der l. Otto in
Gollnow jetzt auch mal erkenntl. zeigen, und uns
in dieser Not etwas schicken. Ich meine beson-
ders etwas Speck, Zigaretten oder Zigarren und
besonders zur Kräftigung 1 Fl. von dem zusammenge-
stellten Schnaps! Heute hat Dr. Oppenheim (67 Jahr)
von seiner Frau u. Schwägerin, (die auch am Donners-
tag hier waren, u. am Fenster standen) aus der Apo-
theke im Karton „Dextropur" erhalten, sieht
aus wie feiner Streuzucker u. schmeckt auch so.
Dr. Oppenheim sagte mir, daß das auch besonders
für Herzkranke empfohlen wird zur Stärkung des
Herzens. es wird nicht so leicht zu beschaffen
sein, aber Otto erhält es nach seiner Meinung
bestimmt sofort. Ich sagte ihm auch, von deinem
Myom, ob du bei starken Blutungen nach dem
Bestand alle 1/2 Jahr zwecks Untersuchung u. Fest-
stellung zum Frauenarzt gehen müßtest, da sonst
leicht eine Krebserscheinung eintreten kann. Wenn
du erst mal nach Anklam fährst, würde ich zu Dr. Han-
nover gehen, oder mal nach Greifswald reisen
u. das solltest du aber behalten.

Seite 3

II

kommen.__ Übrigens kann sich der l. Otto in Gollnow jetzt auch mal erkenntl. Zeigen, und mir in dieser Not etwas schicken. Ich meine besonders etwas Speck, Zigarillos oder Zigarren und besonders zu Kräftigung 1 Ltr. von dem zusammengestellten Schnaps! Heute hat Dr. Oppenheim (67 Jahre) von seiner Frau & Schwägerin (die auch Donnerstag hier waren & am Fenster standen) aus der Apotheke im Karton „Dextropur" erhalten, sieht aus wie feiner Streuzucker & schmeckt auch so. Dr. Oppenheim sagte mir, daß dies auch besonders für Herzkranke empfohlen wird, zur Stärkung des Herzens. Es wird nicht so leicht zu beschaffen sein, aber Otto erhält es nach meiner Meinung bestimmt sofort. **x** Ich sagte ihm auch von Deinem Miom, ob Du sehr starke Blutungen hast und bestimmt alle ½ Jahr zwecks Untersuchung & Feststellung zum Frauenarzt gehen musst, da sonst leicht eine Krebserscheinung eintreten kann. Wenn Du evtl. nach Anklam fährst, würde ich zu Dr. Hannover gehen, oder mal nach Greifswald herüber

x die sollst Du aber behalten

Brief vom 16.4.43 aus dem Polizeigewahrsam in Berlin

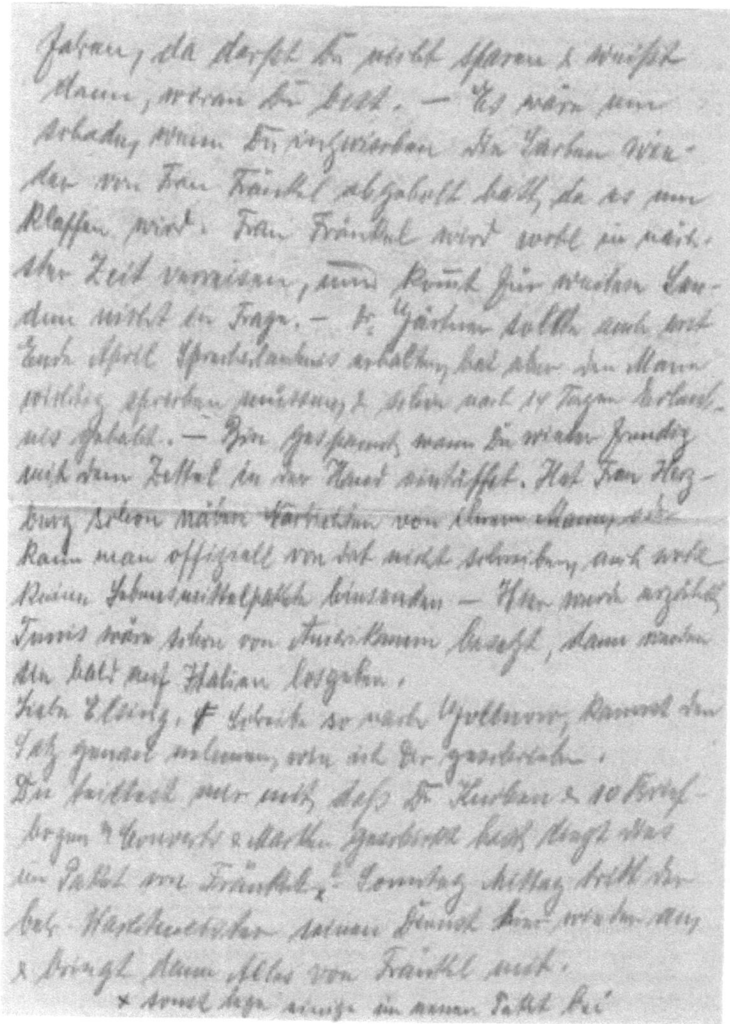

Seite 4

fahren, da darfst Du nicht sparen & weißt
dann, woran Du bist. – Es wäre nur
schade, wenn Du inzwischen die Sachen wieder von Frau Fränkel abgeholt hast, da es nun
klappen wird. Frau Fränkel wird wohl in nächster Zeit verreisen, und kommt für weiteres darum nicht in Frage.-- Fr. Gärtner sollte auch erst
Ende April Sprecherlaubnis erhalten, hat aber den Mann
wichtig sprechen müssen, & schon nach 14 Tagen Erlaubnis gehabt. – Bin gespannt, wann Du wieder freudig
mit dem Zettel in der Hand eintriffst. Hat Frau Herzberg schon nähere Nachrichten von ihrem Mann, oder
kann man offiziell von dort nicht schreiben, auch wohl
keine Lebensmittelpakete hinsenden. – Hier wurde erzählt,
Tunis wäre schon von den Amerikanern besetzt, daan werden
sie bald auf Italien losgehen.
Liebe Elsing, schreibe so nach Gollnow, kannst den
Satz genau nehmen, wie ich Dir geschrieben.
Du teiltest mir mit, daß Du Karten& 10 Briefbögen& Couverts & Marken geschickt hast. Liegt das
im Paket von Fränkel? **x** Sonntag Mittag tritt der
betr. Wachtmeister seinen Dienst hier wieder an
& bringt dann Alles von Fränkel mit.

X sonst lege einige im neuen Paket bei.

Brief vom 16.4.43 aus dem Polizeigewahrsam in Berlin

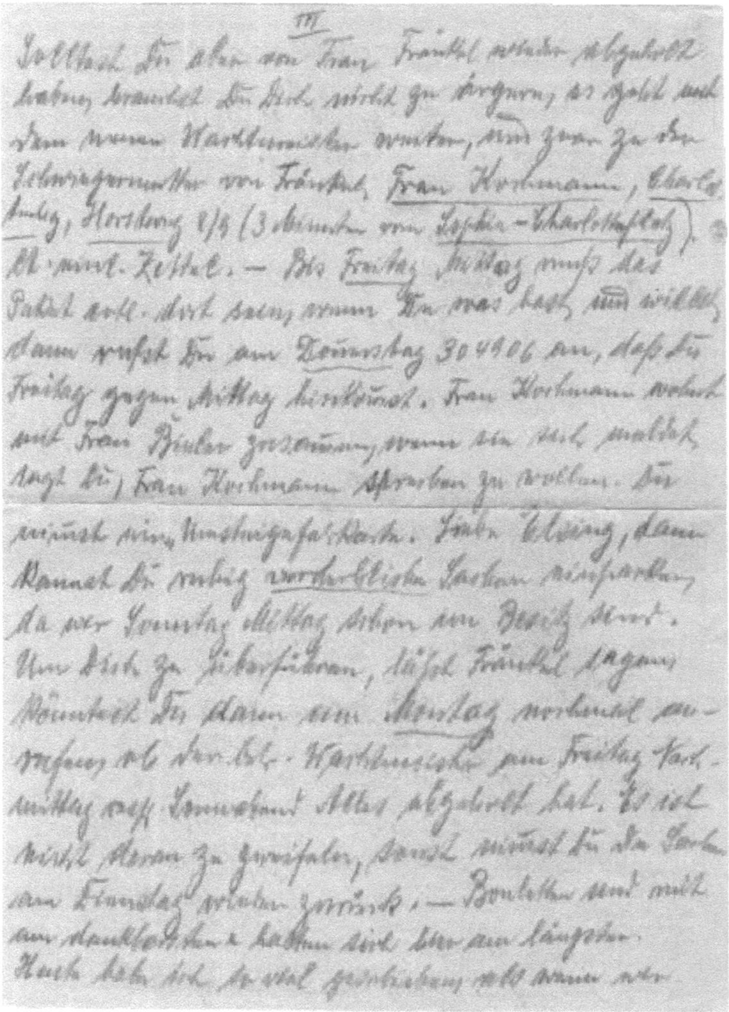

III

Solltest Du aber von Frau Fränkel alles abgeholt
haben, brauchst Du Dich nicht zu ärgern, es geht auch
dann dem neuen Wachtmeister weiter, und zwar zu der
Schwiegermutter von Fränkel, Frau Hochmann, Charlot-
tenburg, Herderstr. 8/9 (3 Minuten vom Sophie-Charlotteplatz).
Ob.-wachtm.-Zettel. — Bis Freitag Mittag muß das
Paket erst. dort sein, wenn Du was hast und willst,
dann rufst Du am Donnerstag 30 41 06 an, daß Du
Freitag gegen Mittag hinkommst. Frau Hochmann wohnt
mit Frau Bieler zusammen, wenn sie sich meldet,
sagst Du, Frau Hochmann sprechen zu wollen. Du
nimmst eine Umsteigefahrkarte. Liebe [illegible], dann
kannst Du ruhig verderbliche Sachen einpacken,
da wir Sonntag Mittag schon im Besitz sind.
Um Dich zu [illegible], läßt Fränkel sagen,
könntest Du dann am Montag nochmal an-
rufen, ob der Ob.-Wachtmeister am Freitag Nach-
mittag oder Sonnabend Alles abgeholt hat. Es ist
nicht daran zu zweifeln, sonst nimmst Du die Sachen
am Dienstag wieder zurück. — Bouletten und mit
[illegible] haben sich hier am längsten.
Noch habe ich so viel geschrieben, als wenn wir

Seite 5

III.
Solltest Du aber von Frau Fränkel wieder abgeholt haben, brauchst Du Dich nicht zu ärgern, es geht mit dem neuen Wachtmeister weiter, und zwar zu der Schwiegermutter von Fränkel, Frau Korkmann, Charlot-Tenburg, Horstweg 8/9 (3 Minuten vom Sophien-Charlottenplatz)
lt.einl. Zettel.__ Bis Freitag Mittag muß das Paket evtl. dort sein, wenn Du was hast und willst, dann rufst Du am Donnerstag 304906 an, daß Du Freitag gegen Mittag hinkommst. Frau Korkmann wohnt Mit Frau Bieler zusammen, wenn die sich meldet, sagst Du, Frau Korkmann sprechen zu wollen. Du nimmst eine Umsteigefahrkarte. Liebe Elsing, dann kannst Du ruhig verderbliche Sachen einpacken, da wir Sonntag Mittag schon im Besitz sind.
Um Dich zu *überführen,* läßt Fränkel sagen, könntest Du dann am Montag noch mal anrufen, ob der betr. Wachtmeister am Freitag Nachmittag resp. Sonnabend Alles abgeholt hat. Es ist nicht daran zu zweifeln, sonst nimmst Du die Sachen am Dienstag wieder zurück. --- Bouletten sind mit am dankbarsten & halten sich hier am längsten.
Heute habe ich soviel geschrieben, als wenn wir

Brief vom 16.4.43 aus dem Polizeigewahrsam in Berlin

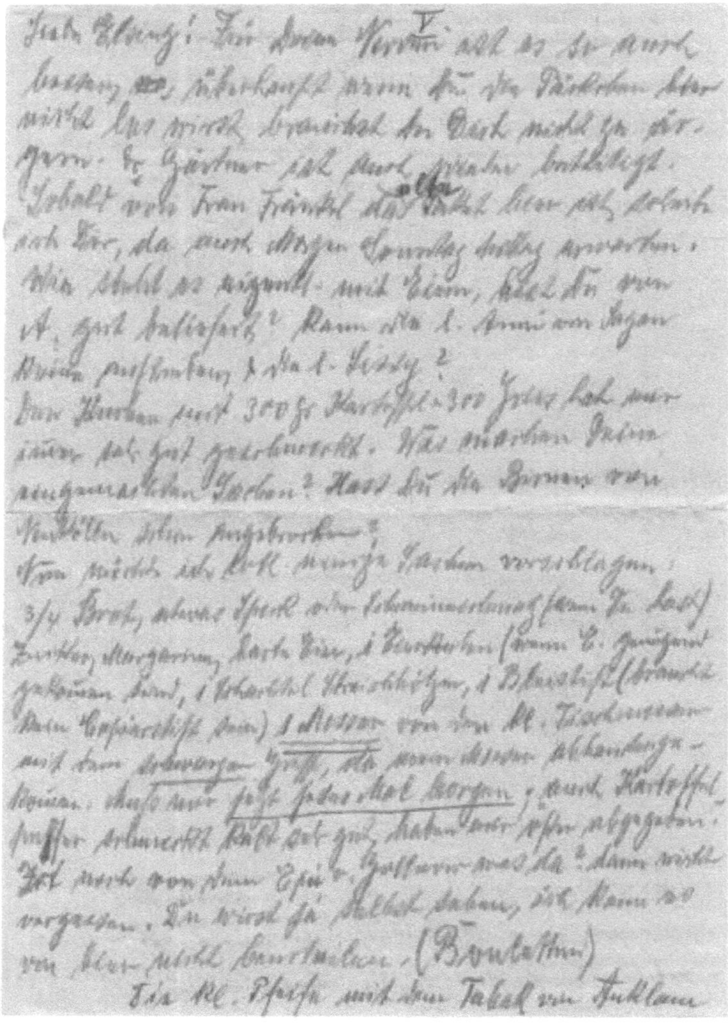

Seite 6

V.

Liebe Elsing! Für Deine Nerven ist es so auch besser, überhaupt wenn Du die Päckchen hier nicht los wirst, brauchst Du Dich nicht zu ärgern. Dr. Gärtner ist auch wieder beteiligt.

Sobald von Frau Fränkel das alte Paket hier ist, schreibe ich Dir, da auch Morgen Sonntag Mittag erwarten.

Wie steht es eigentl. mit Eiern, bist Du von gut beliefert? Kann die l. Anni von *Lagan* K.... auftreiben & die l. Lissy?

Der Kuchen mit 300 gr. Kartoffel & 300 Gries hat mir Immer sehr gut geschmeckt. Was machen Deine eingemachten Sachen ? Hast Du die Birnen von Neukölln schon angebrochen?

Nun möchte ich evtl. einige Sachen vorschlagen:

¾ Brot, etwas Speck oder Schweineschmalz (wenn Du hast)

Zucker, Margarine, harte Eier, 1 Eierkuchen (wenn E.genügend

gekommen sind, 1 Schachtel Streichhölzer, 1 Bleistift (braucht

kein Kopierstift sein) <u>1 Messer</u> von den kleinen Tischmessern

mit dem <u>schwarzen</u> Griff, da mein Messer abhandengekommen. Muß mir <u>jetzt jedes Mal borgen;</u> auch Kartoffelpuffer schmeckt kalt sehr gut, haben wir öfter abgegeben.

Ist noch von dem Epi v. Gollnow was da? Dann nicht vergessen. Du wirst ja selbst sehen, ich kann es von hier nicht beurteilen. (Bouletten)

Die kl. Pfeife mit dem Tabak aus Anklam

Brief vom 2.5.43 geschrieben aus der Polizeihaft in Berlin

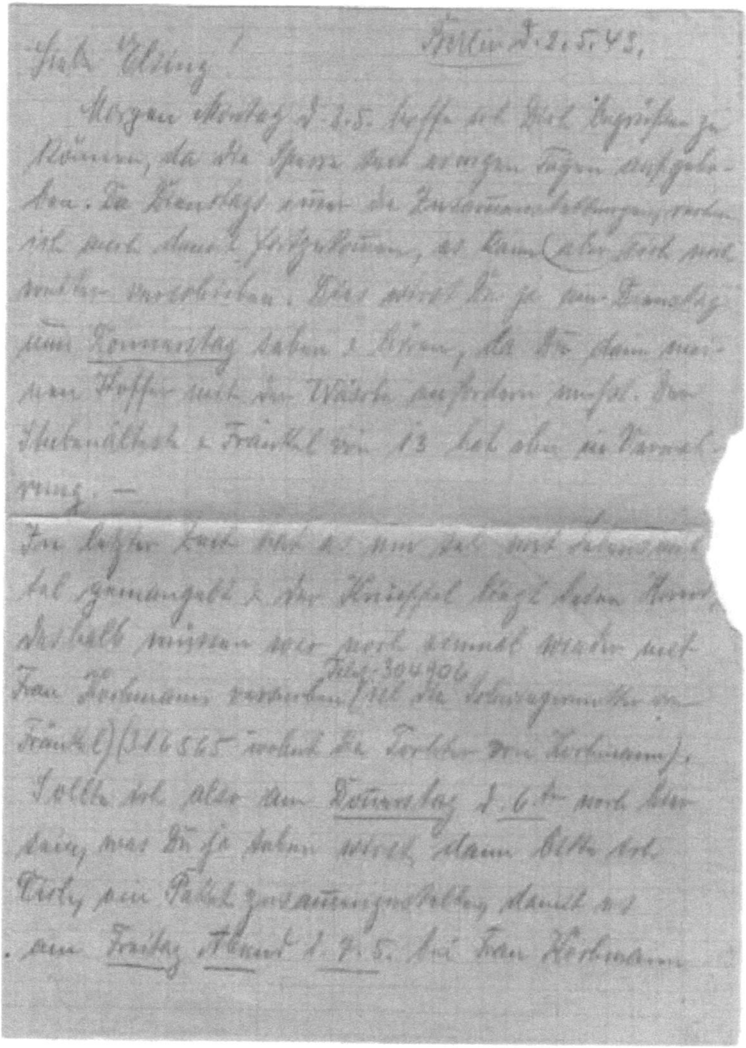

Seite 1

Berlin,d.2.5.43

Liebe Elsing!
Morgen Montag d. 3.5. hoffe ich Dich begrüßen zu können, da die Sperre nach wenigen Tagen aufgehoben. Da Dienstags immer die Zusammenstellungen, rechne ich auch damit fortzukommen, es kann aber sich auch weiter verschieben. Dies wirst Du ja am Dienstag und Donnerstag sehen & hören, da Du dann meinen Koffer mit der Wäsche anfordern musst. Der Stubenälteste & Fränkel von 13 hat ihn in Verwahrung.___

In letzter Zeit hat es mir sehr mit Lebensmittel gemangelt & der Knüppel liegt beim Herrn deshalb müssen wir noch einmal wieder mit

Telnr:304906

Frau Korkmann versuchen (ist die Schwiegermutter von Fränkel)(316565 wohnt die Tochter von Korkmann) Sollte ich also am Donnerstag d. 6ten noch hier sein, was Du ja sehen wirst, dann bitte ich Dich, ein Paket zusammenzustellen, damit es am Freitag Abend d. 7.5. bei Frau Korkmann

Brief vom 2.5.43 geschrieben aus der Polizeihaft in Berlin

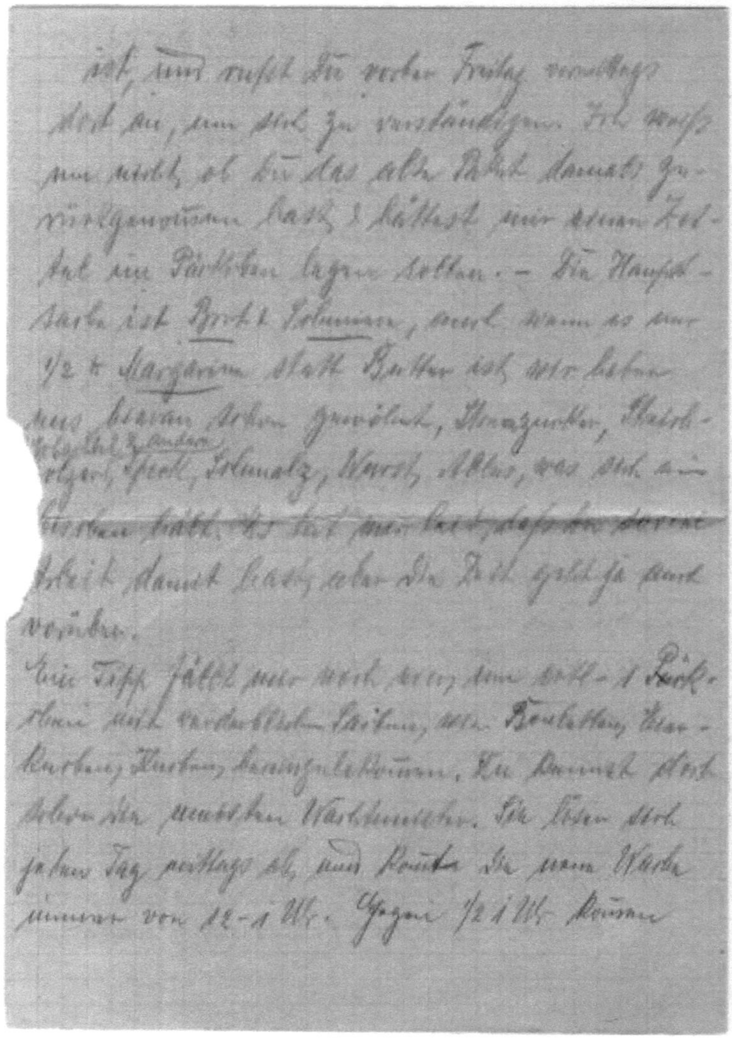

Seite 2

ist, und rufst Du vorher Freitag vormittags dort an, um dich zu verständigen. Ich weiß nun nicht, ob Du das alte Paket damals zurückgenommen hast & hättest mir einen Zettel im Päckchen legen sollen. __ Die Hauptsache ist Brot & Schmiere, auch wenn es nur ½ Pf Margarine statt Butter ist, wir haben uns daran schon gewöhnt, Streuzucker, Streich-
Schachtel & andere
hölzer, Speck, Schmalz, Wurst, Alles was sich ein bischen hält. Es tut mir leid, daß Du soviel Arbeit damit hast, aber die Zeit geht ja auch vorüber.

Ein Tipp fällt mir noch ein, um evtl. 1 Päckchen mit verderblichen Sachen, wie Bouletten, Eierkuchen, Kuchen, hereinzubekommen. Du kennst doch schon die meisten Wachtmeister. Sie lösen sich jeden Tag mittags ab und kommt die neue Wache immer von 12-1 Uhr. Gegen 1/2 1 Uhr kommen

Brief vom 2.5.43 geschrieben aus der Polizeihaft in Berlin

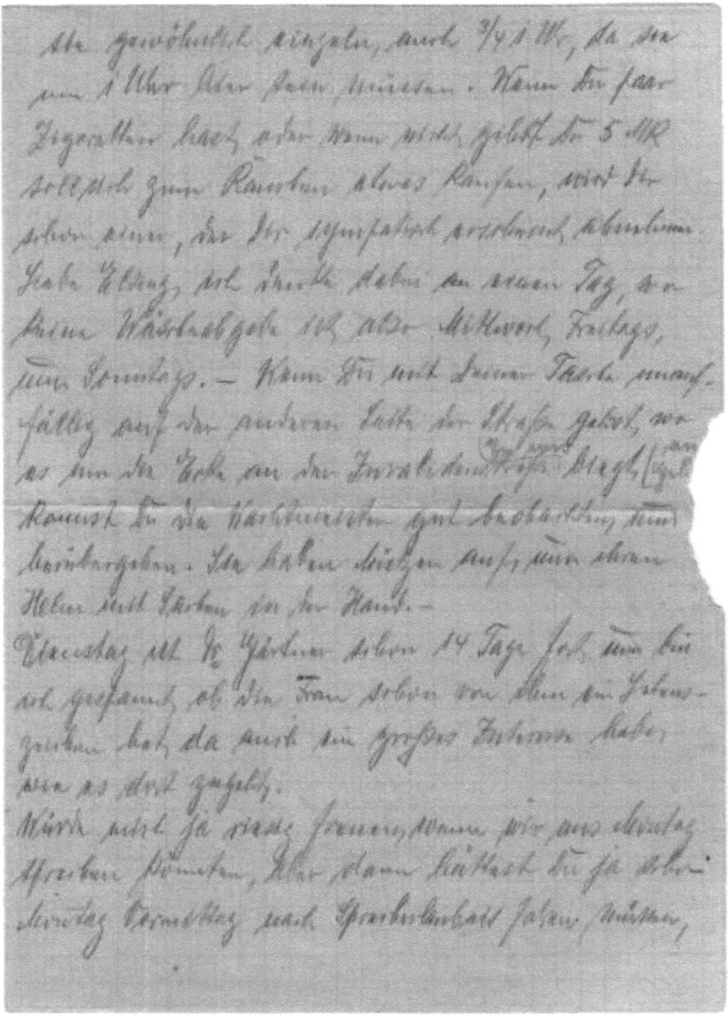

Seite 3

sie gewöhnlich einzeln, auch ¾ 1 Uhr, da sie
um 1 Uhr hier sein müssen. Wenn Du paar
Zigaretten hast oder wenn nicht gibst Du 5 MR
soll sich zum Rauchen etwas kaufen, wird Dir
schon einer, der Dir sympatisch erscheint, abnehmen.
Liebe Elsing, ich denke dabei an einen Tag, wo
keine Wäscheabgabe ist, also Mittwoch, Freitags,
und Sonntags.--- Wenn Du mit Deiner Tasche unauf-
fällig auf der anderen Seite der Straße gehst, wo

zu uns

es um die Ecke an der Invalidenstraße biegt (…)
kannst Du die Wachtmeister gut beobachten, und
herübergehen. Sie haben Mützen auf und ihren
Helm mit Sachen in der Hand.__
Dienstag ist Dr. Gärtner schon 14 Tage fort und bin
ich gespannt, ob die Frau schon von ihm ein Lebens-
zeichen hat, da auch ein großes Interesse habe,
wie es dort zugeht.
Würde mich ja riesig freuen, wenn wir uns Montag
sprechen könnten, aber dann hättest Du ja schon
Montag Vormittag nach Sprecherlaubnis fragen müssen,

Brief vom 2.5.43 geschrieben aus der Polizeihaft in Berlin

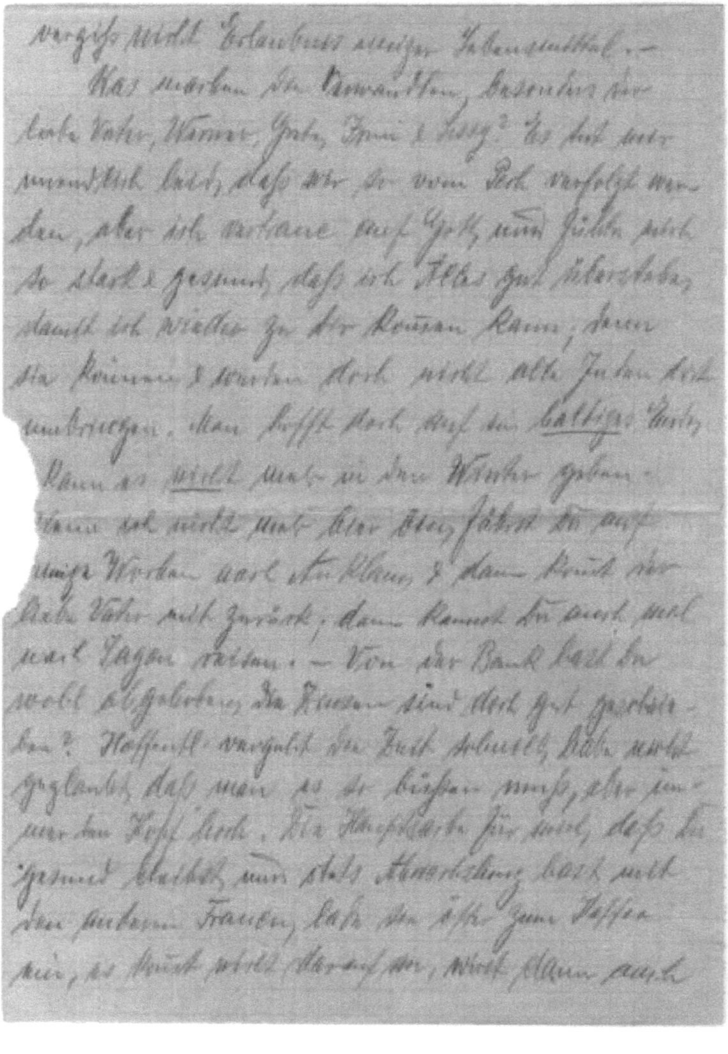

Seite 4

vergiß nicht Erlaubnis wegen Lebensmittel.__

Was machen die Verwandten , besonders der liebe Vater, Werner, Greta. Irmi & Lissy? Es tut mir wirklich leid, daß wir so vom Pech verfolgt werden, aber ich vertraue auf Gott, und fühle mich so stark & gesund, daß ich Alles gut überstehe, damit ich wieder zu Dir kommen kann; denn sie können & werden doch nicht alle Juden dort umbringen. Man hofft doch auf ein <u>baldiges</u> Ende, … kann es <u>nicht</u> mehr in dem Winter gehen. … wenn ich nicht mehr hier bin, fährst Du auf einige Wochen nach Anklam & dann kommt der liebe Vater mit zurück; dann kannst Du auch mal nach Lagan reisen. --Von der Bank hast Du wohl abgehoben, die Zinsen sind doch gut geschrieben? Hoffentl. vergeht die Zeit schnell, habe nicht geglaubt, daß man es so büßen muß, aber immer den Kopf hoch. Die Hauptsache für mich, daß Du gesund bleibst und stets Abwechslung hast mit den anderen Frauen, lade sie öfter zum Kaffee ein, es kommt nicht darauf an, wirst dann auch

Brief vom 5.5.43 geschrieben auf dem Transport in Konzentrationslager Auschwitz

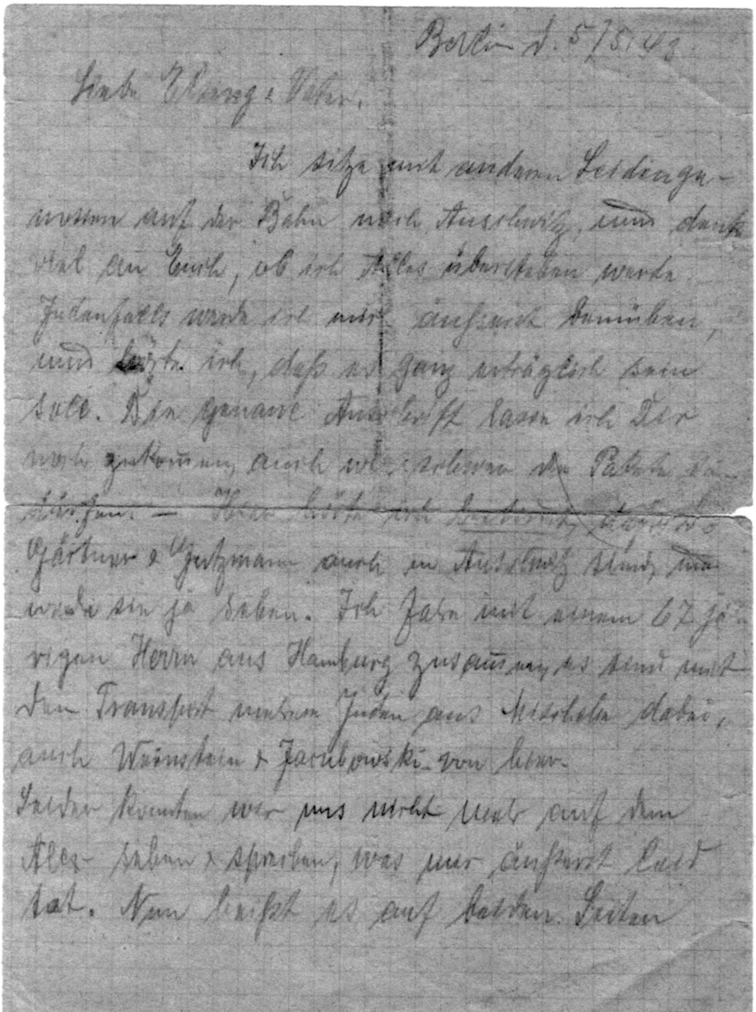

Berlin d. 5/5.43

Liebe Mama u. Vater,

Ich sitze mit anderen Leidensgenossen auf der Bahn nach Auschwitz, und denke mal an Euch, ob ich Alles überstehen werde. Jedenfalls werde ich mir äußerst [illegible], und hoffe ich, daß es ganz erträglich sein soll. Die genaue Auskunft lasse ich Dir noch zukommen, auch [illegible] die Pakete [illegible]. — [illegible] Gärtner & Getzmann auch in Auschwitz sind, werde ich sie ja sehen. Ich fahre mit einem 67 jährigen Herrn aus Hamburg zusammen, es sind mit dem Transport mehrere Juden aus [illegible] dabei, auch Weinstein & Jacubowski von hier.
Leider konnten wir uns nicht mehr auf dem Alex sehen & sprechen, was mir äußerst leid tat. Nun heißt es auf beiden Seiten

Seite 1

Berlin d. 5/5.43

Liebe Elsing u. Vater,

Ich sitze mit anderen Leidengenossen auf der Bahn nach Auschwitz und denke viel an Euch, ob ich Alles überstehen werde. Jedenfalls werde ich mich aufrichtig bemühen, und hörte ich, dass es ganz erträglich sein soll. Die genaue Anschrift lasse ich Dir noch zukommen, auch weiterhin ob Päckchen hin dürfen – Heute hörte ich bestimmt dass die Gärtner & Gutzmann auch in Auschwitz sind, wir werden ja sehen. Ich fahre mit einem 67 jährigen Herrn aus Hamburg zusammen, es sind mit dem Transport mehrere Juden aus (…? ….) dabei, auch Weinstein & Jacubowski von hier. Leider konnten wir uns nicht mehr auf dem Alex sehen & sprechen, was mir äußerst leid tat. Nun heißt es auf beiden Seiten

Brief vom 5.5.43 geschrieben auf dem Transport in Konzentrationslager Auschwitz

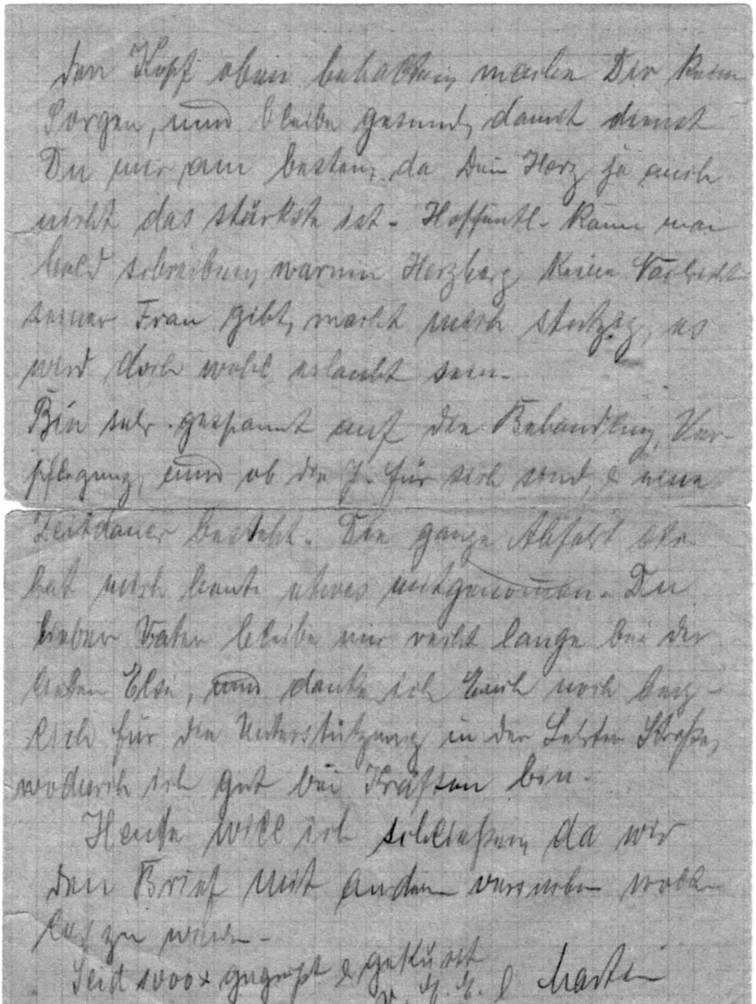

den Kopf oben behalten, machen Dir keine
Sorgen, und bleibe gesund, damit damit
Du [illegible] bestehen, da Dein Herz ja auch
nicht das stärkste ist. Hoffentl. kann man
bald schreiben, warum Herzberg keinen [illegible]
seiner Frau gibt, macht mich stutzig, es
wird doch wohl erlaubt sein.
Bin sehr gespannt auf die Behandlung, Ver-
pflegung, und ob die J. für sich sind, u. wie
Zeitdauer besteht. Die ganze Abfahrt hier
hat mich heute etwas mitgenommen. Der
liebe Vater bleibe nur recht lange bei der
lieben Elsi, und danke ich Euch noch herz-
lich für die Unterstützung in der letzten Strafe,
wodurch ich gut bei Kräften bin.
Heute will ich schließen, da wir
den Brief mit andern versuchen wollen
raus zu werfen.
Seid 1000x gegrüßt u. geküßt v. [illegible] Martin

Seite 2

den Kopf oben behalten, mache Dir keine Sorgen, und bleibe gesund, damit dienst Du mir am besten, da Dein Herz ja auch nicht das stärkste ist. Hoffentlich kann man bald schreiben, warum Herzberg keine Nachricht seiner Frau gibt, macht mich stutzig, es wird doch wohl erlaubt sein.
Bin sehr gespannt auf die Bebauung, Verpflegung, und ob die J. für sich sind & eine Zeitdauer besteht. Die ganze Abfahrt etc. hat mich heute etwas mitgenommen. Du lieber Vater bleibe mir recht lange bei der lieben Else, und danke ich Euch noch herzlich für die Unterstützung in der Lehrter Straße, wodurch ich gut bei Kräften bin.

Heute will ich schließen, da wir den Brief mit anderen versenden wollen.
Zeit zu enden.
Seid 1000x gegrüßt & geküsst

v. E.E.l. Martin

Brief vom 8.5.43 geschrieben aus dem Konzentrationslager Auschwitz

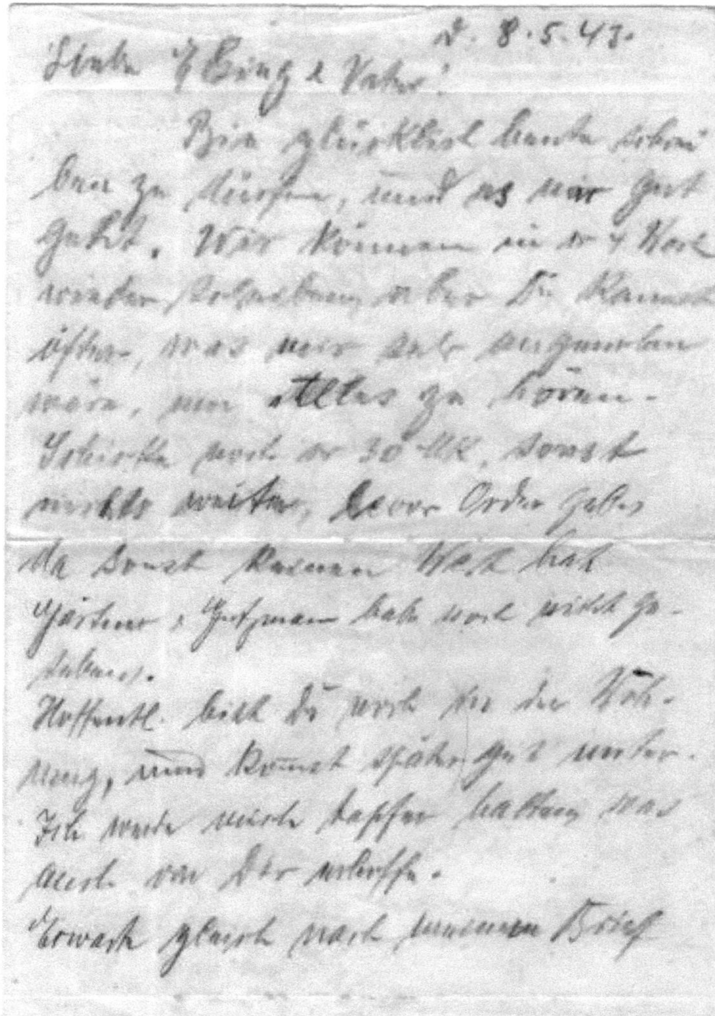

Seite 1

Liebe Elsing & Vater!
Bin glücklich heute schreiben zu dürfen, und es mir gut geht. Wir können in 1x 4 Wochen wieder schreiben, aber Du kannst öfter, was mir sehr angenehm wäre, um Alles zu hören.
Schicke noch so 30 Mk, sonst nichts weiter , bevor Order gebe, da sonst keinen Wert hat.
Gärtner & Gutzmann habe noch nicht gesehen.
Hoffentl. bist Du noch in der Wohnung, und kommst später gut unter.
Ich werde mich tapfer halten, was auch von Dir erhoffe.
Erwarte gleich nach meinem Brief

Brief vom 8.5.43 geschrieben aus dem Konzentrationslager Auschwitz

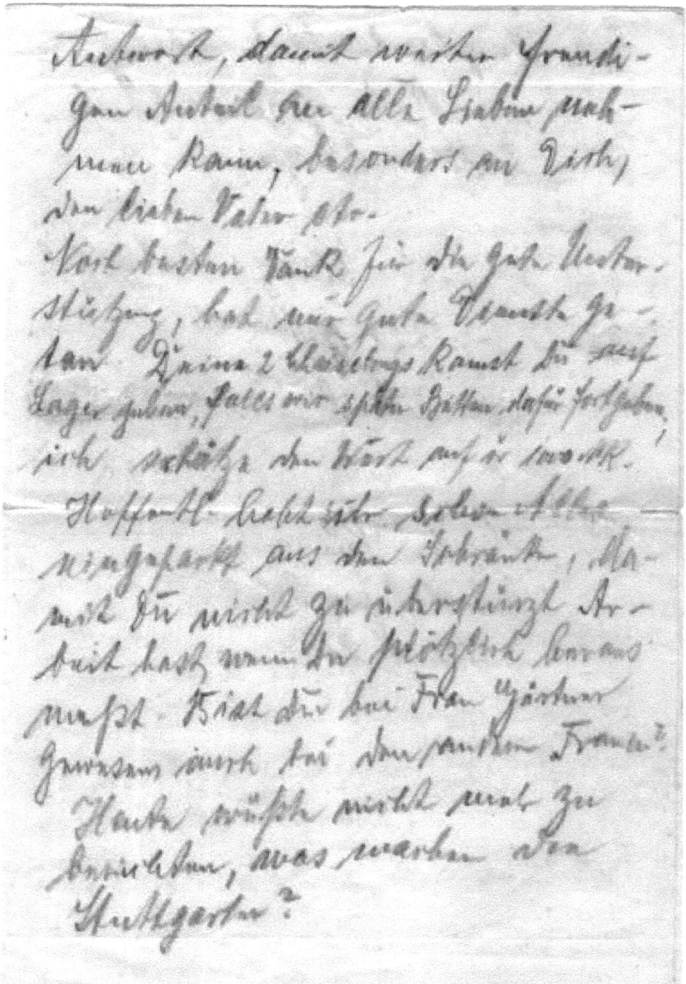

Antwort, damit weitere Freundi-
gen Anteil an Alle Lieben neh-
men kann, besonders an Dich,
den lieben Vater etc.
Noch besten Dank für die gute Unter-
stützung, hat mir gute Dienste ge-
tan. Deine 2 Kleidungs kannst Du auf
Lager geben, falls wir später Betten dafür fortgeben,
ich schätze den Wert auf [illegible].
Hoffentlich bleibt sehr [illegible] Alles
eingepackt aus den Schränken, da-
mit Du nicht zu überstürzt Ar-
beit hast, wenn Du plötzlich heraus
musst. Bist Du bei Frau Gärtner
gewesen, auch bei den andern Frauen?
Heute wüßte nicht mal zu
berichten, was machen die
Stuttgarter?

Seite 2

Antwort, damit weiter freudi-
gen Anteil an allen Lieben neh-
men kann, besonders an Dir,
dem lieben Vater etc.
Noch besten Dank für die gute Unter-
stützung, hat mir gute Dienste ge-
tan. Deine 2 Chaiselongs kannst Du auf
Lager geben, falls wir später Butter dafür fortgeben;
ich schätze den Wert auf so 1000 MK.
Hoffentlich habt ihr schon Alles
eingepackt aus den Schränken, da-
mit Du nicht zu überstürzt Ar-
beit hast, wenn Du plötzlich heraus
mußt. Bist Du bei Frau Gärtner
gewesen auch bei den anderen Frauen?
Heute wüsste nicht mehr zu
berichten, was machen die
Stuttgarter?

Brief vom 8.5.43 geschrieben aus dem Konzentrationslager Auschwitz

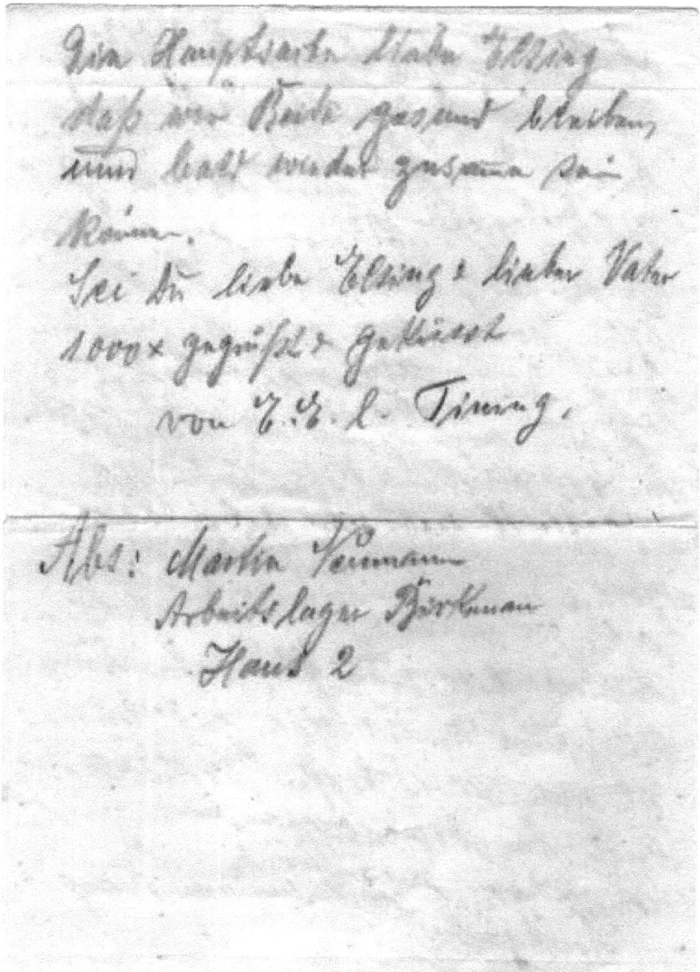

Die Hauptsache liebe Elling
daß wir Beide gesund bleiben
und bald wieder zusammen sein
können.
Sei du liebe Elling & lieber Vater
1000x gegrüßt & geküsst
von D. d. l. [illegible].

Abs: Martin [illegible]
Arbeitslager Birkenau
Haus 2

Seite 3

Die Hauptsache liebe Elsing
daß wir Beide gesund bleiben
und bald wieder zusammen sein
können.
Sei Du liebe Elsing & lieber Vater
1000 x gegrüßt & geküsst
Von E.E.l. Tining

Abs: Martin Neumann
Arbeitslager Birkenau
Haus 2

Brief 1 unbekannten Datums, geschrieben aus der Polizeihaft in Berlin

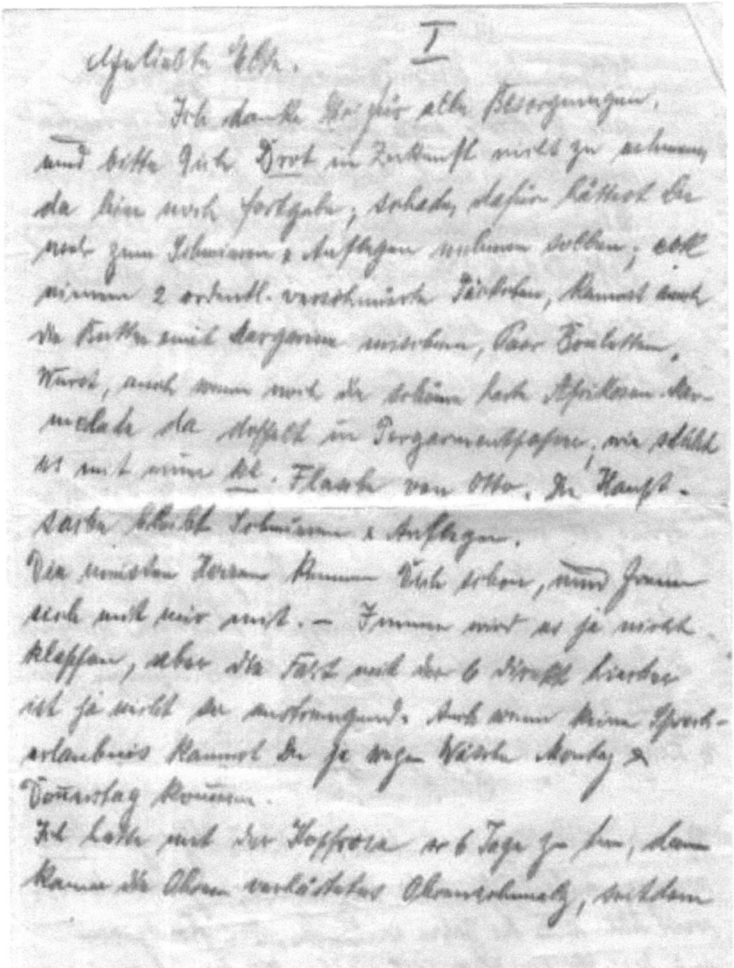

Seite 1

Geliebte Else.   I

Ich danke Dir für alle Besorgungen, und bitte Dich Brot in Zukunft nicht zu nehmen, da hier noch fortgebe; schade, dafür hättest Du mehr zum Schmieren & Auflegen nehmen sollen; evtl. nimm 2 ordentl. verschnürte Päckchen, kannst auch die Butter mit Margarine mischen, Paar Bouletten, Wurst, auch wenn noch die schöne harte Aprikosen-Marmelade da doppelt in Pergamentpapier; wie steht es mit einer kl. Flasche von Otto. Die Hauptsache bleibt Schmiere & Auflegen.
Die meisten Herren kennen Dich schon, und freuen sich mit mir mit.--- Immer wird es ja nicht klappen, aber die Fahrt mit der 6 direkt hierher ist ja nicht so anstrengend. Auch wenn keine Sprecherlaubnis kannst Du ja wegen Wäsche Montag & Donnerstag kommen.
Ich hatte mit dem Kopfrasen so 6 Tage zu tun, dann kamen die Ohren verhärtetes Ohrenschmalz, seitdem

Brief 1 unbekannten Datums, geschrieben aus der Polizeihaft in Berlin

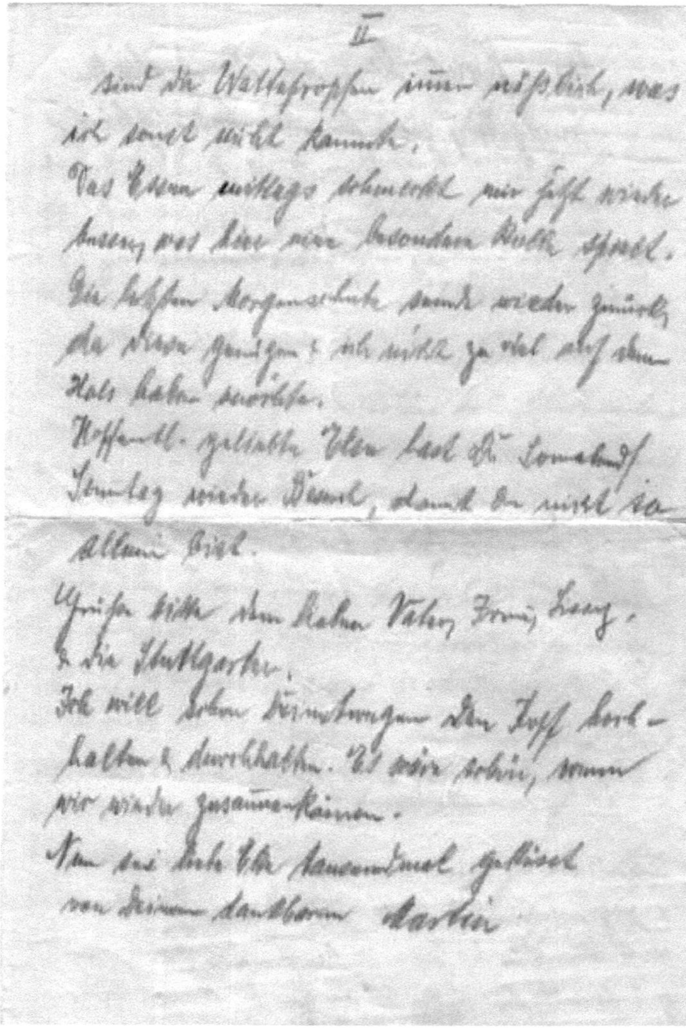
II

sind die Wattepfropfen immer [illegible], was ich sonst nicht kannte.
Das Essen mittags schmeckt mir jetzt wieder besser, was hier eine besondere Rolle spielt.
Die letzten Morgen[illegible] sind wieder gräulich, da diese [illegible] & ich nicht zu viel auf dem Hals haben möchte.
Hoffentl. [illegible] Ulla hat Dir Sonnabend/Sonntag wieder Dienst, damit Du nicht so alleine bist.
Grüße bitte den lieben Vater, Fanni, Lenz. & die Stuttgarter.
Ich will schon Erinnerungen den Kopf hoch-halten & durchhalten. Es wäre schön, wenn wir wieder zusammenkämen.
Nun sei liebe Ulla tausendmal geküsst von Deinem dankbaren Martin

Seite 2

II

sind Wattepropfen immer nützlich, was
ich sonst nicht kannte.
Das Essen mittags schmeckt mir jetzt wieder
besser, was hier eine besondere Rolle spielt.
Die letzten Morgenschuhe tausch wieder zurück,
da diese genügen & ich nicht zu viel auf dem
Hals haben möchte.
Hoffentl. geliebte Else hast Du Sonnabend/
Sonntag wieder Besuch, damit Du nicht so
allein bist.
Grüße bitte den lieben Vater, Irmi, Lissy
& die Stuttgarter.
Ich will schon Deinetwegen den Kopf hoch-
halten & durchhalten. Es wäre schön, wenn
wir wieder zusammenkämen.
Nun sei liebe Else tausendmal geküsst
von Deinem dankbaren Martin

Brief 1 unbekannten Datums, geschrieben aus der Polizeihaft in Berlin

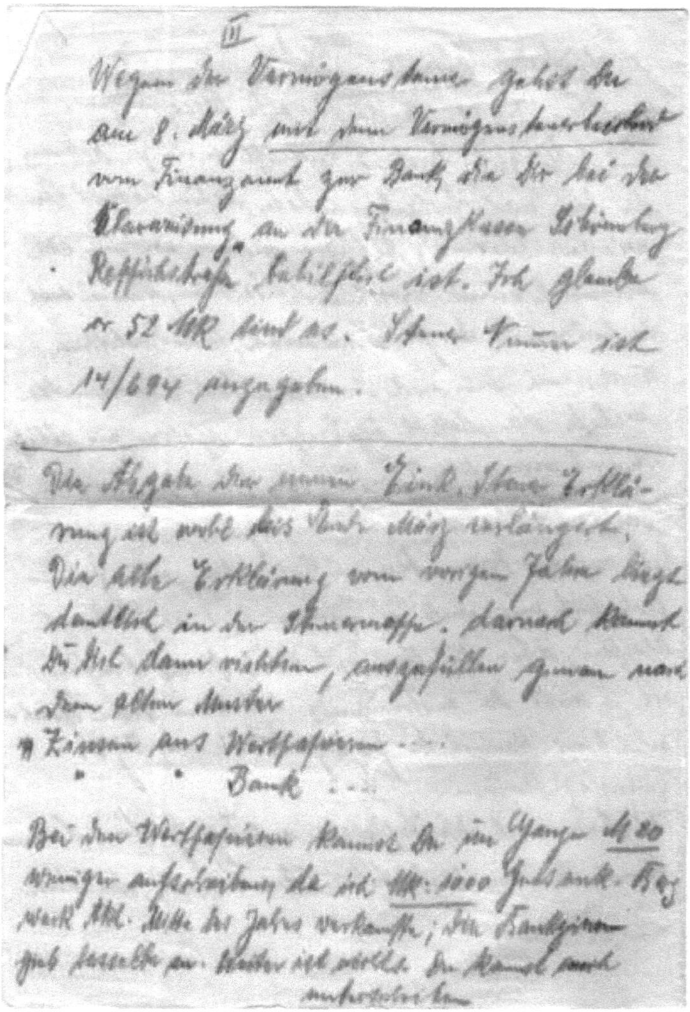
III

Wegen der Vermögenssteuer gehst du am 8. März mit dem Vermögenssteuerbescheid vom Finanzamt zur Bank, die dir bei der Überweisung an die Finanzkasse [illegible] behilflich ist. Ich glaube es 52 RM sind es. Steuer-Nummer ist 14/694 angegeben.

Die Abgabe der neuen Eink. Steuer-Erklärung ist wohl bis Ende März verlängert. Die alte Erklärung vom vorigen Jahr liegt wahrscheinlich in der Steuermappe. danach kannst du sie dann richtig ausfüllen genau nach dem alten Muster

" Zinsen aus Wertpapieren ....
" " Bank ...

Bei den Wertpapieren kannst du im Ganzen M 80 weniger aufschreiben da ich Mk. 1000 [illegible] Mitte des Jahres verkaufte; die Bankzinsen gib dieselben an. Weiter ist nichts. Du kannst auch [illegible]

Seite 3

III

Wegen der Vermögenssteuer gehst Du
am 8.März mit dem Vermögensteuerbescheid
vom Finanzamt zur Bank, die Dir bei der
Überweisung an die Finanzkasse Schöneberg
Rettichstraße behilflich ist. Ich glaube
so 52 Mk sind es. Steuer Nummer ist
14/694 anzugeben.

Die Abgabe der neuen Eink.Steuer Erklä-
rung ist wohl bis Ende März verlängert.
Die alte Erklärung vom vorigen Jahr liegt
deutlich in der Steuermappe. danach kannst
Du Dich dann richten, auszufüllen genau nach
dem alten Muster
Zinsen aus Wertpapieren …
„ „ Bank ….
Bei den Wertpapieren kannst Du im Ganzen M 20
weniger aufschreiben, da ich Mk: 1000 Gelsenk.Berg-
werk Akt. Mitte des Jahres verkaufte; bei Bankzinsen
gib dasselbe an. Weiter ist nichts. Du kannst auch
unterschreiben.

Brief 1 unbekannten Datums, geschrieben aus der Polizeihaft in Berlin

Seite 4

Den Brief kann ich so bestimmt mitgeben, zerreiße ihn lieber gleich.

Brief 2, unbekannten Datums, geschrieben aus der Polizeihaft in Berlin

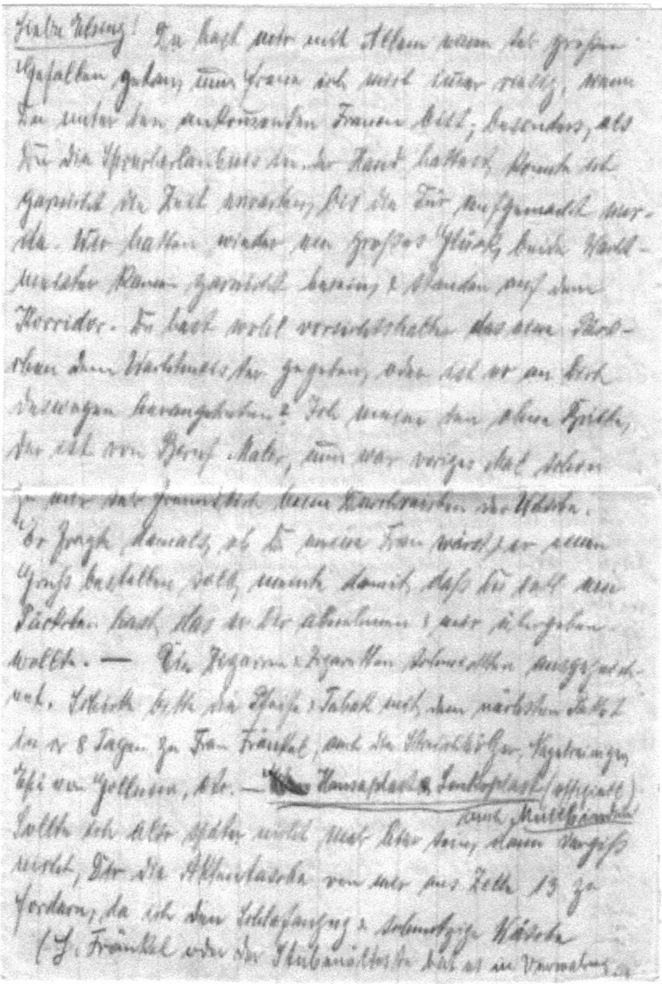

Seite 1

Liebe Elsing! Du hast mir mit Allem einen sehr großen Gefallen getan, und freue ich mich immer riesig, wenn Du unter den ankommenden Frauen bist; besonders, als Du die Sprecherlaubnis in der Hand hattest, konnte ich gar nicht die Zeit erwarten, bis die Tür aufgemacht wurde. Wir hatten wieder großes Glück, beide Wachtmeister kamen gar nicht heraus & standen auf dem Korridor. Du hast wohl vorsichtshalber das eine Päckchen dem Wachtmeister gegeben oder ist er an Dich deswegen herangetreten? Ich meine der ohne Brille, der ist von Beruf Maler, und war voriges Mal schon zu mir sehr freundlich beim Durchreichen der Wäsche. Er fragte damals, ob Du meine Frau wärst & er einen Gruß bestellen soll, meinte damit, dass Du evtl. ein Päckchen hast, das er Dir abnehmen & mir übergeben wollte.--- Die Zigarren & Zigaretten schmeckten ausgezeichnet. Schick bitte die Pfeife & Tabak mit, im nächsten Paket in so 8 Tagen zu Frau Fränkel, auch die Streichhölzer, Nagelreiniger, (*Epi von Golussa)*, etc.___ Hansaplast &Leukoplast (offiziell)

/auch Mullbinden

Sollte ich also später nicht mehr hier sein, dann vergiß nicht, Dir die Aktentasche von mir aus Zelle 13 zu fordern, da ich den Schlafanzug & schmutzige Wäsche (H.Fränkel von dem Stubenältesten hat es in Verwahrung

Brief 2, unbekannten Datums, geschrieben aus der Polizeihaft in Berlin

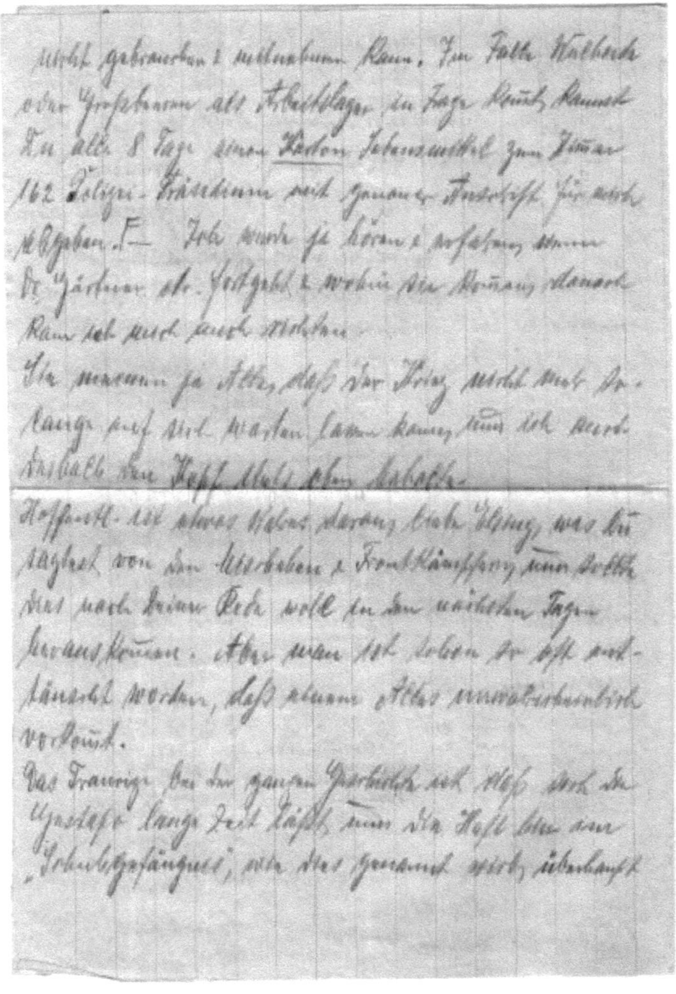

Seite 2

nicht gebrauchen & mitnehmen kann. Im Falle Wulheide oder Großbeeren als Arbeitslager in Frage kommt, kannst du alle 8 Tage einen Karton Lebensmittel zum Zimmer 162 Polizei- Präsidium mit genauer Anschrift für mich abgeben. F_ Ich werde ja hören & erfahren, wann Dr. Gärtner etc. fortgeht & wohin sie kommen, danach kann ich mich auch richten.
Sie meinen ja Alle, dass der Krieg nicht mehr solange auf sich warten lassen kann, und ich auch deshalb den Kopf stets oben behalte.
Hoffentl. ist etwas Wahres daran, liebe Elsing, was du sagtest von den Mischehen & Frontkämpfern und sollte dies nach deiner Rede wohl in den nächsten Tagen herauskommen. Aber man ist schon so oft enttäuscht worden, daß einem Alles unwahrscheinlich vorkommt.
Das Traurige bei der ganzen Geschichte ist, dass sich die Gestapo lange Zeit lässt und die Haft hier im „Schubgefängnis“ , wie das genannt wird, überhaupt

Brief 2, unbekannten Datums, geschrieben aus der Polizeihaft in Berlin

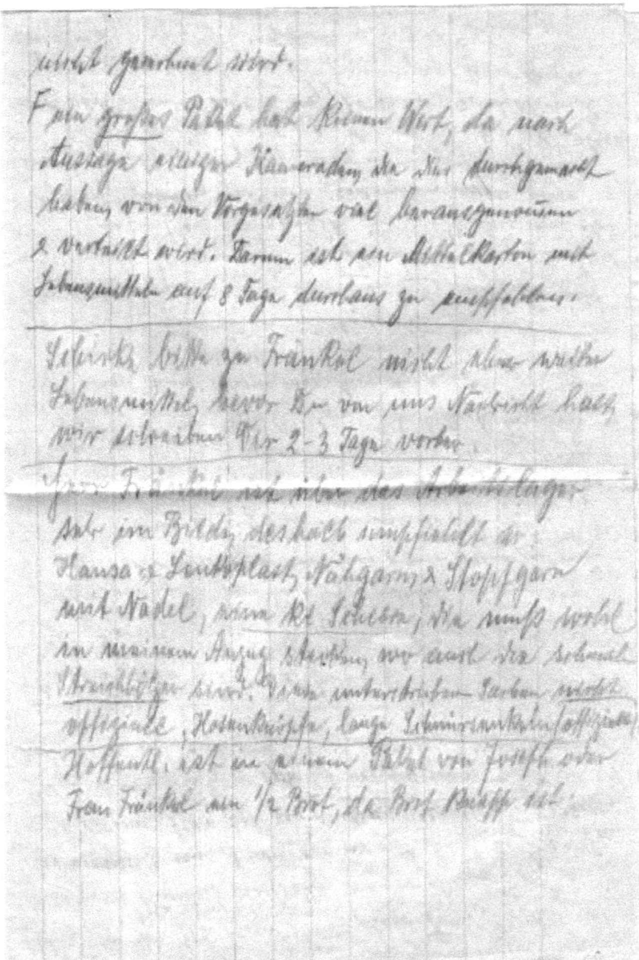

nicht gemacht wird.
F ein großes Paket hat keinen Wert, da nach Aussage etlicher Kameraden die dies durchgemacht haben, von den Vorgesetzten viel herausgenommen & verteilt wird. Darum ist ein Mittelkarton mit Lebensmitteln auf 8 Tage durchaus zu empfehlen.

Schicke bitte zu Fränkel nicht eher weitere Lebensmittel, bevor Du von uns Nachricht hast, wir schreiben Dir 2-3 Tage vorher.

Herr Fränkel ist über das Arbeitslager sehr im Bilde, deshalb empfiehlt er: Hansa & Leukoplast, Nähgarn & Stopfgarn mit Nadel, eine kl. Schere, die muss wohl in meinem Anzug stecken, wo auch die [illegible] Strumpfhalter sind. Die unterstrichenen Sachen [illegible] offiziell, Hosenknöpfe, lange Schnürsenkel (offiziell). Hoffentl. ist im ersten Paket von Joseph oder Frau Fränkel ein 1/2 Brot, da Brot knapp ist.

Seite 3

nicht gewertet wird.
F ein großes Paket hat keinen Wert, da nach Aussagen einiger Kameraden, die das durchgemacht Haben, von den Vorgesetzten viel herausgenommen & verteilt wird. Darum ist ein Mittelkarton mit Lebensmitteln auf 8 Tage durchaus zu empfehlen.

Schicke bitte zu Fränkel nicht mehr weiter Lebensmittel, bevor Du von uns Nachricht hast, wir schreiben Dir 2-3 Tage vorher.

Herr Fränkel ist über das Arbeitslager sehr im Bilde, deshalb empfiehlt er: Hansa & Leukoplast, Nähgarn & Stopfgarn mit Nadel, eine kl. Scheere, die muß noch in meinem Anzug stecken, wo auch die schwarzen Streichhölzer sind. Diese unterstrichenen Sachen nicht offiziell; Hosenknöpfe, lange Schnürsenkel (offiziell).

Hoffentl. ist in meinem Paket von Joseph oder Frau Fränkel ein ½ Brot, da Brot knapp ist.

Brief 2, unbekannten Datums, geschrieben aus der Polizeihaft in Berlin

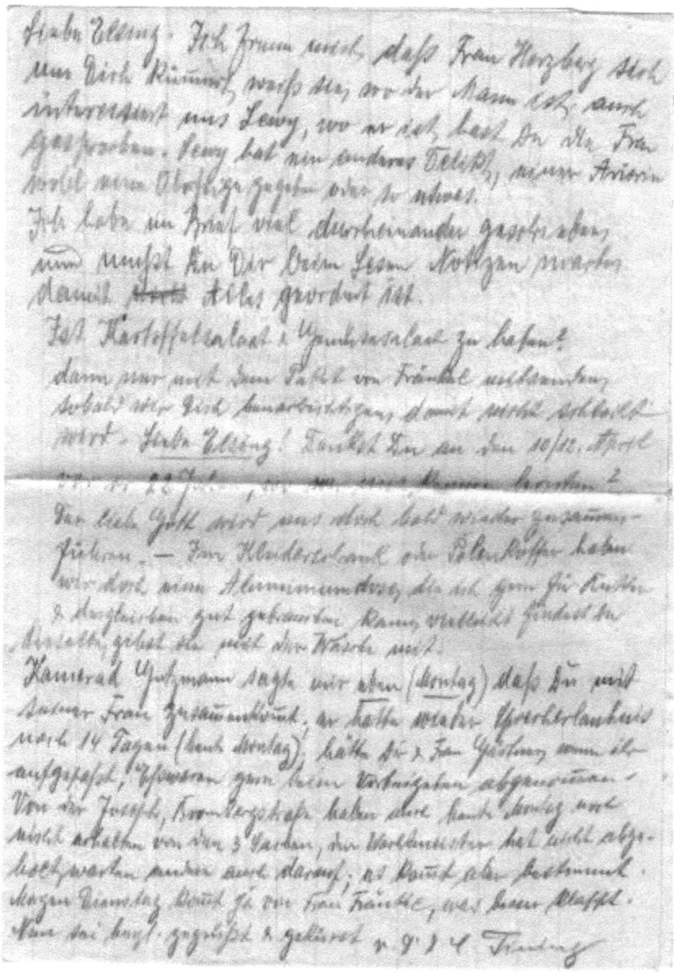

Seite 4

Liebe Elsing. Ich freue mich, dass Frau Herzberg sich um Dich kümmert, weiß sie, wo ihr Mann ist; auch interessiert uns Lewy, wo er ist, hast Du die Frau gesprochen. Lewy hat ein anderes Delikt, einer Arierin wohl eine Ohrfeige gegeben oder so etwas.
Ich habe im Brief viel durcheinander geschrieben, nun musst Du Dir beim Lesen Notizen machen damit (nicht) Alles geordnet ist.
Ist Kartoffelsalat & Gemüsesalat zu haben?
dann nur mit dem Paket von Fränkel mitsenden sobald wir Dich benachrichtigen, damit nichts schlecht wird. Liebe Elsing! Denkst Du an den 10/12. April vor *ca.* 22 Jahren, wo wir uns kennen lernten?
Der liebe Gott wird uns doch bald wieder zusammenführen.___ Im Kleiderschrank oder *Polenkoffer* haben wir doch eine Aluminiumdose, die ich gern für Butter & dergleichen gut gebrauchen kann, vielleicht findest Du dieselbe, gibst sie mit der Wäsche mit.
Kamerad Gutzmann sagte mir eben (Montag) dass Du mit seiner Frau zusammenkommst; er hatte wieder Sprecherlaubnis nach 14 Tagen (heute Montag); hätten Dir & Frau Gärtner, wenn ihr aufgepaßt; (……) gern beim Vorbeigehen abgenommen.
Von der Joseph,Brombergstraße haben auch heute Montag noch nichts erhalten von den 3 Sachen; der Wachtmeister hat nicht abgeholt, warten andere auch darauf; es kommt aber bestimmt Morgen Dienstag kommt ja von Frau Fränkl, was besser klappt.
Nun sei herzl. gegrüßt & geküsst

v.D.D.l. Tining

Brief 3, unbekannten Datums, geschrieben aus der Polizeihaft in Berlin

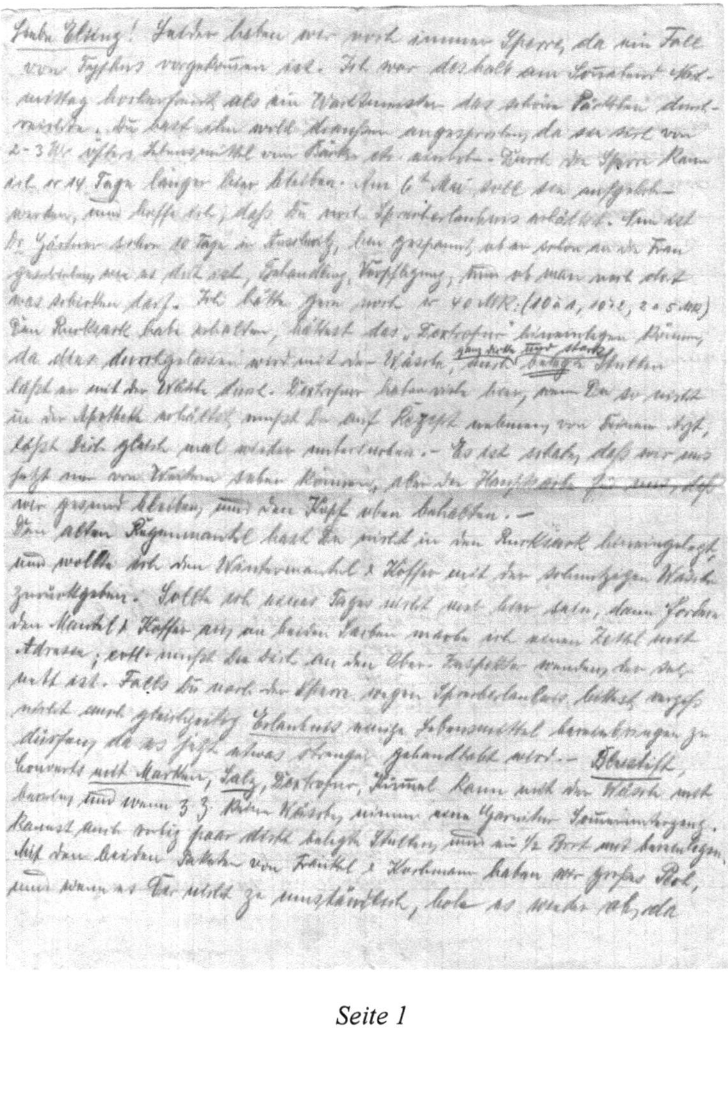

Seite 1

Liebe Elsing! Leider haben wir noch immer Sperre, da ein Fall von Typhus vorgekommen ist. Ich war deshalb am Sonnabend Nachmittag hocherfreut als ein Wachtmeister das schöne Päckchen durchreichte. Du hast ihn wohl draußen angesprochen, da sie sich von 2-3 Uhr öfters Lebensmittel vom Bäcker etc.einholen. Durch die Sperre kann ich so 14 Tage länger hier bleiben. Am 6 ten Mai soll sie aufgehoben werden, und hoffe ich, daß Du noch Sprecherlaubnis erhältst. Nun ist Dr. Gärtner schon 10 Tage in Auschwitz, bin gespannt, ob er schon an die Frau geschrieben, wie es dort ist, Behandlung, Verpflegung und ob man nach dort was schicken darf. Ich hätte gern noch so 40 Mk: (10a´1, 10 a´2, 2 a´5 Mk)

Den Rucksack habe erhalten, hättest das „Dextropur" hineinlegen können,

Einfügung: ganz dicke und stark

da das durchgelassen wird mit der Wäsche, auch belegte Stullen lässt er mit der Wäsche durch. Dextropur haben viele hier, wenn Du so nicht in der Apotheke erhältst, musst Du auf Rezept nehmen von Deinem Arzt, läßt Dich gleich mal wieder untersuchen. – Es ist schade, daß wir uns

jetzt nur von Weitem sehen können, aber die Hauptsache für uns, daß wir gesund bleiben und den Kopf oben behalten.— Den alten Regenmantel hast Du nicht in den Rucksack hineingelegt, und wollte ich den Wintermantel & Koffer mit der schmutzigen Wäsche zurückgeben. Sollte ich eines Tages nicht mehr hier sein, dann fordere den Mantel & Koffer an, an beide Sachen mache ich einen Zettel mit Adresse; evtl. musst Du Dich an den Ober-Inspektor wenden, der sehr nett ist. Falls Du noch den .... wegen Sprecherlaubnis bittest, vergiß nicht auch gleichzeitig Erlaubnis einige Lebensmittel hereinbringen zu dürfen, da es jetzt etwas strenger gehandhabt wird. --- Bleistift, Couverts mit Marken, Salz, Dextropur, Kümmel kann mit der Wäsche mit hinein und wenn z.Z. keine Wäsche, nimm eine Garnitur Sommerunter...

Kannst auch ruhig paar dick belegte Stullen und ein ½ Brot mit hineinlegen.

Mit den beiden Paketen von Fränkel&Korkmann haben wir großes Pech, und wenn es Dir nicht zu umständlich, hole es wieder ab, da

Brief 3, unbekannten Datums, geschrieben aus der Polizeihaft in Berlin

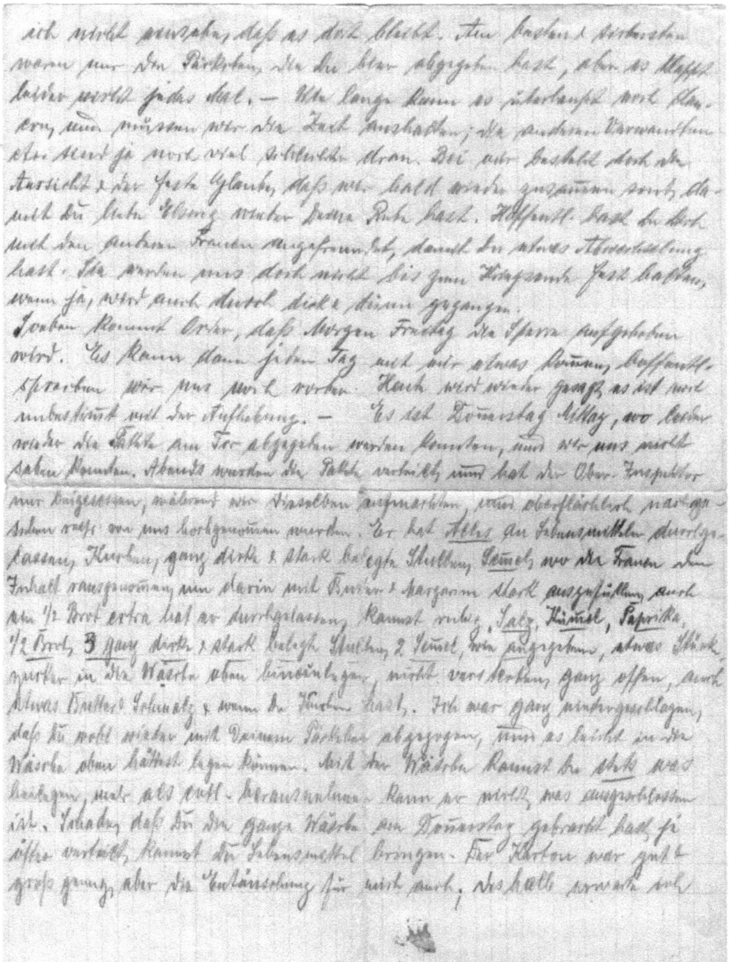

Seite 2

ich nicht einsehe, daß es dort bleibt. Am besten & sichersten waren nur die Päckchen, die Du hier abgegeben hast, aber es klappt leider nicht jedes Mal. – Wie lange kann es überhaupt noch dauern, und müssen wir die Zeit aushalten; die anderen Verwandten etc. sind ja noch viel schlechter dran. Bei mir besteht doch die Aussicht & der feste Glaube, daß wir bald wieder zusammen sind, damit Du liebe Elsing wieder Deine Ruhe hast. Hoffentl. hast Du Dich mit den anderen Frauen angefreundet, damit Du etwas Abwechslung hast. Sie werden uns doch nicht bis zum Kriegende festhalten, wenn ja, wird auch durch dick & dünn gegangen.

Soeben kommt Order, daß Morgen Freitag die Sperre aufgehoben wird. Es kann dann jeden Tag mit mir etwas kommen, hoffentl. sprechen wir uns noch vorher. Heute wird wieder gesagt, es ist noch unbestimmt mit der Aufhebung.__ Es ist Donnerstag Mittag, wo leider wieder die Pakete am Tor abgegeben werden konnten, und wir uns nicht sehen konnten. Abends wurden die Pakete verteilt und hat der Ober-Inspektor nur beigesessen, während wir dieselben aufmachten und oberflächlich nachgesehen ...)von uns hochgenommen wurde. Er hat Alles an Lebensmitteln durchgelassen, Kuchen, ganz dick & stark belegte Stullen, Semmeln, wo die Frauen den Inhalt rausgenommen, um darin mit Butter & Margarine stark auszufüllen, auch ein ½ Brot extra hat er durchgelassen, kannst ruhig Salz, Kümmel, Paprika, ½ Brot, 3 ganz dicke & stark belegte Stullen, 2 Semmel, wie angegeben, etwas Stückenzucker in die Wäsche oben hineinlegen, nicht verstecken, ganz offen, auch etwas Butter & Schmalz & wenn Du Kuchen hast. Ich war ganz niedergeschlagen, daß Du wohl wieder mit Deinem Päckchen abgezogen, und es leicht in die Wäsche oben hättest legen können. Mit der Wäsche kannst Du stets was Beilegen, mehr als evtl. herausnehmen kann er nicht, was ausgeschlossen Ist. Schade, daß Du die ganze Wäsche am Donnerstag gebracht hast, je öfter verteilt, kannst Du Lebensmittel bringen. Der Karton war gut & groß genug, aber die Entäuschung für mich auch; deshalb erwarte ich

Brief 4 unbekannten Datums, Fragment, geschrieben aus der Polizeihaft in Berlin

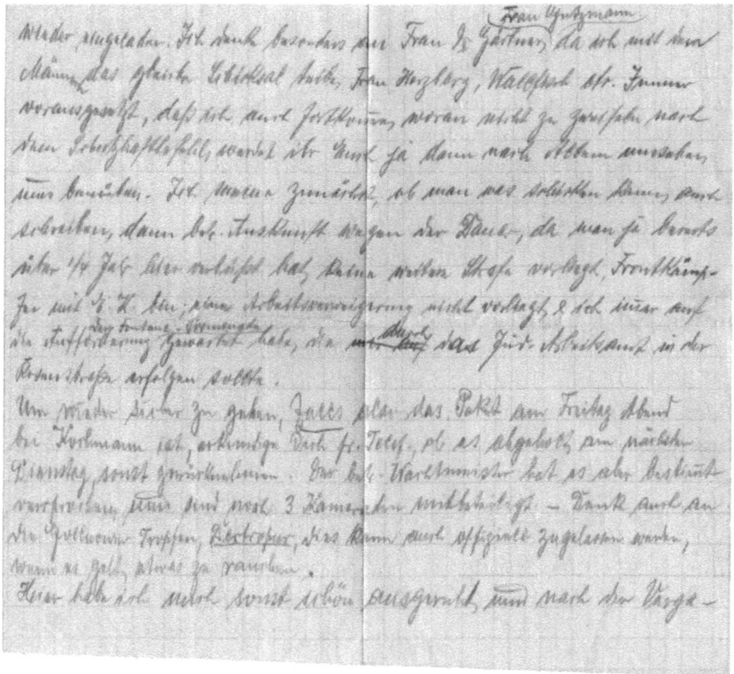

Vorderseite

Frau Gutzmann

wieder eingeladen. Ich denke besonders an Fr. Dr. Gärtner, da ich mit den Männern das gleiche Schicksal teile, Frau Herzberg, *(...)* etc. Immer vorausgesetzt, dass ich auch fortkomme, woran nicht zu zweifeln nach dem Schutzhaftbefehl, werdet ihr Euch ja dann nach Allem umsehen und bemühen. Ich meine zunächst, ob man was schicken kann, auch schreiben, dann betr. Auskunft wegen der Dauer, da man ja bereits über ¼ Jahr hier verbüßt hat, keine weitere Strafe vorliegt, Frontkämpfer mit E.K. bin, eine Arbeitsverweigerung nicht vorliegt & ich immer auf der Fontane-Promenade die Auforderung gewartet habe, die durch das Jüd. Arbeitsamt in der Rosnerstraße erfolgen sollte.

Um wieder sicher zu gehen, falls also das Paket am Freitag Abend bei Korkmann ist, erkundige Dich pr. Telef., ob es abgeholt am nächsten Dienstag, sonst zurücknehmen. Der betr. Wachtmeister hat es aber bestimmt versprochen, und sind noch 3 Kameraden mitbeteiligt.___ Denk auch an die Gollnower Tropfen, Dextropur, das kann auch offiziell zugelassen werden, wenn es geht, etwas zu rauchen.

Heuer habe ich auch sonst schön ausgeruht, und nach der Verga-

Brief 4 unbekannten Datums, Fragment, geschrieben aus der Polizeihaft in Berlin

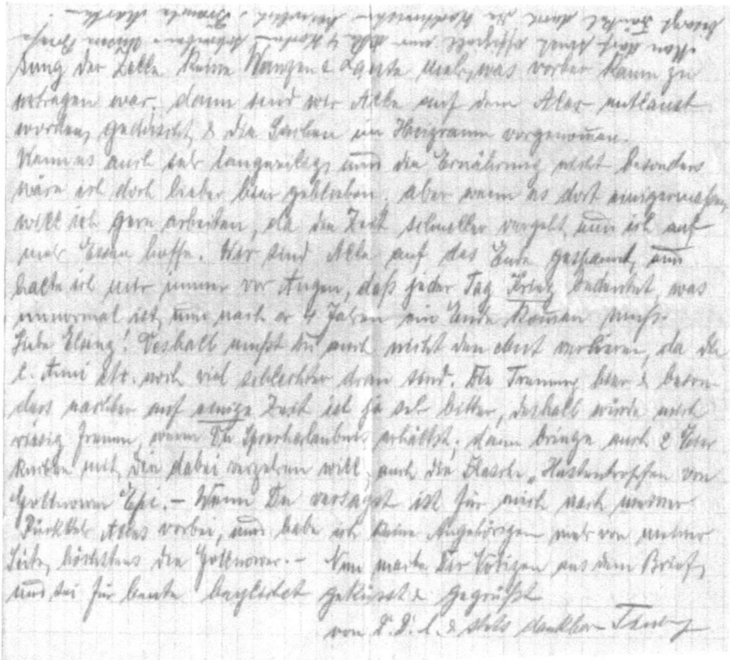

Rückseite

über Kopf am oberen Rand geschrieben.
Man darf sonst offiziell nur alle 4 Wochen schreiben. Unsere Briefe besorgt Fränkl durch die Wachtmeister heimlich. Brauche Marken.

sung der Zellen keine Wanzen & Läuse mehr, was vorher kaum zu ertragen war, dann sind wir alle auf dem Alex entlaust worden, geduscht, & die Sachen im Heizraum vorgenommen.
Wenn es auch sehr langweilig und die Ernährung nicht besonders wäre ich doch lieber hier geblieben, aber wenn es dort einigermaßen will ich gern arbeiten, da die Zeit schneller vergeht und ich auf mehr Essen hoffe. Wir sind Alle auf das Ende gespannt, und halte ich mir immer vor Augen, dass jeder Tag Krieg bedeutet, was unnormal ist, und nach ca. 4 Jahren ein Ende kommen muß.
Liebe Elsing! Deshalb musst Du auch nicht den Mut verlieren, da die l. Anni etc. noch viel schlechter dran sind. Die Trennung bisher & besonders nachher auf einige Zeit ist ja sehr bitter, deshalb würde mich riesig freuen, wenn Du Sprecherlaubnis erhälst; dann bringe auch zwei Eier kuchen mit, die dabei verzehren will; auch die Flasche „Hustentropfen von Gollnower Epi.—Wenn Du verzagst ist für mich nach meiner Rückkehr Alles vorbei, und ich habe keine Angehörigen mehr von meiner Seite, höchstens die Gollnower.--- Nun mache Dir Notizen aus dem Brief, und sei für heute herzlichst geküsst und gegrüßt

von D.D.l. & stets dankbaren Tining

Brief 5, unbekannten Datums, geschrieben aus der Polizeihaft in Berlin

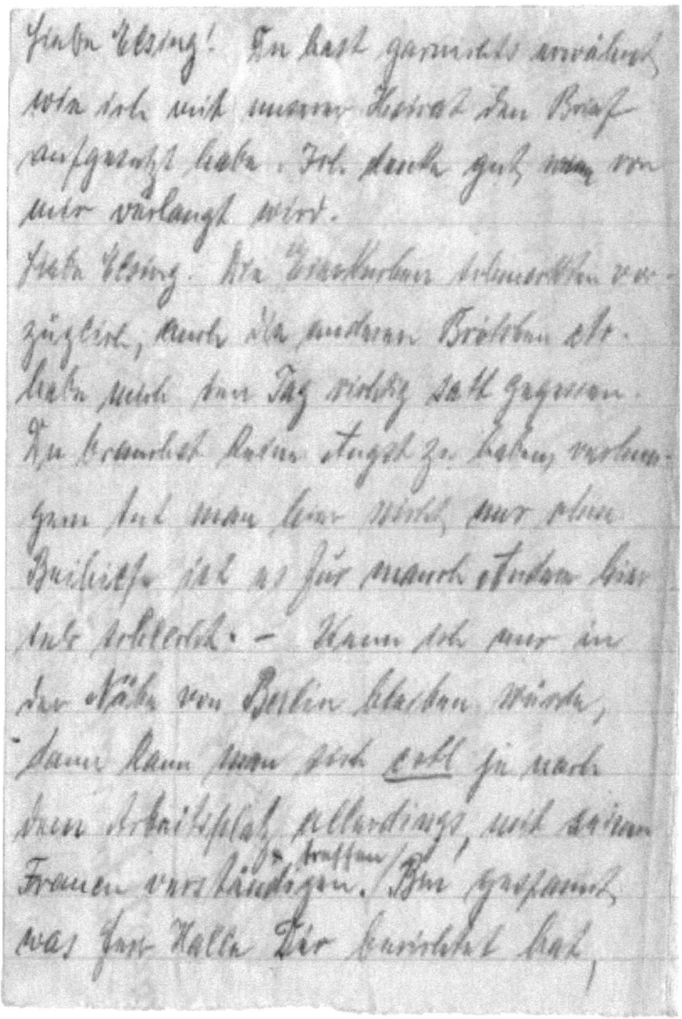

Lieber [illegible]! Du hast garnichts erwähnt, wie ich mit meiner Heirat den Brief aufgesetzt habe. Ich denke gut, [illegible] von mir verlangt wird.
Lieber [illegible]. Die [illegible] schmeckten vorzüglich, auch die anderen Brötchen etc. habe mich den Tag richtig satt gegessen. Du brauchst keine Angst zu haben, verhungern tut man hier nicht, nur ohne Beschäftigung ist es für manch Stunden hier [illegible]. – Wenn ich nur in der Nähe von Berlin bleiben würde, dann kann man sich erst [illegible] nach dem Arbeitsplatz, allerdings mit seinen Frauen verständigen. Bin gespannt, was [illegible] Dir berichtet hat,

Seite 1

Liebe Elsing! Du hast garnichts erwähnt,
wie ich mit unserer Heirat im Brief
aufgesetzt habe. Ich denke gut, wenn von
mir verlangt wird.
Liebe Elsing. Die Eierkuchen schmeckten vorzüglich, auch die anderen Brötchen etc.
habe mich den Tag richtig satt gegessen.
Du brauchst keine Angst zu haben, verhungern tut man hier nicht, nur ohne
Beihilfe ist es für manch Anderen hier
sehr schlecht,- Wenn ich nur in
der Nähe von Berlin bleiben würde,
dann kann man sich evtl. ja nach
dem Arbeitsplatz * allerdings, mit seinen
* treffen
Frauen verständigen. Bin gespannt
was Herr Kalln Dir berichtet hat,

Brief 5, unbekannten Datums, geschrieben aus der Polizeihaft in Berlin

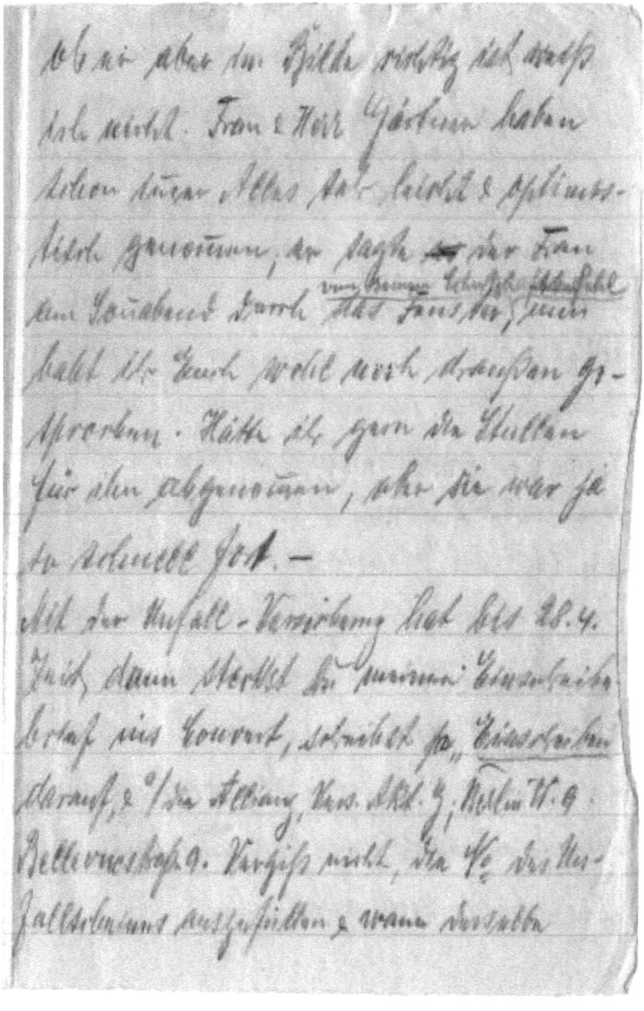

Seite 2

ob er aber im Bilde richtig ist, weiß ich nicht. Frau & Herr Gärtner haben schon wieder Alles sehr leicht & optimistisch genommen, er sagte … der Frau

von seinem Schutzhaftbefehl

am Sonnabend durch das Fenster, und habt ihr Euch wohl noch draußen gesprochen. Hätte ihr gern die Stullen für ihn abgenommen, aber sie war ja so schnell fort. -

Mit der Unfall-Versicherung hat bis 28.4. Zeit, dann steckst Du meinen Einschreibebrief ins Couvert, schreibst „Einschreiben" darauf „e"/ die Allianz, Vers.Akt.G.; Berlin W.9. Bellevuestraße 9. Vergiß nicht, die No. Des Unfallscheins auszufüllen & wann derselbe

Brief 5, unbekannten Datums, geschrieben aus der Polizeihaft in Berlin

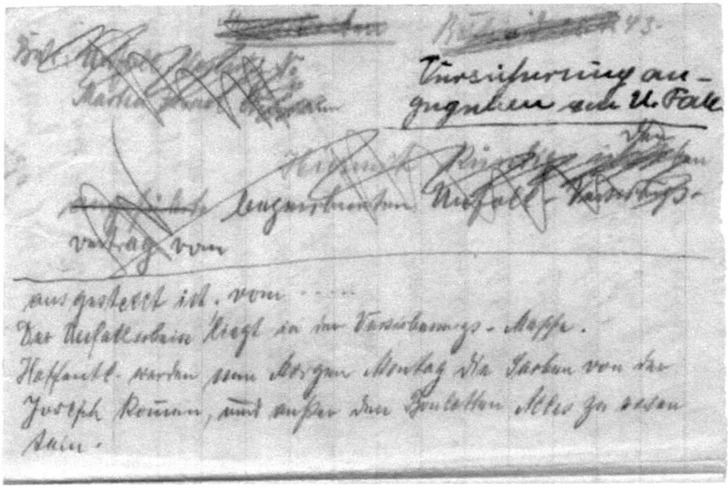

Seite 3

(*unlesbar*) Berlin, d.28.4.43

Betr. Unfall-Versich.No. Versicherung angegeben am U-Fall
Martin Israel Neumann

Hiermit kündige ich den wie angeführte bezeichneten Unfall-Versicherungsvertrag vom ...

(Alles durchgestrichen)

–
ausgestellt ist, vom ….
Der Unfallschein liegt in der Versicherungs-Mappe.
Hoffentl. Werden nun Morgen Montag die sachen von der Joseph kommen, und außer den Bouletten Alles zu essen sein.

Brief 5, unbekannten Datums, geschrieben aus der Polizeihaft in Berlin

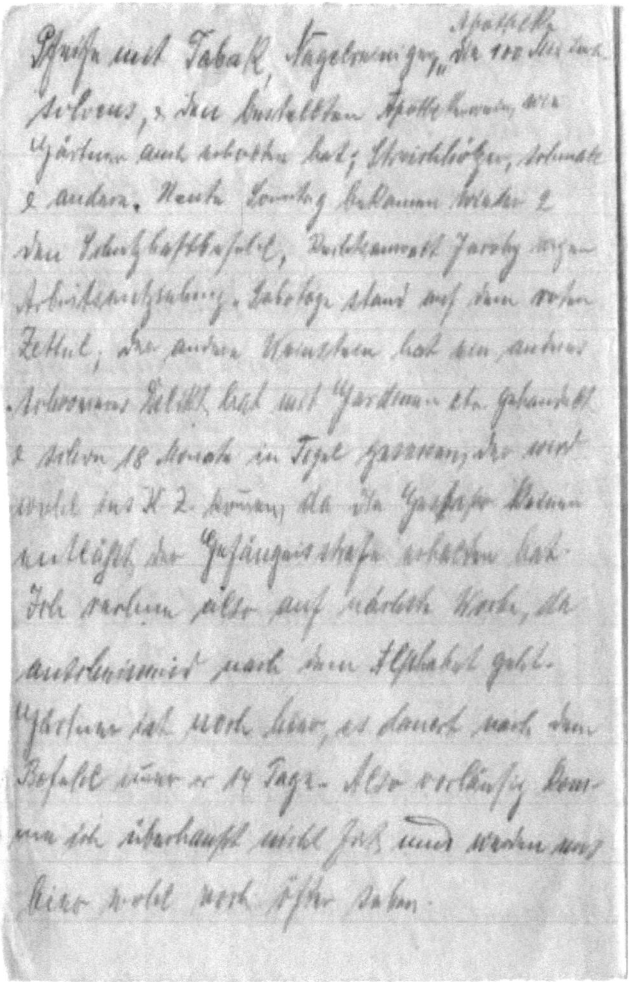

Seite 4

Apotheke
Pfeiffe mit Tabak, Nagelreiniger, die 100 (*unlesbar)* *(unlesbar)*,& den bestellten Apotheken*(unlesbar),* wie Gärtner auch erhalten hat; Sreichhölzer, schmale & andere. Heute Sonntag bekamen wieder 2 den Schutzhaftbefehl, Rechtsanwalt Jacoby wegen Arbeitsentziehung. Sabotage stand auf dem roten Zettel; der andere Weinstein hat ein anderes *(unlesbar)* Delikt, hat mit Gardinen etc. gehandelt & schon 18 Monate in Tegel gesessen, er wird wohl ins K.Z. Kommen, da die Gestapo keinen entläßt, der Gefängnisstrafe erhalten hat. Ich rechne also auf nächste Woche, da *(unlesbar)*nach dem Alphabet geht.
Gärtner ist noch hier, es dauert nach dem Befehl immer so 14 Tage. Also vorläufig komme ich überhaupt nicht fort und werden uns hier wohl noch öfter sehen.

Brief 6 unbekannten Datums, geschrieben aus der Polizeihaft in Berlin

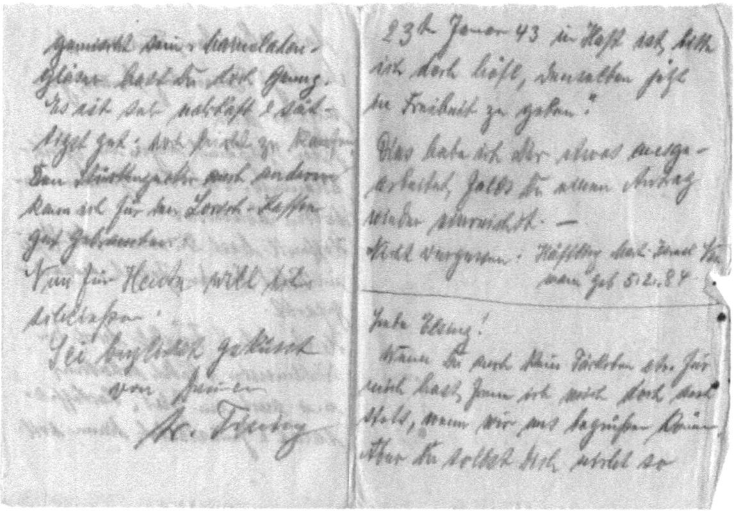

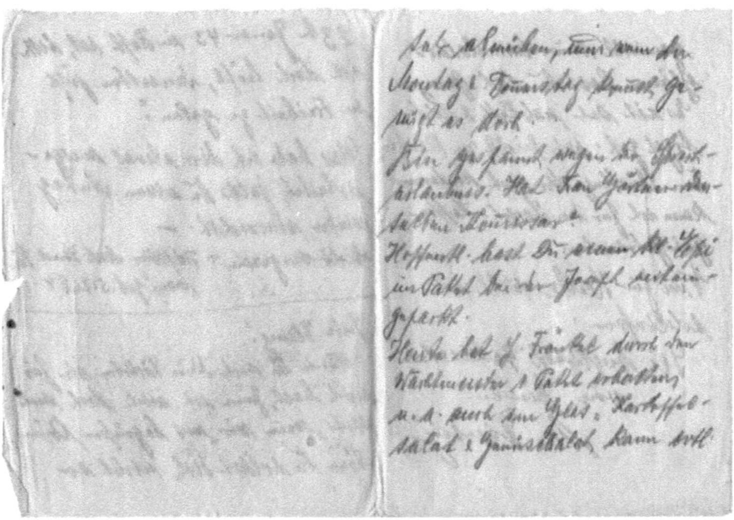

Vorder- und Rückseite

23 ten Januar 43 in Haft ist, bitte
ich doch höfl., demselben jetzt
die Freiheit zu geben."
Dies habe ich Dir etwas ausgearbeitet, falls Du neuen Antrag
wieder einreichst.___
Nicht vergessen: Häftling Martin Israel Neu-
Mann geb 5.2.84

Liebe Elsing!
Wenn Du auch kein Päckchen etc. für
mich hast, freue ich mich doch auch
stets, wenn wir uns begrüßen können.
Aber Du solltest Dich nicht so

sehr abmühen; und wenn Du
Montag & Dienstag kannst, genügt es doch.
Bin gespannt wegen der Sprecherlaubnis. Hat Frau Gärtner denselben Justitiar?
Hoffentl. hast Du einen kl. Epi
ins Paket bei der Joseph mit eingepackt.
Heute hat J.Fränkel durch den
Wachtmeister 1 Paket erhalten
u.a. auch im Glas „Kartoffelsalat & Gemüsesalat, kann evtl.

garnicht sein. Marmeladengläser hast Du doch genug.

Es ist sehr nahrhaft & sät-
tigt gut; auch leicht zu kaufen.
Den Stückezucker auch anderen
kann ich für den Lorsch-Kaffee
gut gebrauchen.
Nun für Heute will ich
schließen.
Sei herzlichst geküsst
von Deinem tr. Tiding

Brief 7 unbekannten Datums (Fragment), geschrieben aus der Polizeihaft in Berlin

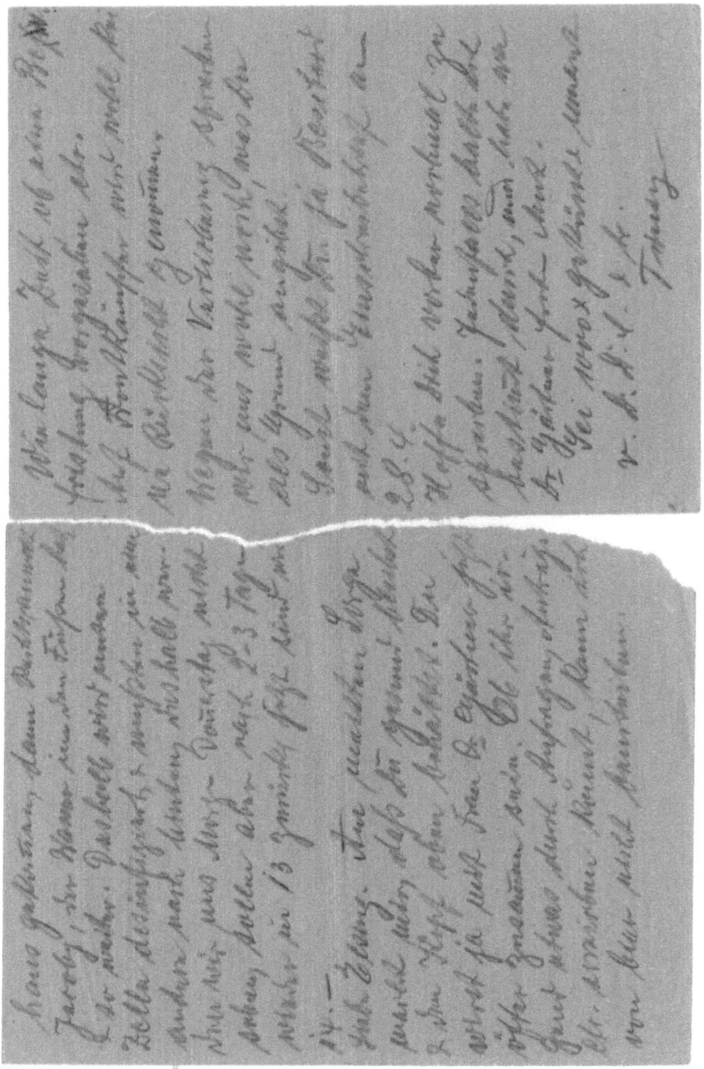

haus …, dann Rechtsanwalt
Jacoby, der Wasser in den Füßen hat
& so weiter. Deshalb wird unten
Zelle desinfiziert & mussten in neue
anderen nach hinten, deshalb wer-
den wir uns Morgen Donnerstag nicht
sehen, sollen aber nach 2-3 Tagen
wieder in 13 zurück; jetzt sind wir
14. –
Liebe Elsing. Am meissten Sorge
macht mir, dass du gesund bleibst
& den Kopf oben behälst. Du
wirst ja mit Frau Dr. Gärtner jetzt
öfter zusammen sein. Ob ihr ir-
gend etwas durch Anfragen, Anträge
etc. erwirken könnt, kann ich
von hier nicht beurteilen.
Wie lange Zeit, ob eine Be-
fristung vorgesehen etc.
Auf Frontkämpfer wird wohl kei-
ne Rücksicht genommen.
Wegen der Versicherung sprechen
wir uns wohl noch, was du
als Grund angibst.
Sonst weißt du ja Bescheid
mit dem Einschreibebrief am
28.4.
Hoffe dich vorher noch mal zu
sprechen. Jedenfalls halte ich
bestimmt durch, und habe von
Dr. Gärtner frohen Mut.
Sei 1000 x geküsst & umarmt
v. D. D. l. & tr. Tiding

Brief 8 unbekannten Datums (Fragment) geschrieben 1943 aus der Polizeihaft in Berlin

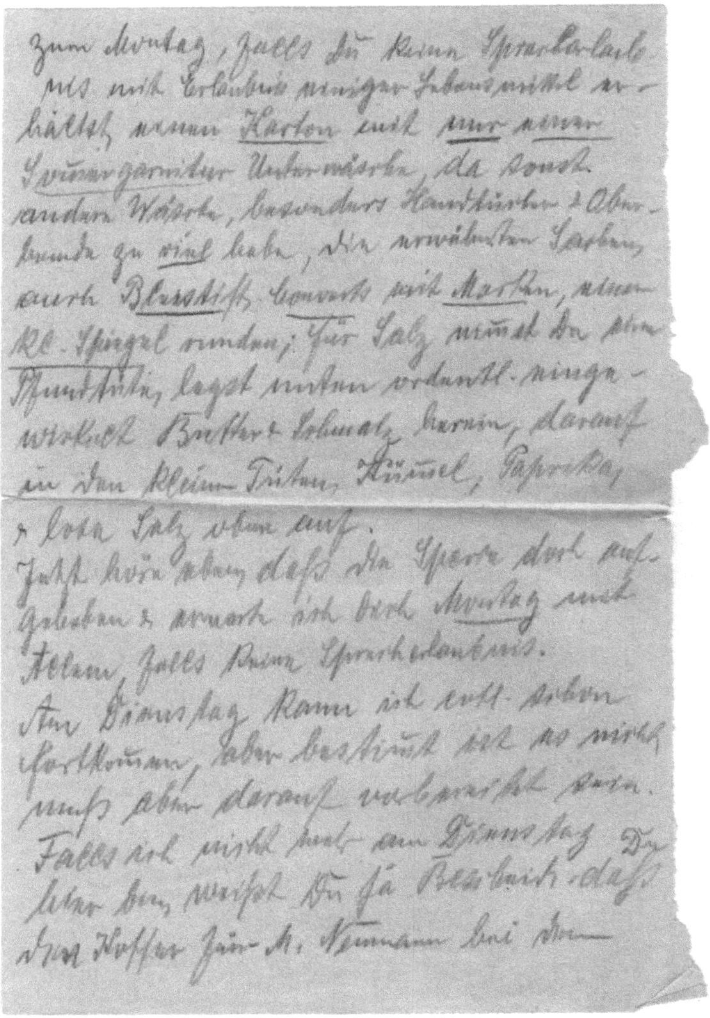
zum Montag, falls Du keine Sprecherlaubnis mit Erlaubnis weniger Lebensmittel erhältst, einen Karton mit nur einer Sommergarnitur Unterwäsche, da sonst andere Wäsche, besonders Handtücher u. Oberhemde zu viel habe, die erwähnten Sachen auch Bleistift, Couverts mit Marken, einen kl. Spiegel senden; für Salz nimmst Du eine Pfundtüte, legst unten ordentl. [illegible] Butter u. Schmalz hinein, darauf in den kleinen Tüten Kümmel, Paprika, u. lose Salz oben auf.
Jetzt hör eben, daß die Sperre doch aufgehoben u. erwarte ich Dich Montag mit [illegible], falls keine Sprecherlaubnis.
Am Dienstag kann ich evtl. schon fortkommen, aber bestimmt ist es nicht, muß aber darauf vorbereitet sein.
Falls ich nicht mehr am Dienstag [illegible], weißt Du ja Bescheid, daß der Koffer für M. Neumann bei den

Vorderseite

zum Montag, falls Du keine Sprecherlaubnis mit Erlaubnis einiger Lebensmittel erhälst, nimm Karton mit nur einer Sommergarnitur Unterwäsche, da sonst andere Wäsche, besonders Handtücher & Oberhemden zu viel habe, die erwähnten Sachen, auch Bleistift, Couverts mit Marken, nimm kl. Spiegel runden; für Salz nimmst Du eine Pfundtüte, legst unten ordentl. eingewickelt Butter & Schmalz hinein, darauf in den kleinen Tüten, Kümmel, Paprika, & lose Salz oben auf.

Jetzt höre eben, daß die Sperre doch aufgehoben & erwarte ich Dich Montag mit Allem, falls keine Sprecherlaubnis.

Am Dienstag kann ich evtl. schon fortkommen, aber bestimmt ist es nicht, muß aber darauf vorbereitet sein.

Falls ich nicht mehr am Dienstag hier bin, weißt Du ja Bescheid, dass Du den Koffer für M.Neumann bei dem

Brief 8 unbekannten Datums (Fragment) geschrieben 1943 aus der Polizeihaft in Berlin

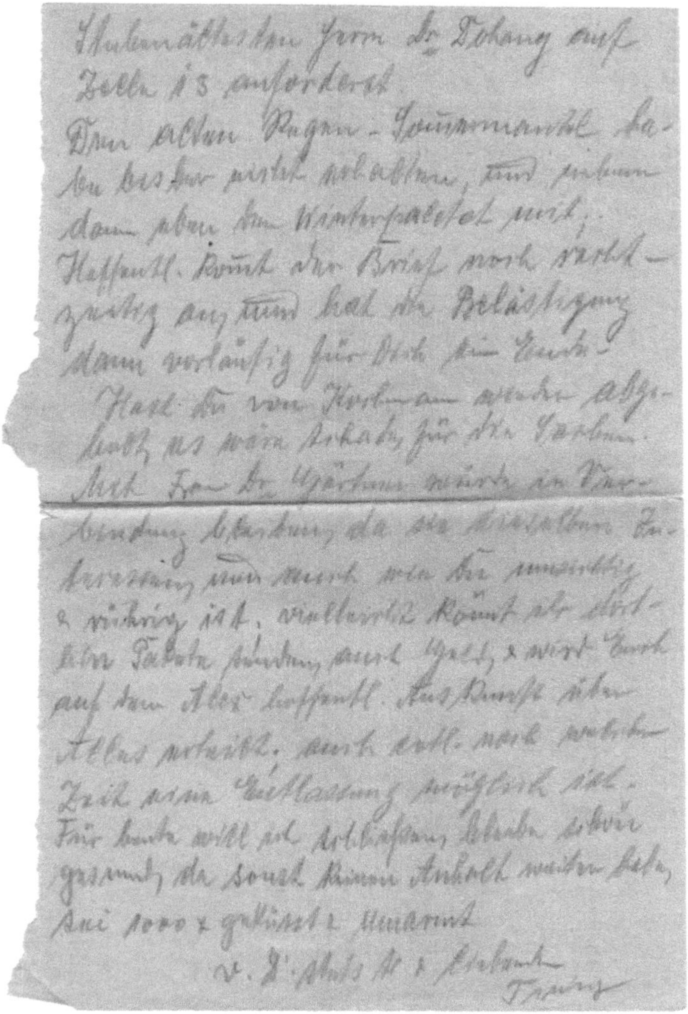

Rückseite

Stubenältesten Herrn Dr. Dohany auf
Zelle 13 anforderst.
Den alten Regen-Sommermantel habe bisher nicht erhalten, und nehme dann eben den Winterpaletot mit;
Hoffentl. kommt der Brief noch rechtzeitig an und hat die Belästigung dann vorläufig für Dich ein Ende.
Hast Du von Korbmann wieder abgeholt, es wäre schade für die Sachen.
Mit Frau Dr. Gärtner würde in Verbindung bleiben, da sie dieselben Interessen und auch wie Du umsichtig & rührig ist. Vielleicht könnt ihr dorthin Pakete senden, auch Geld & wird Euch auf dem Alex hoffentl. Auskunft über Alles erteilt; auch evtl. nach welcher Zeit eine Entlassung möglich ist.
Für heute will ich schließen, bleibe schön gesund, da sonst keinen Anhalt weiter habe, sei 1000 x geküsst & umarmt

v.D. stets tr. & liebenden

Tiding

Brief 9 unbekannten Datums (Fragment), geschrieben aus der Polizeihaft in Berlin

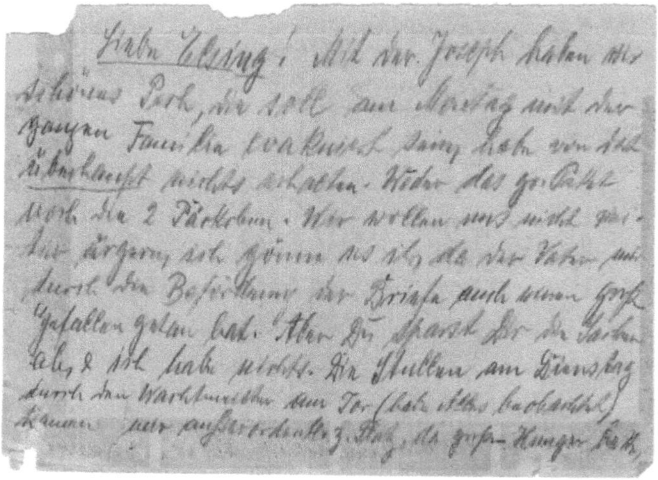

Vorderseite

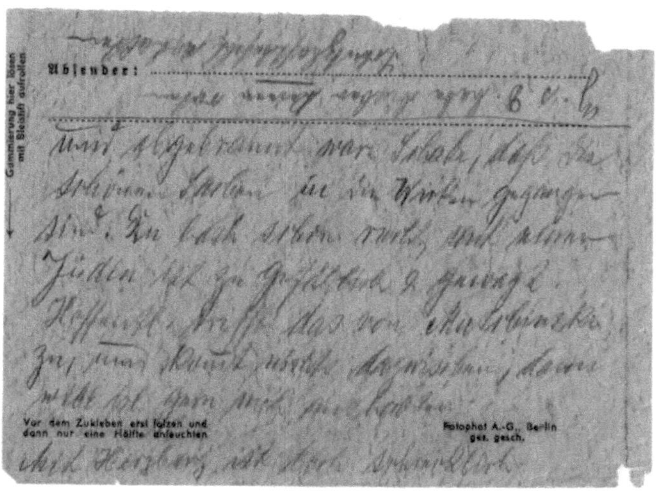

Absender:

Gummierung hier lösen mit Bleistift aufrollen

Vor dem Zukleben erst falzen und dann nur eine Hälfte anfeuchten

Fotophot A.-G., Berlin ges. gesch.

Rückseite

Liebe Elsing! Mit der Joseph haben wir schönes Pech, die soll am Montag mit der ganzen Familie evakuiert sein, habe von dort überhaupt nichts erhalten. Weder das gr. Paket noch die 2 Päckchen. Wir wollen uns nicht weiter ärgern, ich gönn es ihr, da der Vater mir durch die Beförderung der Briefe auch einen großen Gefallen getan hat. Aber Du sparst Dir die Sachen ab & ich habe nichts. Die Stullen am Dienstag durch den Wachtmeister am Tor (habe Alles beobachtet) kamen mir außerordentlich z. Paß, da großen Hunger hatte

oben über Kopf:
G.s.D habe bisher keinen roten
Schutzhaftbefehl erhalten

und abgebrannt war. Schade daß die schönen Sachen in die Wirken gegangen G.s. D. habe bisher keinen roten Schutzhaftbefehl erhalten

Sind. Du hast schon recht, mit einer Jüdin ist zu gefährlich & gewagt. Hofentl. trifft dass von Musebinski zu, und kommt nichts dazwischen, dann will ich gern noch aushalten. Mit Herzberg ist doch schrecklich.

Brief 10 unbekannten Datums (Fragment), geschrieben in der Polizeihaft in Berlin

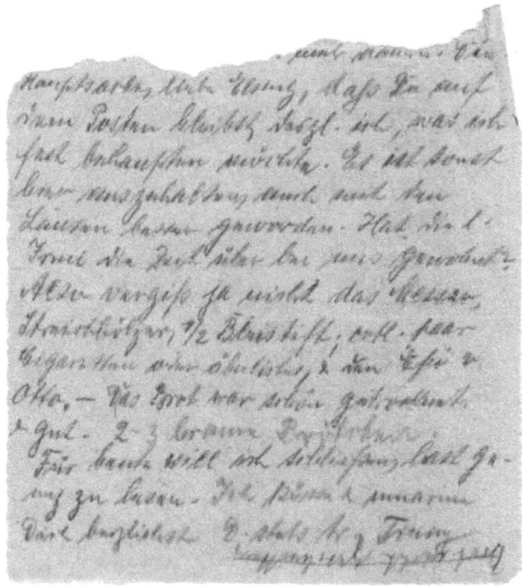

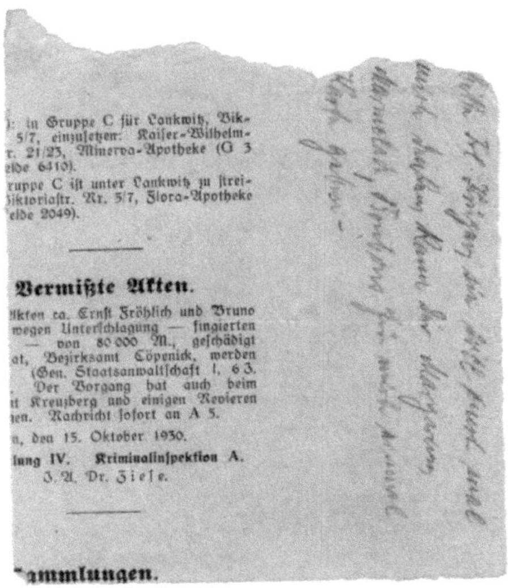

): in Gruppe C für Lankwitz, Vik- 5/7, einzusetzen: Kaiser-Wilhelm- r. 21/23, Minerva-Apotheke (G 3 elde 6410).
ruppe C ist unter Lankwitz zu strei- Viktoriastr. Nr. 5/7, Flora-Apotheke elde 2049).

Vermißte Akten.

Akten ca. Ernst Fröhlich und Bruno wegen Unterschlagung — fingierten — von 80 000 M., geschädigt at, Bezirksamt Cöpenick, werden (Gen. Staatsanwaltschaft I, 6 J. . Der Vorgang hat auch beim it Kreuzberg und einigen Revieren ien. Nachricht sofort an A 5.

n, den 15. Oktober 1930.

lung IV. Kriminalinspektion A.
J. A. Dr. Ziese.

ammlungen.

Vorderseite und Rückseite

…dauern. Die
Hauptsache, liebe Elsing, dass Du auf
dem Posten bleibst, dergl. ich, was ich
fest behaupten möchte. Es ist sonst
hier auszuhalten, auch mit den
Läusen besser geworden. Hat die l.
Irmi die Zeit über bei uns gewohnt?
Also vergiß ja nicht das Messer,
Streichhölzer, ½ Bleistift; evtl. paar
Zigaretten oder ähnliches; & den Epi v.
Otto.__ Das Brot war schön getrocknett
& gut. 2-3 braune Brötchen.
Für heute will ich schließen, hast ge-
nug zu lesen. Ich küsse & umarme
Dich herzlichst D.stets tr, Tining

über Kopf unten: (durchgestrichen) Brot nicht geschnitten

… bitte Frl. Krüger, sie soll doch mal
… mich schauen, kann Dir Margarine,
….Marmelade, Bonbons für mich einmal
… Karte geben.